基层图书馆实务丛书

中国图书馆学会策划

执行策划：卓连营

基层图书馆的农村服务工作

王效良　著

国家圖書館出版社

图书在版编目(CIP)数据

基层图书馆的农村服务工作/王效良著.—北京:国家图书馆出版社,2010.11

(基层图书馆实务丛书)

ISBN 978-7-5013-4433-8

Ⅰ.基… Ⅱ.王… Ⅲ.农村图书馆—图书馆工作—研究—中国 Ⅳ.G259.252.3

中国版本图书馆 CIP 数据核字(2010)第 198556 号

责任编辑:王涛

书名　基层图书馆的农村服务工作
著者　王效良　著

出版　国家图书馆出版社(原北京图书馆出版社)
　　　(100034 北京市西城区文津街 7 号)
发行　010 - 66139745　66151313　66175620　66126153
　　　　　　66174391(传真)　66126156(门市部)
E - mail　cbs@ nlc. gov. cn(投稿)　btsfxb@ nlc. gov. cn(邮购)
Website　www. nlcpress. com→投稿中心
经销　新华书店
印刷　北京联兴盛业印刷股份有限公司

开本　880×1230(毫米)　1/32
印张　7.75
版次　2010 年 11 月第 1 版　2010 年 11 月第 1 次印刷
字数　200 千字

书号　ISBN 978-7-5013-4433-8
定价　35.00 元

本书出版，

得到中国图书馆学会的经费支持

目　　录

第一章　农村的图书馆服务发展历程简要回顾

一、20 世纪 30 年代的"民众教育馆"

1928 年,云南腾冲和顺乡开办了堪称"中国农村第一馆"的和顺图书馆,开创了我国农村图书馆服务事业的新篇章。然而,由于特殊的环境和背景,它的产生只能被定位为一个特例。真正普遍意义上的农村图书馆服务始于 20 世纪 30 年代,当时的南京国民政府在全国普遍设立了"民众教育馆"。据文献记载,1931 年 3 月,浙江省立图书馆(浙江图书馆的前身)与省立民众教育馆、杭州市立各区民众教育馆等联合组成了浙江省会巡回文库委员会,统一安排巡回文库工作。1932年湖北省要求各县民众教育馆设置巡回文库,巡回各乡镇,同时恩施、郧县两县先行设立乡镇书报阅览室,附设于各中心学校,校方派专人管理,按时开放。据统计,恩施一共设立了 23 处乡镇的巡回文库。上海南汇县 1932 年成立了民众教育馆,下辖黄路镇、周浦镇、新场镇、大团镇、鲁汇镇以及城厢镇等六个分馆,这些镇分馆中的图书室其实就是乡镇图书馆的雏形,借阅书报是其主要业务之一。1937 年,抗日战争爆发,大批乡镇巡回文库转化成战时书报流通处,其职能也从服务农村变成战时后方文化服务,向抗战民众提供精神食粮,如江西省就有 12 个这样的流通点。浙江省立图书馆从 1939 年 6 月起到 1940 年10 月在钱塘江南岸的农村设立了 8 个"前哨文库",发挥了鼓动前线军民的作用。

二、20 世纪中期图书的上山下乡

中华人民共和国成立后,党和政府对于提高农民的文化素质十分重视,在最简陋的条件下开始了农村的图书馆服务。东北地区最早解放,1949 年冬建立了 4000 多个农村小型图书室,到 1951 年冬,已发展到 4923 个馆,遍及东北大地。这对于农村的新文化启蒙是很有用的。从 1956 年开始,图书馆界响应中央"向科学进军"的号召,一方面加强对科研工作的服务,另一方面就重点开展农村图书流通工作。据 1956 年底的统计数字,全国共建立了 182 000 多个农村图书馆或图书流通站。接着在 1958 年"大跃进"的推动下,一些诸如"苦战奋斗 30 天,社队都有书报看"的口号震天响,农村掀起了大办图书馆(室)的热潮,到 1958 年底,农村人民公社图书馆(室)猛增到 47 万多个。同时,一些借阅数字也迅猛增加。1959 年浙江图书馆借阅量为 963 万余人次、2068 万余册次,1960 年借阅量为 1307 万余人次、3006 万余册次。这样的天文数字令人惊讶不已,它虽然一定程度上与"大跃进"期间的浮夸风密不可分,但同时一定程度上反映了当时农村图书馆服务的规模与状态。然而,热情毕竟代替不了客观可能,由于条件不具备,经费、人员和管理跟不上,农村图书馆缺乏自身内在的发展动力。据四川某县文化馆志记载,全县"1958 年图书组(室)猛增到 2000 个,但不到一年时间全部垮完,损失图书十多万册"。50 年代末,遇到严重自然灾害,农村人民公社图书馆(室)的总数竟又锐降到 288 个。尽管这一时期农村图书馆倏忽来去,但对当时的农村扫盲运动确实起到了一些积极作用。

三、20 世纪后期的乡镇图书馆热潮

在"文化大革命"中,大小图书馆长时期停止开放,更遑论农村图书馆。倒是在湖南,因政治宣传的需要,也有过一阵办农村图书馆的潮流,但不久也销声匿迹了。1976 年,十年"文化大革命"结束,人们长期被压抑的文化欲望猛然暴发,书籍的"解禁",形成了出版高潮,各个图书馆的借书证一时一证难求。农村同样如此,人们渴求知识的愿望极其强烈,在中央对文化建设政策的推动下,一个建立农村图书馆的热潮从 1978 年开始萌动。因为农村图书馆基本上是以乡镇文化站设置阅览室为开端的,于是逐步形成了"乡镇图书馆"这一正式称谓。1979 年十一届三中全会以后,农村改革热潮首先形成,农田包产到户

和乡镇企业就业极大的刺激了农民文化技术学习的积极性,形成了对乡镇图书馆的巨大需求,同时,乡镇工业的崛起又给乡镇图书馆的发展以强大的经济支持。这时的农村,尤其是东部地区的农村,初步形成区域自主发展的良性循环,乡镇图书馆在群众需求与经济保障的双重刺激下,红红火火地发展起来了。江苏苏南的乡镇图书馆办得有声有色,无论规模还是特色,都在全国很有影响。据统计,到2002年底,江苏省2000多个乡镇,已建立了1300多个乡镇图书馆,全省有10个县市普及了万册图书馆,连经济状况很一般的盐都县也进入了此行列。而在此之前的1991年底,辽宁省建立了乡镇图书馆1180个,占全省1245个乡镇总数的95%;山东省农村乡镇图书馆发展势头也很迅猛,光烟台市建有5000册以上的乡镇图书馆就达183个,其中万册馆有138个。广东省佛山市南海区在20世纪80年代中期就有广东"四小龙"之称,1991年,南海区全力推进乡镇图书馆事业,通过十多年的努力,他们建成了17个平均面积在200平米以上、全面计算机管理的镇级图书馆,其中馆藏2万册以上的图书馆有11个。在当时的广东成为乡镇图书馆建设的典范。据2002年不完全统计,在政策与经济的合力推进下,全国已有乡镇图书馆4万多所,村级图书室6万多个。

四、世纪之交农村图书馆服务的变化

世纪之交,我国的经济体制改革进入了攻坚克难时期,市场经济的发展要求进一步突破所有制的束缚。日趋发达的集体所有制乡镇工业纷纷改制,这也就意味着靠集体所有制生存的乡镇图书馆已失去了主要的经济支撑点。与此同时,读者状态也出现了较大变化,一方面农民的物质生活逐年改善,与改革开放初期艰难的生存状态有很大差别,依靠文化改变命运的原动力小了很多;另一方面国家经济的迅速发展吸引大批农民弃农务工,离乡进城,农村日常在乡人口锐减,老、妇、幼成为农村生活的主力军。这一个经济社会发展必须经历的阶段在世纪之交的时候呈现在我们面前。乡镇图书馆繁荣的两个要

素——经济保障和农民阅读需求一时间大大减弱，乡镇图书馆的生存危机就渐渐显露了出来。笔者1999年调查了浙江东阳市的乡镇图书馆，所到之处全部都是无奈的"以文补文，以书养书兼养人"。乡镇图书馆的市场化意味着它的公众服务性质已经从"公益"转为"利益"，它为公共文化服务的灵魂已经被抽去。从江苏的情况来看，乡镇图书馆的发展与巩固面临着严峻的形势，许多原来生机勃勃的乡镇图书馆，一下变得死气沉沉，毫无活力，一些乡镇文化站被撤消，原有的万册图书馆纷纷关门。一些文化站的图书馆常年不购书，失去了吸引读者的能力，有相当一部分的乡镇图书馆干脆被个人承包，完全变成了"租书摊"。东部沿海地区的乡镇图书馆如此，中西部地区的就更不用说了。上世纪90年代，吉林省榆树市41个乡镇街道办事处共有32个乡级图书室，或多或少都有不同程度的投入，但从撤并乡镇以后，所有乡镇都没有对图书馆再投入。当然，部分乡镇图书馆也想方设法渡过了这个难关。如浙江温岭市横峰镇文化站因地制宜，极力拓展文化市场，办起幼儿园、艺术团等市场前景看好的产业，转而推动公益文化向前发展，图书馆门庭若市，服务状态保持着较高的水平。类似的乡镇图书馆还有一批，但它们形成不了主流，而且在因地制宜的繁荣背后，同样存在着诸多不确定因素。

针对乡镇图书馆大滑坡的局面，各地文化主管部门从行政的角度采取了很多措施，如评优活动、创建活动等，在一定程度上挽回了颓势。许多县乡政府也缩小办馆数量，提倡在经济状况较好、乡镇财政活络的地方办馆，因此各地也有一些亮点，但是由于当年维持乡镇图书馆繁荣发展的大环境不存在了，乡镇图书馆的整体发展就一直是起起落落，道路比较坎坷。这种状况，一直延续了近10年。

五、农村公共文化服务体系建设的展开

党的十六大以后，国家对于农村文化建设的关注大大的加强了。2006年9月新华社发布了《国家"十一五"文化发展规划纲要》，正式提出了"十一五"期间在全国要建立公共文化服务网络的问题。这就

明明白白地告诉人民群众,国家过去在农村文化建设上的缺位,现在要补回来了。中央不失时机的陆续提出建设和谐社会和树立科学发展观的几大战略任务,既解决经济持续发展所面临的环境、资源、体制改革等瓶颈问题,也从根本上开始现代文明社会的全面建设历程。这期间的一个显著特征,就是国家主要承担公共建设的责任。文化部和国家发改委2007年决定联合启动实施乡镇综合文化站的建设,国家通过转移支付39.4亿元,带动地方配套资金25亿元,新建和扩建2.67万个乡镇综合文化站,至2010年基本实现乡乡有综合文化站的目标。国家发改委已将甘肃省58个乡镇综合文化站项目纳入了国家年度建设计划,共下达资金988万元,平均一个项目拨款17万元。

党的十七大系统而具体地描述了社会主义文化发展的方向和路径。党对于文化建设重视和深刻的本质揭示,预示着国家将更全面深入地关注农村公共文化服务体系建设。2008年6月底,在研究文化大发展大繁荣的浙江省委工作会议上,首先就把"率先建成覆盖全社会的、较为完善的公共文化服务体系"作为主要的工作目标,要求让百姓的包括读书看报在内的"基本文化权益得到保障"。许多省市也同样根据不同的实际条件提出了相应的措施方针。这种政策力度给各级农村基层干部以极大的震撼。由国家政策要求到对干部工作的要求、再逐步转化成为干部的文化自觉这样一个完整深刻的转变过程正在发生,过去干部们对于办图书馆的"文化标志政绩观"正逐步被"人的发展需求观"所代替。各地纷纷按照自身的文化发展特点筹划公共文化服务的建设。浙江嘉兴市就采用市、区、镇三级出资,共同创办农村公共图书馆服务体系,以总分馆制的运行机制,以建设、管理、服务一体化的规范要求达到现代图书馆服务的目标。一场有声有色、可持续发展的农村文化建设热潮在嘉兴各地展开。两年内嘉兴市本级乡镇分馆将实行全覆盖,2009年将可实现大嘉兴范围内的乡镇分馆的全覆盖,而且要求以乡镇分馆为核心,运作辖区内村(社区)基层服务点。广东省东莞市以集群化图书馆管理推进公共文化服务体系的建设,他们以现代信息手段创建了集群化图书馆管理系统,在市政府的全力支持下,以管理系统为平台推行总分馆制,实行了全市范围内的数字信息共建共享,文献资源通借通还,十数个乡镇分馆面貌大变。《国家"十一五"文化发展规划纲要》中明确提出的建立以总分馆制形式出现的公共图书馆服务体系的要求正在全国各地迅速转化成现实。在这些实践里,我们可以察觉到几个不同于以往的特点:(1)各级政府对于文化建设的作用,尤其是对农村文化建设的认识,已经逐渐走向"心领神会"的境地,而不是"敷衍心"或者"政绩说"了,形成这样一个共识:文化也是发展,发展离不开文化。(2)全社会上下都在深化一个理念:人是文明社会中一切作为的起点和终点。关系到人的发展的事一定要办长也一定要办好。(3)一切从实际出发,突破思维藩篱,创新工作手段,建设富有地方特色的新模式。(4)充分利用现代先进的技术手段,以跨越式的发展达到较高层次的目标。这四个特点标志着我国农村文化建设已经进入了一个全新的阶段。

从乡镇图书馆的自生自灭,到国家在农村文化建设上的补位,再到全国范围内公共文化服务体系的建设实践,我国农村公共图书馆建设走过了一条坎坷却充满希望的道路。平心而论,所有的困惑和所有的成功也是国家发展所经历的各个阶段的真实写照,是一种"历史的必然",因此,对历史的回顾,使我们实事求是地看待农村文化建设的过去、现在和将来,让我们能以清醒的头脑、踏实的作风迎接农村文化建设真正的高潮。

第二章　市地级公共图书馆的农村服务

第一节　市地级公共图书馆农村服务工作的定位

一、农村服务工作中市地级公共图书馆的基本定位

改革开放以来,我国城市化水平快速提高,城市数量在 2007 年末达到 655 个,比 1978 年增加 462 个。我国地级及以上城市已经由 1978 年的 111 个增加到 2007 年的 287 个。许多地级城市既是我国历史文化积淀深厚的地方,也是现代产业和现代科技集中发展的地方,具备了我国中等城市的所有特征。

由于市地级城市的建城历史大都在百年以上,已经形成了浓郁的城市文化氛围,因此对于公益性的社会文化教育服务的要求也相对较高、较全面。我国市地级城市的公共图书馆经营多年,按通常的藏书量来计算,一般在 10 万册到 100 万册不等,如果折中,按藏书 50 万册,人口 100 万计算,平均每个人只有 0.5 册,这样的人均比例决定了它的基本服务方向就是所在城市。其二,国家正在推行"省管县"的区域行政管理平面化的体制改革试点,可以预计,市地级城市将失去区域政治领导和行政中心的地位,进一步还原它的中心城市功能,也就是说,它将逐步脱离与周边县市的上下级关系,而强化因其经济实力和社会影响而自然形成的中心城市辐射力。因此,市地级城市的公共图书馆也将进一步强化自己的城市服务功能。

在这样一种趋势下,强化城市功能的市地图书馆今后是不是取消涉农服务呢? 答案是否定的。笔者很同意湖南衡阳市图书馆馆长刘忠平的观点:"一是由于历史原因,市级图书馆作为联系省级与县级图书馆的桥梁,在地区公共图书馆服务体系建设中的承上启下作用短期

内不可能消失;二是由于现实条件的因素,地市图书馆对农村图书馆服务体系建设起到辅导和促进作用,对农村乡镇图书馆建设有着重大影响;三是面对数百倍于自己的县图书馆以及广大的乡镇、村图书馆,省级图书馆要完全取代目前的市级馆,真正履行指导和服务职能,还存在着难以克服的困难。"行政管理结构的变化在持续和深化,但这种变化是渐变,这就留下了一个巨大的回旋空间和过渡时期,结合刘忠平馆长以上的论述可以说明,市地图书馆今后对于县市馆涉农服务的联系依然存在,但是肯定要与县市馆分清职责,要遵循"宏观指导,间接帮助"的八字方针,与县市馆"不离不弃,若即若离"。

二、从公共文化服务体系的要求看市地级公共图书馆的农村服务工作

建设公共文化服务体系的要求一俟提出,就让我们感觉到体系要求与农村现实差距何等之大。现实是,很多地方的农民群众对于送书上门态度漠然,书上了门也是堆着;一些乡村干部振振有辞:"我把图书馆好不容易开起来,一天能来几个人?"认为农民没有读书的需求。长期以来,农村文化的体现形式停留在民间艺术和电影等形象艺术方面,近年来广播电视进村入户,人们更加沉浸于视听享受和有形表演之中。本来阅读对于农村的影响就甚小,无论从基础、接受能力,还是从兴趣和理解等方面都与农民群众的普遍水平有一定差距,这样一来,客观上距离就更加大了。阅读是"慢热"的,于是对于阅读,对于阅读与生存的关系很少有人关心。我们都非常清楚,所有的文化传播中,只有阅读给人带来的变化和发展是最深刻、最本质的。面对这样的现实,除了承担自己原有职能定位的服务责任之外,各级公共图书馆还应该承担推动实现"人人享有平等的文化权利"的公共责任,而市地图书馆的公共责任,就是在做好城市公共文化服务体系建设的同时,要利用自己比较优越的条件尽力扶持县市图书馆的基层服务能力,增强和储备它可以发挥的服务能量。

对于农村基层服务,市地图书馆当前关注的着力点应该是基层服

务网点的问题。公共服务应该随处可见,而要形成公共文化服务体系,就更应该让公共文化服务覆盖所有人群。但是就我们的现状来看,不仅欠发达地区服务网点缺少,在发达地区,这个网络也不完整,更无法谈及按标准的距离和规范的人群分布尺度布点的问题。浙江宁波非常重视乡村图书馆的建设,通过数年的努力,到 2007 年年初,全市 2527 个村庄也才有 34% 的村庄有村级图书室。因此,帮助县市馆提高基层服务能力和水平,督促和指导县市馆完善和巩固基层服务网络,让公共文化服务形成其体系的雏形,让人民群众初步树立公共文化服务的印象和需求,是一个时期内市地图书馆应该着力推动的一件大事。

第二节　统筹和指导县级
公共图书馆的农村服务工作

一、确立本地域农村图书馆现代服务规范

几起几落的农村图书馆发展历程证明,没有制度保证的热情持久不了,没有规范的工作无法出成果。我们曾经提出过许多"规范要求",但是都在谈"物"而没有谈"人",都认为只要有物就能办成馆,只要有钱就能办好馆。我们已经看到,"物"和"钱"的这两个要素的背后是制度和制度下的人,这才是决定性的要素。现在与过去最大的不同是乡镇图书馆已经有了国家的制度性保障——公共文化服务体系,制度能保证钱和物的到位。同时,我们也必须意识到,服务规范同样是制度成功的根本保障,因为规范体现的是制度的核心价值。因此,在某种程度上,没有规范,也就架空了制度,使制度徒然流于形式。遵循公共文化服务体系的制度要求,我们所要制订的规范,不是历来所提出的单纯物质条件建设的一些数字化指标,而是现代服务规范。这个规范的重点,首先就是全面关注被服务的对象,其次全面关注提供服务的人。对于被服务对象,我们必须通过"全民阅读",开发他们自身对于文化知识的潜在需求,因为只有在他们身上才能体现出公共文

化服务体系建设的全部成果，这就是我们应该具备的现代意识。对于做服务的人，因为他们是制度的终端执行者，成败系于一身，我们必须关注并严格的要求，强化他们的现代理念和技能。现代服务规范就要体现上述内容。

制订农村图书馆服务规范首先应该从农村的实际情况出发。我们知道，农村的社会结构组成比城市简单，社会分工没有城市那样细，城市中承担社会文化需求保障的许多机构和专业服务农村都没有，因此，农村图书馆所要承担的社会文化建设职能绝不能只单守文献服务的责任，而必须具有比较开阔的文化视野，将服务规范扩展到具有知识传播性质的文化行为上。而这恰恰是农村历来文化建设上的最大"软肋"。其次是服务规范的制定须从人的需求（包括潜在需求）出发，以人的发展为目标。市地图书馆可以参考本书所提出的要求，以本地农村的实际为起点，逐步形成一套适合本地农村图书馆使用的服务规范。前不久，天津南开大学教授于良芝来杭州讲学，她赠笔者两枚书签，书签上就她自己的心得以"金字塔"形状列出了现代公共图书馆的主要服务项目，体现了这位淑慧的女教授至善至美的情怀和她对现代图书馆的深刻理解。笔者在征得于教授的同意后，将这个"金字塔"呈现给大家，以供大家在制定服务规范时，得到一个具体的导引和参照：

公共图书馆的主要服务

组织家庭阅读　提供政务信息

组织培训活动　组织假期阅读活动

为儿童举办故事会　举办文化艺术展览

参与或组织扫盲活动　提供经济与科技信息

帮助家长辅导儿童阅读　开展信息查询技能培训

提供本地文化遗产介绍　提供计算机及网络设施

书刊及声像资料外借阅览　开展电脑及网络知识培训

为本地社团活动提供场所　收集和提供地方志与家谱

为人们解决日常问题提供信息　为学校课程配备相应的阅读计划

为弱势群体提供个性化信息服务　组织各年龄段的阅读与写作俱乐部

提供与时事和热门话题相关的资料　为参加继续教育的人提供资料及学习空间

二、提出本地域农村图书馆布点的原则并协调其实施

为什么要把农村图书馆的布点网络问题作为首要任务提出来呢?因为乡和村的图书馆布点,关系到全民公共文化服务覆盖面的问题,也是这一个服务体系的基础是否完整的问题。既然公共文化服务体系是面对全民的,而且是由国家负责建设的,那么其覆盖面的大小也必然是一个原则问题。当然,体系的建设有一个过程,因为各种因素,地域的覆盖也有先后,因此也需要一个规范化的指导。基于对本地区情况的深入了解,市地馆要与文化主管部门一起研究制定在全覆盖目标下本地区农村图书馆的布局原则。这个布局原则的制定大致可依据下列 7 个要素:(1)经济要素。经济发展的程度可以反映建点物质条件的具备程度、群众需求的迫切程度。(2)人口分布要素。根据人口分布的密度来决定布点可能的密度及其位置。(3)平均文化程度要素。从平均文化程度看"文化扶贫"的走向与重点。(4)地形要素。从地形起伏导致村落不同分布状态来设计是动态还是静态服务点。(5)交通要素。从现实的交通状态和现有的交通能力来筹划点的规模、服务方式。(6)综合文化要素。从地域人群平均文化程度和文化氛围的差异来决定点的服务手段和服务起点。(7)特别因素。乡镇所具有的特点使设点的条件可以不同于一般处理。这一点一般与社会资源有关。提出上述 7 个原则的基点是"科学发展,实事求是"。我们不能再搞"一风吹",说建设就全部都上,说不管就踪迹全无。"分类指导"是很长时期内我们国家行政管理中的有效方法。市地图书馆可以根据这 7 个要素相应确定不同类别的、符合本地实际的量化指标,从而形成布点的指导原则下达各地。

第三节　把握和推动本地域农村图书馆的发展

一、设立专门岗位负责推动农村图书馆发展工作

市地图书馆要承担的农村图书馆发展的指导工作,实际上是公共文化服务体系建设的基础准备工作,这样一件大事情,必须具备相应的决策参谋机构和执行机构。历来各级公共图书馆都设有辅导部,其职责是承担图书馆学知识在界内的普及工作,现在需求和任务随着时代的变化应该有大幅度的改变,市地图书馆的辅导部完全应该承担帮助推进基层图书馆发展的职责,贯彻和履行市地图书馆对于县以下公共图书馆开展公共文化服务的指导意见。

按我们国家的特点,上级部门对于涉及基层群众利益的工作要确定方针,需要进行工作试点。对于市地图书馆来说,这个试点工作也应该交给辅导部门承担。试点实际上是验证方针的正确性和普适性。辅导部门对于基层情况的熟悉是一大优势,而且试点工作的成果对于辅导部门的意义就等于为他们今后规模性地展开工作进行了"热身",这从一定的利益关系和效应关系上看,也是最恰当的。

辅导部门也顺理成章的应该成为指导和推进农村图书馆发展的执行部门。在政策确定之后,辅导部门要作出全面的工作安排。过去辅导部的工作常常是按部就班,眼中没有人,只有事,不见效益。但是现在的公共文化服务,是要见到效益的,这种工作安排并不是简单的一些程序性和物质性工作,也不是拿着政策就可以"鸣锣开道"的,而是要根据农民的思想认识、干部的思想认识,结合本地域发展程度来进行分类筹划。农村图书馆建设看起来是一个小小文化部门的生存,实际上难度很大,这是因为:一,中国农村的平均文化程度比较低,而阅读不是农民喜闻乐见的"调情绪"的文化,而是"费脑筋"的文化。中国农民对阅读文化的疏离感使他们较难树立文化自觉意识。第二,从需求层次上说,图书馆对于还在拼命改善物质生活的广大农民而言

似乎不太接得上轨。第三,在我们国家,文化不像其他因素那样,多少带有强制性,接不接受完全靠自觉。一件很有意义的事,却很难做到群起而响应,这一点在欠发达地区尤其明显。因此,在很多不理解的眼光下,我们要做到农村图书馆的科学布点和开展工作,就应该有充分的思想准备攻坚克难。攻坚克难的重点,是抓住百姓关心的问题宣传图书馆,比如子女的培养教育,比如文化生活的吸引力,比如发达国家的生活是怎么来的等等,当百姓理解了,根本性的障碍就排除了,后面的工作就更容易开展了。

二、直接或间接向乡村图书馆提供数字化资源

数字资源的服务使传统图书馆公众服务的方式发生了革命性的变化。目前,市地图书馆大部分都已具备数字资源公众服务的能力,全国文化信息资源共享工程(以下简称"共享工程")的实施更如虎添翼,使公共图书馆也开始具备传播数字资源的条件。在这样的形势下,市地图书馆建立数字资源向下辐射的信息传输系统也是势在必行了。在技术上,一般的联网并不难,但是要共同享有特定的数字资源,却依然需要有一个数字平台,国家着力构建的共享工程就是这样的平台。市地图书馆的任务,首先就是全力推广共享工程,使共享工程最大限度地普及到基层网点。这个工作全国各地正在不断深入,效果日渐显现。共享工程本身,也在不断丰富资源量和资源种类,使资源能够涵盖农村各个方面的需求。另外,对于我们经常在谈论的图书馆联网的问题,总算有了一个眉目。因为要联网需要构建一个共有的操作平台,各图书馆所属系统不同,经费问题很麻烦,现在可以利用共享工程的便利,在共享工程的平台基础上构建一个市地图书馆与县、乡、村图书馆直接互动的网络平台,不必另起炉灶了。浙江图书馆目前开始在全省范围内实施这项工作。省馆首先牵头制定了《浙江省公共图书馆信息网络互联方案》,提出了网络建设目标:浙江省公共图书馆信息网络计划分省—市—县三级机构、二层网络进行建设,形成以省馆为中心,市级馆为骨干,县级馆为基础的全省公共图书馆 VPN 基础网络

系统,实现省图书馆、市级图书馆、县级图书馆的实时数据共享和传输。各市结合本地实际,积极利用VPN技术发展基层服务点。如杭州市利用VPN网络,实施了杭州图书馆"一证通"工程,实现了全市公共图书馆互联互通,进而在全市建成了乡镇服务点80家,社区服务点100家,实现了全市范围图书的通借通还,形成了"十五分钟文化圈"。嘉兴市分阶段实施VPN网络互联工程。第一阶段,自购VPN设备搭建VPN网络,实现了全市各县区图书馆的网络互联,同时还建立了70多个分馆和基层服务点。第二阶段,嘉兴市依托市电信公司组建VPN网络,在电信现有宽带网络上加载VPN技术构建基层服务点,并由电信负责基层服务点的安装维护和技术服务。改造后的VPN网络在原有二级构架上升级为三级构架,各县(市)支中心和1000多个基层服务点通过VPN网络可以安全、快速地访问到市级支中心发布的丰富的文化信息资源。现在,杭州、嘉兴、宁波、温州四地在共享工程的基础上已形成区域性的地区网络,可以将来自国家、省和本市的数字资源整合后为县图书馆、基层服务点所使用。浙江省馆认真总结了杭州、嘉兴等地的建设经验,向全省重点推广应用VPN技术建设基层服务网点,积极吸引网络运营商参与,因此全省文化共享工程网络服务体系得到了快速发展。这个平台,对于地域内公共图书馆服务体系的建设、管理与发展都具有根本性的意义。当然,对于全国各地来说,这样的平台也不能贸然上马,需要先进行技术思想和各种需求的整合,统一各方各面不同的想法,另外也应该对平台今后的发展预留空间。有了平台,也有了资源输送的条件,市地图书馆就要在共享工程提供的资源之外补充自己的资源,首先是图书馆自身拥有的、能够让各地共享文献信息资源,其次是有关地方文化的文字和影像资源。

三、指导文化信息资源共享工程的公众服务和进行系统维护

前面已讲过,共享工程是我国农村公共文化服务的一个重要平台。市地图书馆在指导本地区共享工程的公众服务和系统维护工作中,首先要强自身,练内功,壮大实力。作为市级图书馆,本来就应该

具备一定的数字化网络化工作的基础,而作为共享工程的市级支中心,更要具备为各县市的共享工程服务的能力,具体体现在高水平的技术人员队伍,强大的技术服务能力和雄厚的保障维护物质基础。这三方面的建设,即使有国家和省里的支持,也还需要经过一个时期自己的努力。市地图书馆应该抓住共享工程建设的契机,跨越式的发展自己的服务能力。其次,市地图书馆要明确自己在共享工程建设中的定位——全市共享工程建设的推广、指导和维护的中心地位,一要着重做好各县级支中心的建设,让骨干力量成长起来,使他们真正具备全面服务基层共享工程点的能力;二要提出符合地域实际情况的共享工程公众服务的具体要求和服务标准,并且用激励手段来推行之;三是对于技术服务也要承担起相应的责任。对于基层图书馆在数字化建设中碰到的共同性的问题,市地图书馆有责任进行指导。对于基层馆一些重要的技术障碍在必要的情况下市地图书馆也应该提供技术援助。对于基层图书馆的一般技术维护由县市馆负责解决,市地馆要具备技术支援能力。

共享工程是一个新事物,是国家用来实现农村文化建设跨越式发展的一项主要措施。新事物往往不易被人们所接受,共享工程也同样离不开这个怪圈。因此它的推广必然会遇到许多人的不理解,人们可以找到一些现实的客观原因来回避它,更多的做法就是建了点但不开展服务。这些阻力实际上并不可怕,从根本上讲是人们传统习惯思维的作用,说明人们一下子还不习惯去接受这种服务方式,还需要一个过程。市地图书馆必须充分把握这一情况,首先提高自己对共享工程的深刻认识,认识至共享工程是国家对于农村发展的一种战略安排,是让数字化进入农村的首善之举。它的意义不光是在狭义的文化上面,更重要的是在现代文明的快速传播上。在推广共享工程时,应该列入"使用者动员工作"这一预案,这其实就是人的工作。这一预案的中心内容笔者认为有两点:一是建设共享工程一定要有一个生动的宣传过程,有一个宣传工作的安排。要人接受的东西就得让人理解,这个浅显的道理我们这些年实在是用得太少了。江苏东台市共享工程支中心(市图书馆)努力拓展共享工程的使用人群,他们在一部分乡镇和村庄,选择一些具备一定使用知识,得到过共享工程帮助的热心读者,经过简单培训,组成了小型的流动宣传队,到他们居住地的农民当中拉家常,用朴实的语言传播自己的使用体会和从共享工程中得到的帮助与好处。这种从心底流露的真情实感容易打动四周的乡邻,从而激发起听闻者的好奇和热情,使用人群无形中得到了迅速扩大。二是对每个点的管理人员进行培训,让他们学会如何吸引老百姓来使用资源。由不习惯到习惯,由习惯到喜欢,每个人都有一个渐变过程。管理人员承担的文化责任和使命,应该要求他们耐下性子来整理资源,分门别类按不同群体的可能需求进行主动服务,用"水磨功夫"来解决困难问题,总是会成功的。这些工作,用通常思维来看都不是我们应尽的"义务",但从现代理念上说,作为市地图书馆这样的文化单位,应该时时探索人本理念,用"一"(种理念)解决"万"(个问题),而不是用"万"(种手段)关注"一"(个问题)。

四、了解和研究农村图书馆发展态势并提供力所能及的帮助

与过去的乡镇图书馆建设热潮不同,公共文化服务体系建设是规范而长期的,必须跟踪其发展,研究其规律。一个点建立起来,按过去的观点就认为任务已经完成,剩下的就是服务。而现在却应该意识到,设好点才只是刚刚开始,服务才是图书馆职能的履行。辅导部的专职工作人员应该将详细和规范的调查研究作为自己最重要的经常性的任务之一(起码要占全部工作量的一半),从而做到对本地域农村图书馆的实时发展态势"了如指掌",这种调查研究可以是一个时期全面的概况,也可以是某一方面的专题,可以是整体的区域调查,也可以到某县某乡"解剖麻雀"。如果将调研作为我们的主要工作之一长期规范进行,如果把这些调研成果转化成我们的工作基础,把调研的各种数字列入工作档案,我们规范化管理的任务就完成了一半。在调研中,我们依然要把重点放到"人"上,不能就经费说经费,就馆舍论馆舍,经费和馆舍的难与易,还在人上,这是我们制度的特点,不可忽略。

所有的调查成果都应该成为市地图书馆指导工作的依据。当然,这些调查必须客观公正,用事实说话,不带偏见,没有主观臆测。

定期研究农村图书馆发展态势,也应该是市地图书馆的一项重要工作。在每年的县区公共图书馆馆长例会上必须将各县区农村图书馆发展态势的讨论作为主要议题之一,就其公共服务中出现的共性问题讨论对策,在初建阶段尤其需要定期统一思想。比如建立总分馆问题,《"十一五"文化发展规划纲要》中已经明确提出这一建设目标,本地域内,各县馆是否具备建立总分馆的条件,如果暂时没有条件又如何创造条件?诸如此类的议题都非常重要。市地馆需要结合对议题的讨论和对本馆的了解,统一认识,并向主管部门汇报,争取成为当地文化主管部门下达的工作意见来实施。

市地图书馆为基层服务的另一项重要工作是接受基层农村图书馆的各种业务咨询。在市地图书馆坚持下基层调研以后,互动会频繁起来,农村基层网点也会"上访"咨询。农村网点建设发展到一定程度以后,会遇上各种各样的实际问题,有些问题县级图书馆也解决不了,再加上市地图书馆在平时的调查研究积累的问题,需要市地图书馆敞开大门欢迎基层来咨询。在接待咨询中,要努力了解乡村图书馆发展实践中出现的各种问题,注意从个性化问题中梳理出共性问题。对于基层工作人员所关心的共同问题,要筹划一些深思熟虑的统一的预案;对于个别问题,也能充分重视,以尽量做到"咨询有答案,解决有办法"。山东诸城市图书馆 2008 年对千余名社区工作人员进行了大规模的图书馆管理知识培训,并与基层图书馆建立了电话联系,积极鼓励基层反映实际,解决困难,2008 年半年时间里,他们接受电话咨询达200 余次。他们还主动建立了图书管理人员咨询簿 3 本,把一些实际问题记录下来,形成指导工作的档案。

市地图书馆除了进行宏观指导推动基层工作之外,有的还开展了直接的部分基层服务。许多馆直接选择部分乡村点提供流动借阅服务;近年来,在公共文化服务的号召中,许多市地馆都向不发达地区的农村基层图书馆赠送了图书;还有的馆直接派业务人员赴农村点指导工作。这些都标志着市地图书馆的基层服务理念的强化和更新,在宏观指导的总体方针下,亲力亲为,做一些具体事情,既代表了市地图书馆为基层服务的形象和决心,也可以作为特定的试点或调研点为工作积累正确的认识。辽宁沈阳市图书馆前些年在发挥社区乡镇图书馆作用方面做了很多努力,他们组织基层馆开展百万市民读书活动,每年确定一个主题,如"迎接知识经济的挑战"、"提高素质增才干,与时俱进求发展"等,开展征文、演讲、知识竞赛、评选读书状元和藏书状元等丰富多彩的活动,在社会上形成了声势。沈阳市图书馆的这些工作换回来可观的实际效益,在全社会得到了好评。

第四节 提供培训乡村图书馆工作人员的师资和教材

一、研究指导培训方法,增强培训效果

对于农村网点管理人员的培训,应该将基点放在县市图书馆的职责范围内,但由于县市馆直面一线,业务力量和水平也较市地图书馆相应逊色,因此由市地馆经过调查后,策划培训方针,制定培训教材,派出师资力量,到各县市就地开展培训工作,是一个调动上下积极性,互补共赢的最佳安排。在确定这一分工后,督促县市馆循规律,安排乡村图书馆工作人员培训工作,就是市地馆的一个重要责任,也可以由市地文化主管部门或市地图书馆安排计划,下达各县市馆,按序进行培训。

培训工作的各部分中,培训方针是其中的灵魂。过去我们总是按采、编、流、藏几大部分内容从上到下的灌输,如果我们今天还是这么做,就肯定要碰壁。今天的基层图书馆必须紧紧抓住知识服务与人文熏陶这个图书馆工作核心,围绕读者、围绕服务理清各项工作的层次与其拓展方向,开辟一条既符合国情又充满现代气息、展示图书馆本质的基层图书馆发展道路。如果还只看重书刊管理而不重视读者与

服务,这个网点就不会有生气,徒有其名。从这样的理念出发,培训工作就必须坚持以服务为中心、以读者需求为出发点、以技能技术为手段、以工作人员对图书馆的深刻理解为目标的技能与职业精神相结合的现代图书馆工作培训方针。一些同志会问:"那么采、编、流、藏还要不要呢?"笔者的回答是肯定的。因为采、编、流、藏几大部分是图书馆工作的最基础内容,是书源、书序和书的流转、管理的一个基本流程,加上现代计算机技术,应该成为我们为农民群众服务最基本的手段。但是,过去是以这几个部分的知识涵盖了所有的图书馆服务,让人以为这些知识用上去,图书馆服务就完成了。实际上,这是一种误解,只要我们看看大部分基层网点目前的人气就知道了。现在,我们把主次程序倒过来,将为读者做好服务设定为出发点,以必须达到的服务效果为目标来反推我们的工作流程,改革我们传统工作中不适应现代公共文化服务的流程和"套路",让采、编、流、藏等图书馆学知识点融合进我们为达到公共服务效果而设计的工作流程,这才是问题所在。因此,贯彻新的培训方针,并不是要扬此抑彼,而是重组我们的工作程序,突出图书馆的核心价值,实现图书馆工作效益的最大化。笔者从去年底开始负责浙江省县级馆以上公共图书馆从业人员的一个培训工程,碰到的最大问题就是课程设计的问题。比如我们将"读者服务工作"列为一个大类,姑且不去研究单独将它列类是否科学,就是讲什么内容和请什么人讲便是一个从来没有碰到过的问题,无先例可循。经过方方面面的信息汇总和斟酌后,我们将课程分为8个方面:读者服务概论,服务流程规范管理,图书馆知识传播初探,阅读心理,商业服务营销,服务礼仪,规章制度和突发事件应急处置,社会阅读的拓展。这里除了"服务流程规范管理"之外,其他课程都与传统图书馆工作的固有内容无关。其中的三门课是分别引进了传播学、心理学和商业营销学的内容来补充我们的知识储存,形成借鉴和"杂交"成果。笔者举此例并非哗众取宠,无非是说明我们必须因应社会的需求不断进行探索而已。

培训方式必须正确体现培训方针的内涵,所以培训方式的设计也十分重要。首先要因地制宜,根据参加培训人员的接受能力和接受水平来确定教学内容的搭建、讲授程度的确定、教学语言的选择和教学双方的思维衔接,然后进行教学准备。其次是要选择多种教学方式,采用不同接受途径,可以选择诸如课堂上课、实践人员介绍心得、参观典型、参与活动、工作文案分析、读者座谈等方式,也可以到其他服务行业实地考察服务模式和企业精神,从而吸收营养,健壮自身。第三就要考虑教学气氛,过去常讲的"团结、紧张、严肃、活泼"这八个字恰如其分的点明了教学环境应该具备的几大要素,"团结"是前提,"紧张"和"严肃"是构筑学习氛围的基本条件,具备了这三者,说明人已进入良性学习状态,于是"活泼"就成了检验人接受理解的形式和程度的关键要素。我们必须杜绝那种"蜻蜓点水"式或是走形式的所谓"培训",必须清醒头脑,返璞归真,扎实工作,重拾这八个字作为方针。

二、向各县区输送经验丰富的培训师资力量

一提师资力量,人们往往想到的是学历高,资格老的图书馆界内资深人士。从客观上讲,他们中的相当部分人所具备的学术架构从传统基础图书馆工作流程方面讲是比较扎实的,但对于现代图书馆服务要求的许多新内容已不太适应。因此,我们必须破除论资排辈的思想,从界内界外不拘一格选择恰当的师资来承担这一新的任务。

新的师资应该是什么标准呢?首先素质应该比较全面,他们既具备图书馆学的专业基础,同时又经过丰富的图书馆实践的历练,积累了较多的实践经验,能够妥善处理图书馆实际工作中的难题。其次是他们爱学习,对于新事物比较敏感,愿意在图书馆事业的发展中进行探索和尝试,具有不怕困难、改革创新的劲头。第三,他们最好是经常接触农村,与农村图书馆实际和农村图书馆工作人员有过很多交往的实践者,这样对教学的互动和交流有很大好处。第四,他们应该能说会道,具备比较强的表达能力,讲课声音清晰,层次分明,语言生动,学员易于理解。所有这些条件都没有论及年龄和资历,而是强调了能力。实际上,很多学员都有长期农村图书馆服务经验,有些也作出了

不俗的成绩,他们的积累也使他们可以成为某一方面的老师;一些商业和其他行业服务的研究者和实践者以他们丰富的实践也可以成为我们跨行业借鉴的老师。总之,在变化了的发展形势和需求前面,我们对于师资的选择标准也应该发生变化,不能拘泥于陈规。

三、编撰培训教材提供各县市使用

师资的变化实际上源于教材的变化,教材的编写务必要体现上面提到的培训方针。图书馆学科随着时代变化而发展,正处在变革转型之中,准确地说,它的理论和学术建树目前还无法观照大量"正在发生的历史",基层图书馆工作的规律性发展只有靠实践者自己来总结和提炼。因此我们须遵循几条原则来编写教材:

教材的起点必须符合当地实际。传统教材"以书为本",显然不适应现实。新教材要遵循"以人为本"的现代图书馆理念,就应该从当时当地人的阅读和文化参与现状作为公共文化服务体系建设的起点来进行筹划,这种从实际出发的做法会让受众很容易接受教学内容。

从构建农村公共文化服务体系的角度编写教材。培训教材要力求让公共文化服务体系的一些基本要求贯穿其中。这些要求是:(1)满足绝大多数人的基本文化权益和基本文化需求。(2)通过文化信息资源共享工程的网络,把众多人民群众需要的信息送到最基层的农村。(3)创新公共文化服务的方式,用各种手段保证服务到位。(4)强化对未成年人、老年人和残疾人等特殊群体的服务。(5)突出政府的主导地位,把构建农村公共文化服务体系纳入政府目标管理。教材也可以参照深圳市提出的公共文化服务的五项原则(公益性、公平性、便利性、多样性和基本性),清晰明了地构建起农村公共文化服务体系。

从现代社会发展的高度去编写教材。现代社会最显著的特点是"人"的地位越来越突出,人的发展主导着社会的发展,两者的发展又相辅相成,密不可分。这种发展态势要求我们图书馆人关注人自身的发展和人在现代社会的生存状态,笔者认为,图书馆服务的核心价值和目标就应该是这两点。因此教材的编写也应该有这样的高度，也就是说，在我们的服务阐述中，在我们对于各群体的特定服务要求里，必须凝聚这样的人文关怀，必须对服务对象从根本上进行文化扶持，农民群体更不能例外。这既是起点，也是目标。

教材必须覆盖现行图书馆学中涉及的基层图书馆服务的内容。这些采、编、阅、藏和计算机管理等重要知识是我们的基本服务手段，是我们必须具备的对图书馆工作流程的基本把握。要让公共文化服务纳入规范化的轨道，这些重要知识的落实也是关键之一。另外，对图书馆物化管理的深入理解，也是加深对"图书馆精神"的把握的一条有效途径。

第五节　推动乡村图书馆工作交流

一、设立公共图书馆乡村服务的研究交流平台

沟通交流促进工作，这一点大家都容易理解，因此市地图书馆推动乡村图书馆工作交流也是一项激发活力，推进工作的有力举措。市地图书馆应设立一个不定期的会议平台，让基层网点的图书馆人聚在一起，研讨乡村图书馆发展，寻找发展差距，寻求发展共识。这样做是对基层网点的同志的一种尊重和关注，会成为他们工作的动力。开这样的会也要"以人为本"，就是要抛弃"高台教化"的传统，改变我们一直沿用的"台上报告台下听"的模式，拒绝一味地让领导同志当主角的习惯，而是要让基层的同志当主角，让他们在平等的气氛下，平和地倾诉自己从事图书馆实践的经验、体会等在实践中所能产生的各种想法。要创造条件引导这些思想火花碰撞起来，形成补充、融合、放大、联想，以至"创造"、"生成"、"出现"——形成一批思想成果。当然这样是一个比较理想化的结果，但不会次次如此，不过即使是不很理想的结果，也是让大家宣泄了一回，畅谈了一次，个人兴许从中得到了很多启示。中图学会社区乡镇图书馆专业委员会这几年与全国中小型

图书馆联合会合办每年一次的全国性研讨会,全国县以下的乡村图书馆工作者踊跃应征,这里就反映了三个问题。一是这个会的参加范围不经意的透出了一点平等的气氛,最基层的图书馆工作者可以直接参加全国会议,给了大家一种精神上的鼓励。二是农村图书馆建设任重道远,需要寻找良策,共商发展,稿件的众多反映了基层工作人员的急迫心情。三是投稿后有可能参加会议,能从沉闷的工作氛围中暂时解脱,到外面呼吸新鲜空气。有心人都能从中看出这个会议对于基层工作人员的重要性,说明搭建交流平台是何等之必要。第二个互动的方法,就是引进外地有积累可借鉴的专家和实践工作者来进行交流。这种交流,既可以进行演讲座谈,也可以深入基层,形式可以多样,但有一点要强调的是,他们要和基层工作者当面互动,直接交流,这是双赢的做法,也使市地图书馆增加了社会资源的长期积累,这是因为,专家学者现在非常看重的就是基层的变化以及变化的数据,而且他们很愿意与基层建立长期稳定的联系。相信这种做法也肯定会受到基层的热烈欢迎。

二、设立信息交流资料平台,周期性交换信息

有条件的市地图书馆还可以设立信息交流平台,定期交换信息。一是创办内部刊物,开辟专门园地,交换工作信息。这种小报式的刊物机制可以很灵活,比如可以采取轮流举办的方式,每个县每年举办一期,轮流主办,全市发行,也可以委托广告企业代为发行。市地图书馆辅导部自己有能力有时间就最好自办,这样更贴近实际。办好这种刊物的关键在于及时准确的抓住有效信息。从我们的主观需求看,工作信息在某一个时段中可以大致分下列几种类型:操作信息、事件信息、概况信息和特定信息(人物、讲话、特别状态等)。所谓有效信息,就是当时当地对指导工作最需要的信息,一般情况下把注意力多放到操作信息上面,因为这里是做法和经验的集中地,而事件信息反映重大事件,概况信息是在特定时间里安排,至于特定信息就要仔细选择了。二是刊物之外,还可以选择在网站上设立专门化区域或开设个人

博客等方式进行信息交流。新技术手段的采用使交流可以实时进行,速度快而传播面广,非常有利于工作开展和个人发展,而且也可以促进基层图书馆人更多的掌握现代信息技术。这种方法会节约很多人力物力。唯一需要注意的是既要有充分的信息保证交流,又不能缩减交流面。三是促进基层互相交换各网点自己的动态记录,促进互动。这种实时动态非常有用,及时掌握信息与信息产生效益是有着最直接的联系的。交流了实时动态,"举一反三"的效应就会延伸开来。

第三章　县市级公共图书馆的农村服务

第一节　县市级公共图书馆农村服务工作的定位

一、县市级图书馆与农村有着天然联系

县和县级市是我国重要的行政单位（这里实质上也应该包括部分地域靠近重要城市、本身城镇化程度较高、现已成为这些城市的区级行政单位的过去的县市）。这一级行政机构所管辖的区域大部分或绝大部分是农村，而且多数县城是从乡村小镇演变过来的，并且这段历史还不长，有些县城甚至还是半乡半城的。在县城的含义里，有两个特点使它和农村紧紧的联系在了一起，一是县城的居民与农村渊源深厚，与农村有着千丝万缕的联系；二是县域的管治区域主要在农村，因此县城的大量社会职能也是直接针对农村的。县城里的工商企业常常是两头（资源和产品）都在农村，更不要说一些职能部门和主要机关的服务方向了。在某种程度上甚至可以说，县城就是这一片农村区域的头脑和心脏。这种天然的联系也确立了县级图书馆为农村服务的中心使命。

从比较角度看，县城与地级城市不一样。县城的社会职能由于面向农村，因此城市化的水平达不到地级城市的水平，正因为如此，这几年农村人口的流向主要是地级以上的城市。县城的人口这些年有不小的增长，但县域人口分布的态势没有根本的改变。而地级以上的城市却大不一样，人口数字的迅速增加使得城市迅速扩张，与县级图书馆不同的是市地级图书馆必须强化城市服务才能勉强满足市民的要求。县市图书馆与市地图书馆的不同服务走向还是比较适合我国社会的发展现状的。

二、为"三农"服务是县市级图书馆的立身之本

我国是农业大国,农业大国的着眼点首先是农民,这几年中央多次作出决定,要大力推进农村文化建设,凸显了国家对于农民群体的人文关怀,实际上,这也是中国农村要继续发展的关键所在。图书馆人完全理解中央的深忧远虑。

县市级政府的管理视野在农村。它们对于用文化改变农村面貌的认识不断加深。浙江许多县级政府提倡农民"种文化",让星星点点的文化火星逐渐燃成燎原大火。县市图书馆在这种形势下,必须全力为"三农"工作服务,在县市区,这就是检验一个图书馆工作贡献和能力水平的主要内容。近年来在落实公共文化服务体系的问题上,更进一步凸显了县市图书馆的中心作用。要使县市级图书馆成为本县市农村基层图书馆网的枢纽,改变其一直来的单馆服务状态,还需要花费相当大的力气,这也是各县市级政府和县市图书馆的共同责任。

第二节　县市图书馆的三农服务

一、为农业的产业提升服务

大农业,包含了农林牧副渔,可以统称为种养业。种养业的科技发展水平今非昔比,这是当前的一个特点;各地努力改变传统,因地制宜,优胜劣汰发展种养业是另一个特点。这两个特点说明,农业科技提高了生产力,因此我们应该与农科部门合作,全面摸清本县区种养业的发展水平及其发展需求,掌握本县农业中的支柱产业和产品的生产状态。我们要为农科部门建立文献检索通道,也可以直接争取文献方面的课题项目,同时为乡镇图书馆与一线生产者提供适用文献。在需求面前,我们不能打白旗,说自己不具备文献提供能力,而是要用需求迫使自己提高水平。

早在上世纪50、60年代,我国的一些图书馆工作者就尝试在自己

力所能及的范围内为农业的发展提供智力咨询，并取得了一些可喜的成果。改革开放后，在农业生产力得到解放的初期，我国图书馆界更是在一段时间里不遗余力地为农业生产的发展推波助澜，各地图书馆印制的大批"二次文献"（农业科技资料）涌向农村。安徽太湖县图书馆就是"为农服务"的一面旗帜，更可贵的是这面旗帜一直打到今天。太湖县56万人口中有50万是农民，其中四分之一属于贫困人口。太湖县图书馆对于自己的定位和服务方向就是八个字："科技扶贫，面向农村"。1985年开始，他们为农村贫困人口中的部分科技户、种养专业户提供了自编的《科技参考》，当年就为养鱼户解决了鱼塘缺氧问题，为养猪户解决了豆饼饲料去毒的问题，为种植户提供了西瓜两次结瓜的种植技术问题。当时图书馆建立了396户的产业科技档案，其中的贫困户占96%，接着又在政府支持下在22个乡镇的文化站设立了服务点，以上述用户为基础，逐步进行点面渗透，迅速扩大服务面。服务对象一时遍及全县，全馆9名工作人员坚持每年每人下乡2—3次，全方位、立体式的展开服务，寻找热点，解决难点，求得更多经济增长点。他们邮寄资料、回复信件、下乡出差都是自己花钱，从不要农民一分钱，不吃群众一餐饭。他们历尽千辛万苦，克服重重困难，从1986年到2002年，印发《科技参考》资料183期共7万余份，每年投入图书馆经费2万余元；下乡走访重点对象由80户扩展到390余户，信访函件数千件，服务对象3.5万人，其中95%直接受益。受益专业户又带动周围一片乡亲，逐步形成了全县农村的科技致富的风潮。新仓镇惠民村的王启林原来是典型的贫困户，1984年开始养猪，在县图书馆的跟踪帮助和指导下，从40头开始，历经25年，发展到现在的1500头，年净收入在180万元以上。笔者到惠民村当面采访了王老汉，他说："图书馆是文化部门，而我们是归畜牧部门管，但他们从一开始就扶持我们养殖业，把科学养猪的资料印发全县，又上门来了解指导。1984年只有我一家养，而今是冒出许多千头和500头的养猪户，1995年我养多了以后带头成立村的养猪协会，带动了100多户都养猪，接着又扩大到乡和县都成立养猪协会，原先我是县的会长，现在年纪大了,他们让我儿子当会长。图书馆每年都来访问养猪情况。帮我们解决问题,又联系电视台来采访,宣传我们不断扩大的养猪业,使太湖县成为全省第一个畜牧业发展领先的县份。现在图书馆还年年来。太湖县图书馆对太湖畜牧业的发展真正是功不可没。"太湖县图书馆科技扶贫的特点是"全面铺开,均等服务",由县馆、县科委和22个文化站组成全县农村的科技扶贫网,取得了巨大的成效。如果按每户年受益 1000 元计,单是 3.5 万名服务对象,一年将可增加 3500 万元的效益,这 20 年就是 7 亿元的价值创造! 太湖县图书馆科技扶贫的方法非常朴实,这条路人人都能走,也确实有许多基层馆与太湖县图书馆一样,这条路走了很多年。山西曲沃县图书馆的《科技咨询·文摘》、四川中江县图书馆的《信息致富资料》和《科技文摘》、辽宁黑山县图书馆的《信息参考》和《科技之窗》、江苏溧水县图书馆的《农村科技简报》……就全国而言,利用二次文献为农服务的事例非常多,笔者所在的浙江也有许多单位都印发过相当数量适时适地的农业科技资料,但和太湖县图书馆比起来,就差那"临门一脚":眼睛向下,不辞辛苦,确定对象,跟踪服务。

除了提供"二次文献"为农服务之外,我们还应提倡有限度介入当地重大农业项目,主动提供技术信息和项目保障信息的支持。白芦笋一直是福建东山县的主要经济作物,近年来还大量出口台湾,然而土壤老化一直是农民忧虑的问题,因此寻找适应这种土壤的替代作物就成为福建东山县图书馆研究的新课题,经过反复查找,发现牛蒡能适应这种土壤,他们立即向县领导推荐并参与研究探讨,为县委决策提供了重要的科学依据。东山县图书馆还整套引进台湾九孔鲍鱼的养殖资料,为东山发展成为全国最大的鲍鱼养殖基地立下汗马功劳。河南伊川县图书馆曾连续举办多期食用菌栽培的技术培训班,受训农民达 300 余人,受益群众有几千户,农民朋友特别欢迎。这样的例子还有许多。

产业提升还包括乡村工业。这是农业发展后农民的第二条就业道路,也是农村就业人群的必然分化趋势。这些工业五花八门,基本上是作坊式或较小规模的制造业,但它有一个显著特点,就是很容易形成产业群,又称"区域经济",如湖南醴陵的爆竹业、浙江诸暨的袜子业、广东东莞的制鞋业等,因为都是初级产业,技术含量的提升空间还是很大的,因此县市图书馆同样应该全面了解本县区乡村工业的布局与产业结构,掌握本县市乡村工业中的支柱产业的发展态势,与相应的工业管理部门合作,提供乡村支柱工业发展中的设备、工艺、技术、安全、质量提升和产品检验、包装、销售等一系列的文献信息服务。另外,在可能条件下积极联系县内外相应的技术和科研部门进行具体指导,这就是图书馆为经济发展服务的功能延伸。

从发展服务的长远角度着眼,我们还须结合乡村工农业的发展现状和馆内实际服务水平,制定图书馆扶助乡村工农业的工作方针和长期规划,这中间势必要伴随我们队伍自身的发展和成长,同时也势必要与社会相关单位紧密互动,精诚合作,只有这样,我们的服务才会立于不败之地。在产业服务的工作方法上,要采取以点带面的做法,以试点推动整体,从大处着眼,小处着手,开展细致扎实的服务工作。在我们擅长的文献信息咨询方面,一定要运用各种传统和现代手段,扩展使用范围,努力辐射产业发展的科学信息,并且将产业咨询作为一项主要服务项目长期坚持下去。

二、为农村的和谐进步服务

产业发展奠定了农村社会发展的经济基础。这些年党和政府非常关注农村的社会建设,提出了建设社会主义新农村的二十字标准和一系列的规划,农村有序的社会建设开始起步。县市图书馆在新农村建设的热潮里应该大有作为。我们如何为农村的和谐进步竭尽所能,精心服务呢? 中央发布的《关于推进社会主义新农村建设的若干意见》里,有一大批务实措施,各级政府在农村义务教育、新型农村合作医疗、低保制度以及农村道路工程、饮水工程、文明农居工程、青山绿水工程等方面都必须有力度很大的措施,我们就应该为这些建设工程提供文献资料和科技、工程信息等智力支持。在主动为这些工程服务的同时,我们实际上也在探求我们过去从未涉足的领域,规划我们的未来,逐步形成我们对于现代图书馆的一个实践性的认识。

"有为才有位"对于公共图书馆来说是一种真理性的认识。在建设农村和谐社会过程中,我们应该将很大一部分精力投入到创建农民群众良好的文化生存环境中去,这应该是我们的看家本领。社会建设中相当重要的部分是使人们提升人文素质和文明层次的文化建设。文化建设的基础就是文化环境的营造,需要我们扎扎实实从点滴做起,为农村先进文化的发展提供具体指导和帮助。首先我们应该从图书馆对文化的理解角度出发,系统调查掌握全县(区)农村的实时文化生态,包括人们对学习、对阅读的欲望,对知识、对文化活动的兴趣,对文明、对现实生存的理解等,从中找到当前本县文化工作的现状,找到图书馆对于推动全县文化工作的起点。从这个起点开始,与乡镇图书馆联动,开展有的放矢、丰富多彩的文化活动,进行文化阅读的灌输。福建东山县图书馆从少儿着手,2006年暑假在全县范围内开展了"爱我东山岛"读书月活动,组织"知我东山爱我东山"的万人知识竞赛、万人歌唱"美丽的东山岛"活动、万人读爱国主义的百部书活动,广泛举办美术书法和舞蹈等培训班,举办书画展和摄影展,举办"爱我东山岛"夏令营,组织150人参加的环岛活动等,将图书馆效应在一段时间内达到最大化,使"爱乡建乡"的理念深入人心。

县市图书馆要设立重点文化扶助点,通过试点,通过独特的、不断在实践和时间中验证的工作设计和实际操作,形成良好的反馈和实际效果,进而不断总结文化扶助的有效方式,扩展文化扶助的范围。县市图书馆也要抓紧时间开展非物质文化遗产的调查和抢救保护工作,其意义在于一个地域文脉的传承和文化的完整性。另外一个长期被忽视的问题是农村重要地方文献的收藏和开发。它也与"非物质文化遗产"一样的重要,一样的有意义。

三、为农民的全面发展服务

图书馆的核心价值是人的发展。按美国亚伯拉罕·马斯洛对人的需求层次理论的说法，人随着生活质量的提高，需求也发生五个层次的变化，最低的需求是生理需要，最高的需求是自我实现。恕笔者直言，中国农民目前的一般生活状态是没达到富裕的温饱和小康，而最基础的生理需要阶段，也就是吃饱穿暖的阶段已经过去，掐去头尾，实际也就按不同程度具备了三个层次的需求。从安全需要到社会需要再到被尊重的需要，他们全部都应该拥有享受文化权利和信息平等的权利，尽管有时候他们还没有主动察觉。因此，从在馆服务的角度说，县市图书馆服务农民的第一点就是要对全县农民开放办证，应该满足农民群众不同的文化需求，热心服务文化需求不断上升的农民读者。对于来馆的农民读者，要想尽办法满足他们正当而直接的文献信息需求。而对于县市馆下基层的服务就要分析不同情况区别对待了：如果县市处在经济文化极端贫困地区，就要推行循序渐进的成人初级教育，以至开展扫盲教育，这段路必须走，是不能绕开的；如果处于基本温饱地区，那么县市馆的任务主要是用文化科学知识指导农民致富，提供从原料直至产品和市场的多层次全方位的信息服务，服务流程应该到产生效益为止；而如果所处县市农村已经达到了小康生活的水平，那么传播健康的现代生活方式和社会和谐理念，提升农民群众的文化素养就是根本任务了。这三项服务区别很大，但是只要从实际出发，需求的定位是容易定准的。当然这种定位并不是一刀切，任何地方都有差别存在，服务当然也肯定是有差别服务。我国有相当数量的贫困地区，国家和许多地方政府担负着繁重的扶贫任务，作为这些地区的县市图书馆就责无旁贷的要为扶贫工作提供智力支持，这种支持必然要与当地的实际情况紧密结合，为当地民众寻找因地制宜的脱困发展之路，因此这种智力支持的分量远远超出一般的图书馆服务。前面详述的安徽太湖县图书馆就是最鲜明的例子。贫困地区的图书馆条件差，人员服务能力低，担子又特别重，要提供智力支持谈何容易，但是各级政府也在改变观念，"文化先行，超越贫困"的理念正在普及起来，所以我们可以期望贫困县市的图书馆人振作起来，像太湖县图书馆一样，利用手中有限的条件，用"作为"来改变地位。

在县市图书馆几种服务方向中有一点无法回避,就是为农村有特定需求的人群一定要提供特别的或单独的服务,这一点是最能体现人本理念的。所谓有特定需求人群是指残疾人、老年人和未成年人,这些人在社会上是弱势群体,他们的声音很轻,如果不加以特别注意,他们的需求就会很轻易的被忽视,因此把他们放在一个特别显著的位置实际上是达到了一种真正的平衡。另外,还有一批有特定需求的人群是农村中文化层次较高、技能特长比较突出的人,他们特别希望县市馆能为他们提供个性化服务,满足他们的急切需求。县市馆应该对他们的需求充分重视,因为不断满足他们的需求,意味着可以为农村培养出一些人才,何乐而不为? 最后一点是要为农村社会教育提供强有力的支持,无论是师资,还是资料,以及基层碰到的其他困难,县市图书馆与乡村图书馆相比总是处在一个比较有利的位置。我们应眼睛向下,注意补缺,及时帮助,"该出手时就出手",就会给农村社会教育形成一个比较好的开局,这对于农村社会教育的可持续发展意义是十分重大的。

第三节　创建县市公共图书馆总分馆制

一、将县市图书馆工作重点转移到构建公共图书馆服务体系方面来

按照我国建立公共文化服务体系的要求,基层图书馆尤其是县市图书馆,它的工作视野和工作架构都应该开始转移到建立城乡一体化的公共文化服务体系上来。也就是说,县市馆过去是一个具体的文化单位,我管辖的事务是单馆服务的事务,而现在,要对所在的整个县域内的公共图书馆服务负起实在的责任,要对县域内公共图书馆服务体系架构的搭建负起实在的责任。

国家《"十一五"文化发展纲要》明确指出:"县(市)图书馆逐步实行分馆制,丰富藏书量,形成统一采购、统一编目的图书配送体系,充

分发挥县图书馆对乡镇、村图书室的辐射作用,促进县、乡图书文献共享。"这段话十分明确地描述了在广大的以农村为主的地域内确立以县级公共图书馆为中心的公共图书馆服务体系的基本架构。这一架构的基础就是以县市图书馆为总馆,乡镇(村)图书馆(室)为分馆的一个垂直体系。总分馆制能够解决哪些重要问题呢? 首先,他使国家能够真正落实公共文化服务体系的最终目标。因为这里明确了国家在农村履行文化信息公共服务的主要责任,解决了历来成为老大难的"谁建设"的问题。国家下力,政策不变,目标肯定实现。其次,在运作机制上保证了这个体系的健全发展。县市图书馆承担了全县农村的图书馆服务的公共责任,也就是给这个运作机制奠定了坚实的基础。图书馆代表国家履行责任,而且其服务面实现社会各层次各角落的全覆盖,这就成为一种根本上的保证。再次,它充分实现了文献信息资源共享。它既是"最小公倍数"——让最广泛的公众享受了最充分的平等的文化权利,又是"最大公约数"——最大限度的节制了文献信息资源的浪费。总分馆制的实施对于全国县以下的农村基层图书馆来说,就像是一声春雷。

县市图书馆在这样的形势下,必须尽早的开阔视野,为构建全面完整的县域公共图书馆服务体系承担起"次"主要责任。这个"次"的含义就是除了政府之外的主要责任,也就是说,政府做决策,县馆主执行,决策是宏观的,执行却是具体的。县市图书馆要面临从自顾自到管全面、从单一到整体、由点到面的重大转变。过去也抓过基层点,但仅仅是指导,没有实质意义上的领导关系,而现在是指挥调度,任务艰巨,人力紧张,条件困难,大部分县市馆不会在一夜之间从内到外"改换门庭"。故而必须做好工作布局和流程大变革的思想准备,及早开始筹划,全面调查研究,主动制定方案,从而争取先机。这种主动,能为我们的转轨定向留下一个比较充分的回旋空间。

江西南昌县是个拥有百万人口的农业大县,世纪之交时,18个乡镇文化站只有半数的图书室勉强开放。全县乡镇图书室的藏书量加起来不过1.2万册,且看不到几本有用有益的书。南昌县图书馆非常清楚作为县级图书馆的职责,他们有着图书馆人深厚的人文情怀,在对全县乡镇图书室广泛调研的基础上,努力寻求解决农民群众学文化学科学的急迫需求与乡镇图书室基础薄弱这对矛盾的办法,最终产生以乡镇图书室为平台开展图书流通大循环活动的创新之举。县文化广播电视旅游局呈报县政府决定,从2002年初开始启动此项工作。图书流通大循环的操作方案如下:各乡镇每年拨付1000元购书经费,由县图书馆统一购书编目,统一配发给各乡镇,按交通便利原则就近流通;将全县18个乡镇按3个乡镇为一组分为6个小组,小组成员间一个月将图书交换一次,小组间一个季度图书调度一次。通过图书流转,理论上讲,各乡镇图书室一年有12次的新书补充和图书更换,确保每个农民一年有1万元以上的新书可以挑选。这样不但每月有新书,而且到年底每个乡镇又增加了1000元藏书。县图书馆具体主导此项工作,他们首先给每个乡镇提供1000元的藏书作为基础,同时为各乡镇购买书标,置备借书证和登记册,并制定相应统一的图书管理、借阅的规章制度。这个制度实施以后,长年关闭的图书室大门敞开了,面貌更新了,广大农民读书热情高涨,图书流通加快,据统计,每月前来乡镇图书室读书、借书的群众达7万人次。农民群众对这项工作评价很高,许多农民实实在在的学到了致富的新技术和新本领。南昌县图书馆的实践就是较早实现的公共文化服务体系中的总分馆制尝试,它雄辩地告诉我们,在经济不发达的中西部地区,"不等不靠不要,创新工作思路"依然是图书馆事业发展的前提条件。每个乡镇一年提供1000元的图书购置费,在中西部也不是难事,南昌县图书馆能将1000元扩展成12 000元甚至更多,我们其他地方的图书馆人无非是没有想到或者想到而不愿意做而已。南昌县图书馆的实践还告诉我们,公共文化服务体系的建设并不是"空穴来风",无中生有,而是农民群众中蕴藏的对于现代文明的巨大需求所推动的,每月7万的读者量平均下来,一个乡镇图书室每天就有百余人次,这能说农民对书报阅读"没有需求"吗?图书馆人必须尽快走出"单馆思维",打破"自恋"情结,在公共文化服务体系的建设中肩负起我们应尽的责任。

二、以县市公共图书馆总分馆制的形式确立公共图书馆服务体系

公共图书馆总分馆制的具体含义是：基层图书馆网点与县市图书馆的关系由过去的松散型业务指导关系转变为紧密型业务领导关系；县市馆直接和全面领导（也有部分指导的）本县市基层图书馆网点开展公共文化服务工作；基层的业务经费和资源配置权上收，由县馆根据本县公共文化服务能力全盘调度；网点管理由县市图书馆制定规范，或授权或派出人员实施规范管理。其达到的效果是全县区域内图书文献通借通还，数字资源共建共享，群众的阅读实现现有条件下最大限度的便利与自由度。而且在推行总分馆制以后，原来不具条件或无法深入的"老大难"网点在国家的统筹下将全部建立和健全起来，公共文化服务将达到实质意义上的全覆盖。

在总分馆制的推行中，县市图书馆必须按总馆的要求建设和强化自己。变更工作思路，确立新的工作方针是县市馆在总分馆制推行前就应确立的首要前提。要将工作重心转移到搭建网络、制定规章、培养队伍、建设网点等基础工作上来。所有工作思路的出发点都建立在公共图书馆服务体系网络的整体性上，而不是单馆的狭窄思维。领导的大部分精力都要投入总分馆制服务网络的建设发展上来。阶段性成绩和效益的检验标准应该是总分馆制服务网络的整体发展与健全，而非单一县馆的那些统计数字。

配合主管部门和财政，确定总分馆范围内的整体费用额度也是一个主要的工作前提。财力问题总是一个难题，"国家买单"的政策虽然已很明确，但国拨经费如何落实，各地的处理方法肯定很不一样。县市馆的同志要学会"危机公关"：一是要造舆论，广泛宣传国家关于农村文化建设的政策和当地农民的急切需求；二是在领导还没有拍板的时候，抓紧时间和机会，搬"救兵"或自己上阵，用基层大量的事实去说服他们。包括对于社会财力资源，我们都应多方关注，时不我待，时机不容错过。机会极其重要，舆论也勿轻视。机会来了不抓住，我们今

后就往往是事倍功半了。

从工作机构的调整到配送资源的物流须适应新的工作方式的需要,这是我们要面对的一个挑战。原有机构适应单馆管理状态,现在根据实行总分馆制所需要的各条业务线重新划定机构设置,活力增强,但管理范围大了,变数也多,所以要全面考量,预设应变。

增加、调整工作人员,形成精干而完整的员工队伍更是另一种挑战。总分馆制的实施使得县市图书馆需要对工作人员队伍进行整顿。一方面调整分工和工作流程,减少低效岗位,增加有效负荷,形成精干的、有战斗力的队伍;另一方面积极要求扩大编制,增添有生力量,完善各条业务线的配置。只有双管齐下,才能解决人手不足问题,千万不能天真地用"临时任务"方式去短期应对。在总分馆制的实施中,县市图书馆上要建立三支队伍:①网点骨干队伍。不论是长期还是短期,都要准备派出骨干驻点推动业务工作,他们是建设和管理分馆的领军人物。②资源建设队伍。总馆统筹整个区域的资源建设,要有足够的人力来担负这一繁重的任务。③后勤保障队伍。文献物流是保证基层网点的生命力所在,涉及品种配置、定期收发、道路车辆、文献保护和物流安全等诸多要素,应该用专业化建设来强化这支队伍。

梳理明确县、乡、村各级馆室之间的关系,明确各自权限和职责,也是必须高度关注的。总馆直接领导分馆,不是说分馆没有了任何处置权。前面也已说过,实际工作中变数很多,不涉关键问题就应自行处理。更重要的一点是任何实践都会涌现创造的火花,应该设定一个"逾规"的空间,让火花不断迸发,期待它燃起创新的火焰。况且业务领导肯定是总馆的权责,而行政管辖权并不一定由总馆掌握(总馆是不是两权一起抓,是由不同的地域情况决定的),故必要的业务创新与发展一定要支持,哪怕这种创新和"逾规"不一定很成熟。总之,恰当而准确的定位总、分馆之间的关系是十分必要的。

总分馆制模式的因地制宜举措

总分馆制的建设提出已有数年,总分馆制的实践也在我国东部的一些地区开始推行。现行的各种总分馆制模式很多,大多是根据当地的政府财政能力、群众需求表达、地域优势、已有馆室条件和领导文化理念的几个要素融合而出现的。这些模式都各具特点。广东东莞市2002年乘东莞新图书馆建设之机提出了总分馆制的建设设想,2004年市政府下达文件推行。图书馆集群管理系统的开发以及一应现代化网络设施、信息资源的配置维护费用等由市政府承担,各乡镇和各系统根据地区人口和社会生产总值也按一定比例投入分馆建设,所投资金一律经费单列,专款专用。他们采取了"两步走",第一步实现统一采编、通借通还,也就是业务领导责任;第二步将行政管理改为行业管理,分馆成为总馆派出的一个机构,而分馆的人员、财务及设备均由总馆管理,也即担负行政管理责任。他们把自己的模式称为"政府主导、统一组织、经费分担、分步实施"。各分馆初步实现了与总馆的业务平台统一和标识统一、图书通借通还、直接利用总馆电子资源等目标。

浙江嘉兴过去拥有较发达的乡镇图书馆群,但"分灶吃饭"的财政体制加上文化建设的"软性投入"使得它们无法生存。在嘉兴市政府的悉心洞察下,2006年他们开始了公共图书馆总分馆制建设的调研,最终确定了"三级投入,集中管理"的模式:市、区、乡镇各投入相应经费;除乡镇负责场地和物业、人员支出外,书刊和其他文献信息资源均由嘉兴市馆统一采、分、配;分馆领导由市馆派出,相应统一业务管理规范;每建一分馆,市和它所属的区、乡均各投入10万,建设标准统一制定,同时市图书馆的人员编制也相应增加2人。

总分馆制的模式很多,2008年4月举行的"构建公共图书馆服务体系嘉兴论坛"就有苏州、佛山禅城、上海嘉定、北京西城、长春、黑龙江和哈尔滨等图书馆的各种总分馆制试验的介绍。任何事情的发生都是有缘由的,上述两例也是如此。东莞的特点是以图书馆集群管理系统的开发为平台,搭建起了总分馆制的一种模式,而且我们也从"东莞模式"中体会到强化数字化、网络化建设的气息。这是因为"东莞模式"的主角李东来就是我们界内的数字化专家。而"嘉兴模式"十分强调城乡一体化,强调农村乡镇图书馆的复兴,这是因为"嘉兴模式"

的首创者崔泉森有着丰富的乡镇图书馆实践积累,是地方人文历史的专家。这种个人印记其实在每个模式里都有,无非有强有弱而已。但是这些印记所形成的每个地方的特点却提示我们,每个地方都是因地制宜地利用当地有利条件在开展工作,在寻找跨越式发展的突破口,这才是本质。也就是说,既要具备发展和突破的勇气,也要调动各种积极因素因地制宜的筹划发展。

如同任何新事物成长一样,总分馆制的发展需要有一个历程。我国东部地区的经济发展使得地方政府的可用财力大大增加,这是东部地区最有利的条件。但是有两个因素钳制住总分馆制的推进。一是"分灶吃饭"的财政体制要打破,要实现非常困难。地方政府对于这一点下不了决心。二是真正具备"文化也是生产力"理念的领导还是太少,一些人热衷的"文化"是看得见、叫得响的形式和眼前就能出成果的工作。更有人荒谬地说"老百姓没有图书馆需求"。这两个因素都在领导身上。我们相信,正在加大农村文化建设领导力度的各级党委政府会逐步解决这一问题的。图书馆人也应该努力宣传、沟通、公关,用坚韧不拔的毅力和"水磨功夫"去取得领导的支持。西部地区的困难就更大了,基础差、经济弱,县馆的条件刚刚有所好转,何谈乡镇?但是不甘落后的图书馆人还是可以有所作为的。我们可以摸清现有条件,让一些尚有资源的服务点联起手来,结合县市馆自身的资源,来一个资源互换共享,协调采购,在有限的条件下加上国家的共享工程资源,用"图书馆联盟"的方式开展"自助式"总分馆制服务。实际上,长春市图书馆介绍的总分馆制模式就是如此,由于政府财力困难,以长春市图书馆为中心馆、县区馆为分馆、街道社区乡镇馆为基层网点的三级图书馆网络采用协作的模式共同发展,它们在三级网络的"图书馆联盟"中共同推行总分馆间的业务建设与服务,利用自己的存量资产创造更大的效益,也不失为一个好办法。

在建设总分馆制的工作中,我们应该注意几个问题。首先,我们要反对那种徒具形式的"总分馆制"。只要没有流动起来的资源配置,没有统一使用或协调安排的业务经费,读者没有在总分馆区域内享有借阅便利,这个"总分馆制"就是摆摆形式的。形式主义的苦头我们已经吃够了,不求实效劳民伤财的做法应该坚决拒绝。其次,我们也要杜绝超越客观条件的制度安排。明明从人力和物力的条件都差强人意,根本没有做好可持续发展的准备,却硬要实行总分馆制,即使一时可以推动,但好景不长。因地制宜,以实际地情为基础,以政府财力和社会资源相结合,开展公共文化服务体系建设的尝试,摊子由小逐步铺大,政府支持由少到多,总分馆制的形式不断增加内涵,应该是符合我国当前国情的做法。上海嘉定区的"百姓书社"就是一个实际有效的基层公共文化服务载体。他们的做法是政府有投入,区馆为中心,百姓出场地,志愿者管理,文献统配送,阅读有便利,标准全统一,点小功能齐。到2009年4月,全区已建成30个"百姓书社"点,遍布13个街道乡镇。尽管他们不像嘉兴那样规范标准全面,但是他们在一定程度上满足了群众的需求,而且也为今后的制度安排留出了空间。因地制宜的搞公共文化服务,关键是要把效益检验放在第一位,百姓的愿望得到相应的满足,说明我们的工作还是有成效的。

农村公共文化服务体系的建设目标是走向规范的总分馆制。东莞、嘉兴、佛山禅城等目前都是我们的标杆。各地情况差异很大,一刀切的标准和时间要求是没有的,所以,条件比较具备的地方要多与政府沟通和互动,让认识和理念尽早趋向一致,做好开头,循序渐进,在一个时间段内建成规范的总分馆制。条件较差的中西部地区要主动开展各种各样的公共文化服务的尝试,让政府和百姓充分感受图书馆人的能力和努力。图书馆人对于政府在公共文化服务上的缺位也要"得寸进尺",分阶段提出积极建议,不能停留脚步,不能"浅尝辄止",这就类似太极拳的拳法:没有角的圆,没有停留的渐变。这个中国文化内核我们不能忘记。

第四节　规划本县市乡村图书馆的发展布局

一、配合设计本县市乡村图书馆的布点网络

不论是从建立总分馆制的角度考虑，还是从延伸农村图书馆的布局着眼，我们首先要面对的重要问题是本县市乡村图书馆的布点问题。县市图书馆的责任就是具体分析、综合本地的实际情况，让市地图书馆制定的农村图书馆布点原则具体化。具体做法是：从市地下达的布点原则出发，我们可以根据不同的要素条件设计不同的起点，然后分期分批安排出达标的布点"路线图"。目前有三种布点模式。

首先，在行政体系十分强大的中国，过去人们习惯于按行政区划去思考，而对如何科学布点、有效布点很少有研究，因此在国家明确农村图书馆服务的性质以后，对于如何科学有效的布点，就是一个十分重要的问题了。

其次，发达国家基层图书馆的布点均遵循人性化的方针，按人口密度、步行距离和交通便利程度划定区域、确定点址。廖腾芳的《县域图书馆的规划研究》里引述前苏联图书馆学家丘巴梁的观点："城市里按照居住地地点形成图书馆的服务地区，大约根据图书馆的活动范围1.5公里，平均是一万个居民一所图书馆。"因此，廖腾芳认为这"在村镇规划理论上称为15分钟生活圈，即步行在1.5公里范围内。在这个范围内活动，人感觉不疲乏且有愉悦感；而阅读作为乡村休闲和继续教育的主要手段，人们一般还是习惯步行，因此图书馆必须建立在15分钟生活圈内，即使建立很小的图书阅览室也需增大密度。"国外的基层图书馆分布，确实大都是按照人的要求出发而设计的。这种设计体现了科学性和人性化，具有吸引力和生命力。如果我们从一开始就这样筹划，就可以一步到位，按照胡锦涛主席的说法，今后可以"不折腾"了。这种模式最应提倡。

此外还有第三种模式。从历来对于农村图书馆的称呼——"乡镇

图书馆"就可以发现,按行政区划建立文化设施,是一种"天经地义",其出发点,是"属地管理,行政便利"。而且传统做法中,乡镇图书馆也要承担很多政治宣传任务,它也并不单纯是文化设施,而是乡镇政府的下属机构,基本上应该为乡镇政府的中心工作服务。这才可以解释"有图书馆而不开放"和"有管理员而不管书"(另有工作)的一系列奇怪现象。按乡镇设点,已在我们的体制中形成了惯性,一下子很难扭转过来。

各地的经济发展、文化传统、风土人情和地理条件各不相同,如果从客观角度综合一个地方的这些条件来看,肯定可以发现大量在农村开展公共文化服务的有利因素存在。但在实际的社会生活中,在政治、经济、文化、社会四大建设中历来被行政机构放在最后一位的文化建设中,往往最能出现"短板效应":各不相同的地情条件中,哪方面条件差一些,文化建设的程度也就相应差一些,这全是因为文化建设效应最慢也最不鲜明所致。这也就导致了农村图书馆布点的第三种模式,即"条件决定说",实际上这不是一种模式,因为它无章可循,是一种理念滞后、随意执政的行为。它最能叫响的口号是"成熟一个,建设一个",但是在"成熟"两字的解释上,不确定性最强。我们不苟同这种"模式",但这是客观现实,我们又不得不认真对待它。

上述三种模式,第二种模式是农村图书馆网络布点的正确方向,因为它体现了公共文化服务"以人为本"的本质意义,它必须是我们要紧紧抓住的工作方向;第一种模式沿袭了传统行政思维,没有真正从人的需求出发,但是在某种意义上说,它是促进者,也可以使这种模式转化成为公共文化服务体系的基础建设模式;第三种"模式"的不确定因素很多,但是它的消极因素背后也有充分考虑地情的积极因素,这对于我们扎实推进公共文化建设不无好处。因此,县市图书馆必须以第一种模式为方向和最终目标,以第二种模式为基础,以第三种模式为参照,进行综合分析和设计。我们既不能理想主义地不顾现实,也不能因循守旧不思改革,布一个点就是要让一群人享受到便捷的文化服务,这种神圣感应该让我们拥有不竭的动力。同样,对于实际的把握程度也会验证我们所制定的方针是否符合实际并能否产生实效。而更重要的是综合分析,在分析中应该首先重视当地文化建设的规划步骤,布点原则要与规划步骤同步起来,紧密配合,才能得到各方的支持,这是一;布点的物质条件不要一下子开得很高,还是视条件和可能而论,要反对那种要价很高的所谓"成熟"的条件,也就是说,有点与没点是本质的不同,而条件的好坏是程度的不同,因此,在条件逐渐转好的情况下,我们主张积极设点,这是二;在设计布点时,肯定会涉及经济条件和地理位置问题,实在难以设置固定网点的地方可以沿用我们的老办法——流动书车进行服务,这个形式如今在德国依然红火,说明了它灵活机动、节约资源的强大生命力,对流动书车的服务设计和布点安排也同样重要,尤其是在一些经济和交通都欠发达的地区(这些内容将在后续中展开),这是三。

二、帮助解决基层网点建设中的一般共性问题

基层图书馆网点建设面临着许多实际问题,人、财、物都有很多困难。人的问题,包括了部分群众的不理解、部分干部的冷漠、寻找管书人的困难;财的问题,包括后续经费的难以落实、人员工资的何处立项;物的问题,包括馆舍室所不易确定,设施物具来源缺乏等。这些困难需要较长的时间才能解决。对于处在基层网点的枢纽和中心位置的县级图书馆来说,在这些问题上不是去解决个案,而是寻找解决共性问题的钥匙。比如设点,从中国农村的实际出发,我们不要一讲设点,就列出标准,设置规模,让"门面"先去代表图书馆,我们应该深入把握公共文化服务的精髓,首先的任务是把公民应该享受的文化权利还给他们,从这一点出发,有一些起码的基础条件,有一个真心投入文化服务的人,就可以建点了。如果门槛高了,就成了一些人找借口推责任的理由了。笔者接触过一些私人办公益图书馆的当事者,他们只有二三百本书,也没有像样的书架,就开始向公众开放,来的人还不少。当然,简陋是一种无奈,是一种解决问题的暂时办法,并不是一种倡导。因此我们设点的起点一定要从实际出发,由简单做起。建点仅

仅是开始,从建点到持续建设,县市图书馆都应该将它筹划进去。建了点就不能让它垮。要讲究质量,物质条件当然是质量标准之一,没有人不承认这一点。但是开始的质量标准并不全是物质,还包括服务。如果我们在物质条件比较差的时候讲究服务质量,读者会"将心比心",即使不是每个需求都能得到满足,但是他得到了温暖,或者尽管没法满足但也感到温暖,那么这个点的可持续发展的基本条件——人气就有了。所以,服务是质量的第一标准。

笔者之所以扬弱抑强,是强调软件重要,但是物质条件是基本保证,因此我们同样要坚持硬件的完整,坚持达标的原则,只不过是要有一个过程。在这一点上,笔者提出,要根据本地域内发展状态的差异分别列出几种不同类型的起步建设标准,也就是说,物质条件建设的起点可以有所区别,我们要配合文化主管部门,以实事求是的态度给每个点设置它达标的时间和要求,到时验收。

在公共文化服务体系建设中,国家也提倡要动员社会资源一起参与建设,因此如何发掘和运用好社会资源也是一条解决困难的途径。从全国各地的情况看,社会资源参与文化建设的积极性已经越来越高,动员社会资源的前景非常看好。这几年,中西部经济发展的势头超过了东部,加上国家对于中西部的投入不断加大,中西部的社会资源也越来越丰富,关键就在于我们的视野所及和主动出击了。图书馆界历来靠吃"皇粮"维持生计,因此在这个问题上理念的变革显得尤为重要。我们应该拓宽视野,运用我们的文化影响(不要小看自己,这是一笔财富),开辟多个平台,开发各种载体,努力扩展社会资源参与公共文化服务体系建设的途径,从而加快实现基层网点的全达标。

这两年图书馆界议论起了"图书馆精神",这是一种对我们所从事的事业的本质探讨,也是"物质至上,人欲横流"的物化社会里人们自觉的精神回归。这种呼唤,正与公共文化服务体系的建设不谋而合。美国图书馆界曾就各个因素在图书馆服务中所起作用的比重进行分析,结果显示,图书馆建筑占 5%,信息资料占 20%,而图书馆员却占 75%。我们可以断言,越是基层的图书馆,管理者具不具备图书馆精神就越是重要,某种程度上说,这种精神是基层图书馆的生命所在。笔者曾负责整理浙江图书馆 20 世纪 30 年代的老馆长陈训慈先生的文献,陈先生于 75 年前就下过判断:"馆员态度之是否和善,精神之是否振作,责任心之是否浓厚,尤是图书馆事业成败之所基。""只要我们能有宽大的胸襟,忍耐的能力,逆来顺受,一秉至诚,读者是决没有不受感化的。总之,我们要有如宗教家一般的虔诚,如慈母一样的和爱,如学生一般的勤慎,如赤子一样的热忱,如战士一样的牺牲精神。热忱、负责、愉快、勤奋、耐劳,是一个图书馆成功的要素(其关系之重大远过于经费与设备的增加),也是一切服务、一切事业的必要条件。"陈先生这个中肯的论断在后来 75 年的实践中得到了充分的证明。太多的事实告诉我们,农村图书馆能不能办下去,最终决定因素是人——承担实际工作的管书人。我们说"以人为本",这四个字无论是用在服务对象身上,还是用在我们图书馆工作者身上,不但非常贴切,而且揭示了事物本质。所以我们谈论解决基层图书馆布点的困难,实际上常常忽略了物质之外的因素——人,解决好人的问题往往会使许多矛盾和困难瓦解,因此制定好和实施好基层网点的选人标准,对于我们来说,可能比什么都重要。对于选人标准,河南沈丘县图书馆的王建军老师有一段比较中肯的论述:从事农村服务工作的人员必须具备四个方面的要求。一是要有吃苦耐劳、"踏遍千村万户门,为人作嫁终不悔"的乐于奉献的精神。二是要有较全面的图书情报专业知识,具有独立的检索、编辑、发布、推广各种农业生产技术信息的工作能力。三是要懂"农",要具备我国传统的农业生产技术和现代的农业产业科学知识相结合的素质,能基本把握当今农业发展的诸项突破点。四是要有调查研究、深入农村、密切联系农民的良好工作作风和方法。

县市图书馆在乡村基层网点的建设中一定要起主导作用。在具体的定点、选址、建设及文献采访、设施采购等硬件建设方面都应该投入策划、咨询以至派专人力助,必要时把基层点组织起来形成文献资源和设备家具的团购局面,以尽可能合理的价格装备基层。硬件建设在县市内最好相应的统一一些可操作的标准,比如面积、建筑、阅览座位等,国家已经出台《公共图书馆建设标准》可以参照;又比如文献配置的人均持有量、建点初期的文献配置基础量等,都应量化标准。这是一个相对繁杂的工程,县市图书馆须全程参与。而对于模式、经费、人员、机制和发展计划等软件建设,县市馆也应主动按照所了解的实际情况向文化主管部门提出建议,参予协商,推动争取最佳方案。这里要提醒的是,在一些事关可持续发展问题的关键要素的确定上决不能唯唯诺诺,听之任之,要充分的让事实说话,排除干扰,据理力争。

对于上述工作,县市图书馆须确定专人负责,有专门的预案和措施,并且认真安排工作日程,从而积极为基层点建设和发展创造条件。

第五节　逐步摸清全地域农村阅读需求的状况

一、阅读——一个美丽的生活方式

开天辟地到如今,"图书馆人是管阅读的"谁也没有怀疑,这似乎是天经地义的。笔者认为,此话差矣。确切的说,图书馆人一直是管书的,却很少管阅读。"人读书"这三个字,他只管了最后一个字,前面两个字不太有人管。即使有人管,关心的大多也是"知识层次"和"功利阅读",就是查资料找信息、下载文献,为的是应考试、做项目、发表文章。这些当然都很重要,也与我们社会的节拍相合,但毕竟只包含了一小部分人,大部分人和他们的阅读状态没有"入"我们的"法眼"。现实是中国的阅读率极低。据资料表明,自1995年"世界读书日"公布以来,已有超过100个国家和地区参与此项活动。如在美国,从1996年开始,每年4月中的一天被定为"全国诗日";1979年开始,每年9月的最后一个周末是纽约读书节。法国的读书节是法国文化部、教育部、外交部共同举办的,形式丰富多样,以1999年"雨果节"(以雨果为主题)为例,包括了朗诵、剧作演出、旅行和文学,还利用先进媒体进行比赛。活动地点也分布得很广泛,从大城市到乡村,从图书馆、博物馆、书店到餐厅、戏院以及医院车站都成为读书的场所,真正做到了鼓励"全民阅读"。我们羡慕西方发达国家的现代文明,但你知道它的诞生就源出于其新教时期教义对阅读圣经有严格要求,而虔诚阅读的习惯养成逐步造就了他们的民族精神吗?偌大的中国没有办法不通过自己的途径补上这一课。因此中国的现代图书馆理念中就势必要把"人读书"三个字都担当起来,让自己回归人文精神的最高境界。三个字中读是中心,图书馆人的全部努力和"全民阅读"的内在意义就是要使阅读成为所有百姓寻常而喜爱的生活方式。前些年美国曾有一项研究调查表明,喜欢读书的人,参观博物馆、听音乐会的可能性比其他人多出好多倍,他们做义工和参加慈善工作的可能性也是其他人的三倍,而他们参加体育比赛的可能性,几乎是其他人的两倍。于是,他们得出一个结论:喜欢读书的人思维活跃,心理健康,人格高尚,富于进取精神,适应生存和改变命运的能力较强。当越来越多的人把自己的生活与图书馆连在一起时,你说图书馆还会老吗?当阅读愉悦和精神升华的积聚在你我面前展示出一个个新的天地时,你说人们还会老吗?当图书馆融入社会,社会就是一个大图书馆时,你说这个世界还会老吗?

二、一项战略性工作——农民阅读需求变化的调查

自十七大以来,文化建设的战略地位受到了前所未有的重视。各地都有大量的文化建设规划出台。文化工作常常是最热闹的,因为人人与它有关联,人人都可以参与。对一些政绩观没有转变的人来说,这是最能"吸引眼球"的平台了。因此,从客观效应和习惯思维方面,我们可以理解一些形象活动、一些短期见效的项目比较令人关注的现象,而前期投入较大,缓慢释放效应,不显山露水的文化工程开展起来困难就要大些。阅读文化以及与之有关的图书馆工作,特别是农村基层图书馆网点建设和农村图书馆文献信息资源建设就是如此。分析现状我们会发现,这方面的投入总是不足的,关注总是不够的。原因在于一方面是分布面广,投入总量偏大;另一方面政府畏难情绪加上效益"疑问",积极性不高。归根结底,实质问题是对文化和效益的理

解问题,深处更是一个执政理念问题。阅读问题在发达国家已经是不成问题的问题,他们每年都还要投入巨资进行社会发动和现代教育,让百姓了解世界的发展速度和自身对比的差距。美国克林顿和小布什都这样做了。可人们又是如何看中国的呢? 尽管世界上很多预言家赞美中国,认为中国的实力不用多久就能与美国平起平坐,但笔者2008 年 7 月在《参考消息》上看到美国的一些资深战略家在告诉人们,中国没有条件在本世纪二三十年代赶上美国,因为中国贫富差距实在太大,而且处在谷底的地区还不是一个小面积,中国的人口素质上升速度也不快,这种上升短时期内得不到解决。文化大战略中完全应该给阅读一个比较突出的位置,因为这才是 21 世纪中国和美国真正比拼的实力所在。没有一个发达国家能否认提倡阅读对于他们国家发展的关键作用。加大力度推动阅读,是治疗那些目光短视急功近利的"文化综合症"的一剂良药。

回到我们关注的农村,看看农民对于阅读有什么需求。20 世纪五六十年代农民与阅读是八竿子打不着,隔得很远。他们中的大部分人一生中除了上学时要翻看书以外,其他时间与书是"绝交"的。改革开放以后,外面吹进来的新鲜气息让人心动,务农不是唯一出路了,为"营生"找出路就得看报看杂志听广播,"阅读"开始了,字也认得全了,理解能力增强了。脑子活泛一些的人已经在阅读和信息传播中认准了出路,于是做生意的有了,搞实业的有了,当大户种粮田的也有了。但是,农民实际的阅读范围依然很窄,他们中大部分人所接触的依然是信息类的短文字,而且严重的是,这几十年来基本上还停留在改革开放前期的那点水平,没有大变化(我们不否认特定地区特定人群的变化)。因为一是没有更大的动力和压力促使他们在阅读上发挥主观能动性;二是没有一个完整持久的机构或体系来启示和保证他们获得文化上的服务。因此,我们对于农村的阅读推广这样认为:从当地政府下决心投入公共文化服务体系建设的第一天起,农民的阅读就要成为工作规划中的重点。因为中央对于"三农"的投入这几年迅速增加,随着农业的产业提升,农村社会变化频率的加快,农民会又一次看到改变自身生存状态的巨大希望,他们身上潜在的文化阅读需求会逐渐显示出来,当他们又一个轮回开始,阅读愿望重新强盛起来时,他们的文化自觉就会发生质的变化。

图书馆人对于农村阅读推广要达到的目标也可以说是很"功利"的,就是农民阅读习惯的养成。我们姑且拿小孩的学习打比方,一个小孩如果在上一、二年级时,经过大人的督促,每天到家先完成功课再出去玩,慢慢养成了习惯,等大起来了以后,大人就不用操心他的学习,他就达到了"自觉"的境地。对于农民的阅读推广也一样,前面需要有一定的"强制"(这种强制在方法上要尽量让人不会反感),等他慢慢适应了,习惯也就悄然养成了。农民的阅读习惯养成,自然需要一个过程,对这个过程,各个网点需要有一种规范化的管理,而形成规范化管理的前提就是要开展定时定点有规律的动态调查。这种调查,指的是在一群有各方面代表性的人们中间进行固定时间段的跟踪调查。这种调查可以描画阅读轨迹的连线,可以反映一个人阅读心理和阅读行为、阅读效率效益的起伏变化,同时也记录我们的工作轨迹。调查的内容可以有文化程度、文化接触面、自学愿望和行为、阅读习惯、环境影响、生活历程、与图书馆的联系等方面,也就是说,在一个人的包括生活环境、社会联系、主动作为等活动中,捕捉其在复杂环境中增长阅读自觉的过程,并以这些过程为借鉴,找到我们推广阅读的有效方法和新的点子。调查的目的是让农村阅读遵循规律健康发展,因此,我们要从调查中得到的综合印象去预测阅读动员工作的可能走向,筹划我们的工作部署。我们要时时关注农民阅读需求的变化,依照变化检讨我们的工作,适时调整我们的方法和目标。

三、将激励阅读作为基层图书馆的工作重点

动员和激励阅读、服务阅读是基层图书馆的工作重点。由于社会不断有新的媒体平台出现,人们的兴奋点经常发生变化,各级基层图书馆要适应人们的需求,在适当的条件下与各种媒体"共舞"。但是归根结底,阅读是本,我们的各种"补位"不但是为了阅读不缺位,而且是

为了延伸阅读的功能和效应。迄今为止，还没有人敢说人类有比文字语言更好的交流工具，有比阅读更好的文化生活方式。阅读是永恒的。这一点，图书馆人尤其来不得半点动摇。

直接反映阅读状态的一个指标就是借阅率。要说明的是，在文献处于种类增加和变动的情况下，这个指标在一定程度上是可以反映实际，反映读者喜好和愿望的。市县图书馆要定期对借阅率的高低进行测评，找出原因，形成阅读推广工作中的一些积累。借阅率的高低直接反映阅读推广的普及和深入。而要让阅读推广真正起到效果，我们应该耐下性子，制定较长期的计划，运用多种多样的方法，分析各类人群的阅读心理，从而总结形成各种推广方案，推荐给乡镇图书馆去实施。这个工作前人没有做过，但是在充分关注人的自身发展的今天，我们须细致筹划预案，以科学的态度分析和介入。农民真诚厚道淳朴，只不过思维和眼界比较窄。我们的推广工作一定要从他们的实际出发，从眼前他们关心的做起，同时设计跟踪观察的方法，但是又不能"烦"他们，总之是高度人性化的，能打动人的。过去使用过的"新书推介"、"新书展览"、"重点图书内容介绍"等方法可以继续使用，但这些方法有缺点，它们都是以"我"（图书馆）为主的，而不是以"他"（读者）为主的；是以书为主的，而不是以人为主的。现在基层图书馆的阅读推广，就最好反过来，把具体的人及其阅读状况当作出发点反推。这种逆向的推广，产生的效果就非常实际，非常有效，但同时应继续使用上面的那些方法，以满足部分读者的需求。与动员工作同步的，要进行阅读激励，激发众人的荣誉心。激励手段如果能充分运用，在农村将是非常有效的。在实施推广方案的过程中，应该把一个简单的14字方针高悬在头上，那就是"耐心，耐心，再耐心；努力，努力，再努力"。这就是阅读推广工作的要诀。

第六节　管理和指导乡村图书馆的日常工作

一、设立重要的专门机构负责乡村网点工作

县市图书馆对于乡村图书馆基层网点实施业务领导,是一个趋势。总分馆制的逐渐推行,将把这种联系变得越来越紧密,越来越有实际意义。

总分馆制实施之后,县市馆面对的读者群一下子扩大了几十倍,原先对基层的宏观指导变成了直接领导,县市馆的压力一下子大了很多。而且县市馆面对的读者群是最基层的百姓,做他们的工作难点多,难度大,因而有没有专门机构管理基层服务,工作效果大不一样。而且乡村图书馆如何因应公共文化服务体系的要求,如何在服务工作上开好头,如何用有效的方法去实施阅读推广工作等,都没有现成的教科书可遵循,都需要县市馆给出答案,进行指导。因此原来设置辅导部的馆要改组和强化辅导部,原来没有设的必须要遴选强有力的工作人员组成这样的专门机构。这些人员起码应非常热爱图书馆工作,熟悉基层情况并了解基层图书馆的苦衷,有一种锲而不舍的克难精神。他们还要具备探索精神,不断尝试改变现状,提升工作效益。馆领导也应有专人从头开始负责此项工作,而且要落实责任制。

二、以服务效益为中心实施对乡村网点的业绩评估考核

县市馆对乡村基层图书馆管理的重点是乡镇图书馆。县市馆对乡镇图书馆的管理各地采用的模式多种多样。现在最规范和最提倡的模式就是总分馆制,一种清清楚楚地实施"文献集中配置,人员总馆管理,统一工作规范,文献通借通还"的管理体制。第二种模式是传统的松散型管理,"分灶吃饭"的体制依旧。县市馆作为业务指导单位经常下乡,在力所能及的范围内帮助解决问题,但双方不存在隶属关系,没有管辖权。这种模式目前最多。第三种模式是"联合办馆"模式。

一般是乡镇或乡镇里有实力的单位负责解决或部分解决财力物力问题,县市馆出资源或者出管理人员,双方在一定期限里合作。这应该说是相对紧密型,但存在变数,不容易持续。

对于村级图书馆(室)和一些特殊的基层点,按现行的行政区划的管辖体制,县市馆一般采取层级管理的方法,不进行直接管理。但需要关注的是这些点的统计数据和特定情况,不直接管理不等于不关心,也不是放弃调查和检查,而是密切注意村级图书馆(室)的发展走向,用数据说话。

县市馆也应在一定的时期里配备流通车,从而对一些偏僻山区展开服务。流通车也是一个点或数个流动点。由于它隶属县市馆,所以无论是在管理还是掌握一手资料方面,都比较方便。

县级馆对于乡村图书馆的管理,历来都是业务指导式的,集中在整架编目、图书借还、采购帮助以及建立系统(电脑管理)和与系统相关的一些"有形事务"上。而今天如果我们还这样循陈规的话,我们的管理就只涵盖了在公共文化服务体系中服务前准备的那一阶段,居主要地位的对于乡村图书馆"软服务"的管理却是一片空白。笔者认为,对乡村图书馆管理的主要部分应该是实施以服务效益为中心的业绩评估。必须紧紧抓住服务这个中心,才能切合体系建设的内在要求。那么什么是服务效益呢?第一要看两个"量",即阅读基本量和阅读增量。阅读基本量的含义就是单位时间里一个图书馆应该达到的借阅人次与册次。阅读基本量的标准各地应该自行制定,可以有所不同。它关联了三个基本要素,一是所服务的人口,二是图书馆开放的文献量,三是时间段(当然还有很多其他的因素,如文献是否"适销对路",常住人口中的平均文化程度的高低等,这些因素也应该作为标准制定的参考)。可以按照真实记录计算出单位时间里借阅的册次和人次。从当地实际情况出发,适当强化要求后对此三要素进行综合平衡后设定的标准,就是应该达到的阅读基本量。而阅读增量就是指超出此标准的数字(如果能详细记录的话,还可以更细地统计个人借阅次数的增加、日常读者的增加和阅读册次的增加)。两个量都同等重要。第二是产业和科技服务的物化成果。成果需要有切实的证明材料，成果包括自然科学和社会科学两大部分。比如为一个养禽专业户提供了资料，为写地方志提供原始依据就是例子，这当中如果有服务后的直接效益，就更应该统计进去。第三是开展活动的数量和参加的人次，也是拿数字说话。第四是有创新特色的详细工作介绍。这主要看这些工作内容是不是贴近实际和百姓，百姓欢迎不欢迎，形式或内容是不是过去没见过，格调和品位是否不低俗。第五是社会服务的后续辐射效应。这个相对难度大一些，需要仔细了解。了解的内容是借阅书刊和参加活动的人员其后续的文化传播行为。如果有典型例子最好，没有的话可以随机抽访一些读者群众，找到实际依据。上述5条是评估的项目，可以基本体现服务效益。而评估考核的方法可以有如下4种：第一是随访公众的感受。既然是随访，就不是预先锁定的。一个"随"字能基本体现真实。而且感受往往是综合的，而不是单一的。第二是统计数字的对比。这是一目了然的方式，问题在于数字不能是"制造"出来的，应该客观真实。至于如何保持这份真实，各馆就都得有"灵丹妙药"。第三要求上交有关工作的文字介绍。第四就得实地查看。要求对照文字材料，到实地检验，经验丰富的人会看出门道来的。第五要看主要社会单位的整体评价。这些单位必须不是隶属乡镇的单位，他们在当地会持比较独立的看法，因为他们有自己的主管部门，并不受太大的牵累。4种评估方法之外，各地可以发挥创造性，进一步把评估的方法补充完善。对服务效益评估考核结果的处理也可以有几种方式。首先当然是进行表彰，县市自己表彰或上报市地管理部门，这是最通常的方法。其次对于先进要加大整体支持力度，不要让他们的辛苦换来"吃亏"的感叹。第三对于有突出或主要贡献的人应该提升他们的工资报酬，让他们的工作价值真正得到体现。这里特别要提出一点，就是查实有虚报成绩的人要严肃对待，不能让虚假政绩观残害公共文化服务。

第七节　实施对乡村图书馆工作人员的培训

一、关于以图书馆精神为中心的素质培训

对乡村网点工作人员的培训,着重在素质、技能和创造力三个方面。素质主要是指下列几点:(1)职业精神,也就是图书馆精神——公共文化服务的精神。职业精神也俗称"干一行,爱一行"。在图书馆行业工作的这些年中,笔者发现有相当多的其他系统转到图书馆来的同志来了没多久就喜欢上了这份工作,图书馆工作很容易激发人内心追求崇高、追求知识的潜在愿望。但是,真正要确立职业精神,还是需要花费一番功夫和实践的,需要我们对公共文化服务的政策吃透,对图书馆"为他人做嫁衣裳"的职业特点的深层次理解。(2)文化洞察力,又称文化悟性或文化敏感性。这是文化工作长期历练的积累以及他与其他相关工作的交融而形成的一种对于文化内涵的体察和理解。这是一种感性化的无法条分缕析的隐性知识。具备这种感性力量就容易推动文化服务的深化发展。(3)奉献精神。职业精神对事,奉献精神对人,它的内涵实际是孔老夫子所倡导的"仁爱",也就是说深深地爱着人(这里的"人"指向是广义的人,也就是人类),爱着我们的同类,为他们成长的需求做出一切努力,心里存着一个念头:"只要你过得比我好。"乐于奉献和宽厚包容,是做基层工作的人的精神支柱。(4)逐步增加的知识积累。知识能够改变人。我们做着改变人的工作,首先要努力改变自己。由于职能本身是传播知识,因此图书馆工作人员的"终身学习"比别的其他行业都要重要,都要急迫。如果您热爱生活,具备对新事物的新鲜感,有对生活和事物的热情和新鲜感,就会产生学习的恒心和动力。农村基层图书馆工作人员应该必备的知识积累有下列几类:A.由浅入深的农业种养业知识;B.图书情报学中关于书刊整序和信息检索的知识;C.电脑知识和信息网络知识。这些门类之外,知识的天地很宽阔,需要我们不断深化,不断扩展,人生也

会越来越精彩。

二、关于综合技能的培训

农村图书馆员应该要具备的本领起码得有下面这些:(1)管理能力。做具体工作的人也要有管理能力,那就是要有对书刊的整序的本事;而管理图书馆整个实体的人还要具备行政管理的本事,人财物的进出调度,业务工作的整体推进,发展前景的描画和实施等,从宏观调度,到抓大放小,再到提炼概括,不一而足。(2)动员组织读者和群众的能力。具备这种能力是我们实施公共文化服务的一个重要环节。从阅读率可以看出,农村读者的阅读率很低,我们只有坚持不懈的组织群众,千方百计的动员读者,才是达到公共服务的目标。如果依然坐等来客,那这个图书馆就可以关门了。(3)书刊从进到出的整序管理能力。采、编、流、藏(还包括剔旧)是书刊的一个"生命"过程。如果我们真把这个过程看做是我们与又一种生命在互动的话,图书馆的传统流程就活泛起来,书刊的生命周期和生命活力就会大大增加。数字资源也一样如此。(4)计算机操作和管理能力。无论是图书馆计算机管理系统,还是数字资源的采购和撷取、使用、推广,乃至网络架构的基本知识、网络搜索能力等,都是现代信息技术发展的结晶,更是百姓走向世界的最便捷途径。我们不但要掌握,更应尽量成为这方面的能手。只有我们的水平高人一筹,读者对图书馆才会有向心力。(5)活动的设计和组织能力。多种多样的文化教育活动是现代图书馆的分内工作,在农村更是要重视活动,在某些时间阶段甚至活动的推广可以超越阅读推广,这就是活动的魅力。所以设计活动和组织活动都是一种专门化能力,它与前面谈素质时提到的文化悟性有着密切的联系。

三、关于培养创造力的培训

"创造力"是一个新名词,笔者不在这里作理性探讨。让现代文化进农村本身就是一件谈何容易的事,更何况要让它生根开花结果。没有创造力的支撑,按部就班慢慢来,公共文化服务肯定又像前些年的几次乡镇图书馆高潮一样。对于农村基层图书馆工作人员创造力的培训,没有固定的模式。培养创造力的要素,笔者参考了部分资料,认为有如下几点:(1)对事物规律的顽强探究精神,这是产生创造力的前提。这种精神的体现是"对于客观事物中存在的明显失常、矛盾和不平衡现象易产生强烈兴趣,对事物的感受性特别强,能抓住易为常人漠视的问题,推敲入微,意志坚强,比较自信,自我意识强烈,能认识和评价自己与别人的行为和特点"。(2)创造力的主要特征就是发散思维,即"无定向、无约束地由已知探索未知的思维方式",也就是说,勤于思索,善于怀疑,凸显从客观实际引发的自主思维。这是我们希望通过培训达到的结果。(3)知识、智能和优良个性品质是构成创造力的基本要素。吸收、记忆、理解知识的能力强,智力表现上观察敏锐、思考专注、记忆持久、操作灵活,加上本身具有良好的奉献精神和稳定的心理状态等优品质。(4)创造力行为表现的3个特征是变通性、流畅性、独特性。变通性所指是思维能随机应变,举一反三,一个问题有几个答案,思维的结果从来不是单一的;流畅性所指是大脑反应既快又多,能够在较短的时间内表达出较多的观念;独特性指的是对事物具有不寻常的独特见解,常常与众不同。(5)归结上述特点,创造力的培养首先必须激发求知欲和好奇心,培养敏锐的观察力和丰富的想象力,特别是创造性想象,以及培养善于进行变革和发现新问题或新关系的能力;其次是重视思维的流畅性、变通性和独创性,鼓励强化放大这三个特性;再就是培养求异思维和求同思维,就是让发散思维与聚合思维整合起来,形成完整的创造性;最后是培养急骤性联想能力。急骤性联想是指以集思广益的方式在一定时间内进行极迅速的联想,提炼出新颖而有创造性的观点。但这种急骤性联想必须具有前面的"三性"和"二求"的基础才能形成。综上所述,创造力不可能直接培养,而是通过激发各种间接的积极因素,逐步形成的。笔者认为,培养创造力的重要性绝对不亚于前面提出的素质和技能的培养,它是图书馆事业发展的催化剂,中国的基层图书馆事业尤其需要这一点。我们期望对于创造力的培养不是哗众取宠的作秀，而是常态化、渗透式、趣味性的教育。

在具体操作培训时，要使培训全方位的开展，不能就事论事的去灌输空洞的理论，那绝对没有作用，而是要从基层工作人员所可能遇到的各种问题着眼，从人们的实践中所涌现的各种案例着手，上下互动，与市地图书馆一起设计一个系列化的培训规划，慎重组织教材的编写和师资的选择。这个培训应该是持续定期的，一个专题一个专题地进行，既不能操之过急，也不能拖拖拉拉，要让学员们逐渐习惯于这种集中学习，喜欢上这种集中学习。当然，要达到这样的效果，关键在于组织者的眼光长远、思维统一，措施有方，坚持不懈。县市图书馆投入基层公共服务的全部精力中，一半应该花在这上面。将培训搞好搞活了，今后的管理也省心了一半。

第八节　统筹乡村图书馆文献资源的建设

一、制定乡村图书馆文献资源建设采访条例

乡村图书馆文献资源的采购一直是各自为政的。业内人士对于乡镇图书馆建设中几次反复而形成的文献资源混乱局面记忆犹新，因此近些年来有许多单位在试行统筹乡村图书馆的文献采购。确实，规范管理乡村图书馆文献资源建设十分重要。乡村"天高皇帝远"，加上管理权限长年来没有理清，让读者看什么书一般是没有人来管的。农村公共文化服务体系的建设也是要解决这个问题。所以，乡村图书馆文献资源的采购规范化管理就提上了日程。

文献采购规范管理的目的，是要摸索并形成适应农民现代生存需要的文献资源体系。农民群众从比较落后的生产力状态中走出，要进入正在跨越式发展的现代社会，进入城乡一体化的生活环境，进入现代农业的良性循环中，没有与之相适应的知识和能力就无法自在的生存，这是一。中国农民受中国传统文化几千年的影响，从个体到社会

已经形成了自己的"文化语言",这是内心的根,需要不断用传统文化滋润,这是二。从这两点出发,农村文献信息资源应该具备的范围和特点就一目了然了。

我们正在做着前人没有做过的事情,要建立中国农村所需要和独有的文献信息资源体系。因应这个需要,我们首先就要做前人没有做过的事情,制订乡村图书馆文献采访条例,因为制订这个条例是规范乡村图书馆文献资源建设的关键步骤,它把住了公共文化服务体系的大门,设立了文献采选的过滤网。条例制定的前提应该是全面的农村文化现状调查,基点是从实际出发。条例既要顾及农村各类人员的文献信息需求,又要考虑各文献种类的相对均衡的分布,还要照顾特定人群的特定需要。对于农村流行的武打、言情、"口袋"之类的书要有恰当的定位,对于盗版书的严格把关也应该是重要内容。同时,也要注重提高图书利用率的问题,要让业内资深人士参与把关采购书目,避免盲目性;要在有限的途径里充分吸收读者对选书的意见;对连续性出版物尽量延长它的有效服务时间;注意控制电子文献与印刷文献的重复建设,总之,要在文献建设中真正贯彻建设节约型图书馆的原则。条例初稿出台后要进行试点推行,然后汇总意见修改后正式下达。要按条例来设计采访工作的秩序,把程序环节规范起来,保证条例的畅行无阻。

二、创造条件建立图书资源集中采购、总馆配送的物流体系

在国家《"十一五"文化发展纲要》中关于总分馆制的论述,主要内容就是文献资源的集中配置,可见国家对于这个问题的重视程度。文献资源集中采购配送,是发达国家和地区图书馆早就实施的一个方针,而且长期运作的经验表明它能产生很好的效益。集中采购的基础是相对充足的经费,可是据统计,目前全国2200多个县级图书馆中有720家没有购书经费,年购书量为零。总数达三分之一的县级图书馆居然没有购书费,这是当地决策者无法向当地老百姓交代的事情。尽管他们自身是"大学生"或"研究生",可是他们的执政思维依然停留

在"小学"水平。他们不是没有钱,而是他们的天平上,看得见的物质条件总是远远大于知识、智慧和精神的总和。我们坚信,随着社会的进步和发展,随着图书馆法制建设的强化,此类状况终将消失。但是,我们在谈论文献资源集中采购配送的问题时,就必须从现实情况出发,从全国农村的现实可行性出发。因此,我们姑且先不讲实行总分馆制。如果把经费从基层集中上来,采取江西南昌县图书馆的集中采购,中心调度的方法进行资源建设,其好处有以下几点:(1)比例占一的经费可以换得比例是十或者更多的经费购买资源的使用权,弥补了各网点因为经费问题造成资源短缺的不足,解决了基层办图书馆的最大困难。(2)节约人力,大量减少基层图书馆的书刊整序的用工量,从而把精力转移到服务上去。(3)大量的集中采购,降低单位成本,也降低了国家拨款的总成本,数字不可小觑。(4)资源集中采购配送,强化了县市图书馆的业务领导地位,形成了"以资源带管理"的良好模式。(5)如果调度配置物流遵守定时定点的安排,读者就每天都能借到新书。(6)整个地域的图书馆实行统一的管理模式,去除了交流的障碍,形成了"大图书馆"理念,共建共享、通借通还变成了事实。上述好处足以证明,文献资源集中采购配送,是建设基层图书馆网扎实有效的途径。

各地总分馆制的尝试和实践正在逐步进行,但规模化地铺开还有待时日。政府没有启动这项工程,不等于民间不可以尝试。长春市的"图书馆联盟"和佛山禅城的"联合图书馆"等,尽管形式略有差别,其实质是一样的,就是让资源达到共享。总分馆制不在名字,在于实质,它的主要体现形式就是文献资源的集中采购配送,因此,各地在公共文化服务政策的支持下,应该尽早启动共享文献资源的试点工作,县市馆自身在采编、物流方面首先要做足人力和物力准备,然后将较有条件的一些馆的资源购置费集中起来进行采购,建立文献的周期交换制,开始共享式的集中配置。在经过一个阶段的磨合后,就可以建章立制,正式运行。当然,毕竟是公共文化服务,国家有责任要按政策进行投入,所以各地要明确,先走一步实际上是推动政府介入的一个前提,当然也是手段。在试点过程中,要一方面及时纠错补缺;另一方面则及时的、经常的向政府和主管部门汇报。如果政府在看到实际效果后介入,把财力支持的政策明确下来,把县市馆和基层馆之间的人事关系理顺了,那就是名副其实的总分馆制了。从这点上讲,县市馆资源集中配置先走一步的结果就肯定是总分馆制。这应该说也是先打擦边球,再被正式承认的一种改革。

要想启动文献资源集中采购配送,县市图书馆就应该认真做好预案,解决三大问题。一是强化力量形成快速高效的采编机制。文献资源的数量增加,种类繁多、载体复杂,而且因为面对基层馆,采编流程必须高效,因此人员队伍一定要素质强,要求要高。二是要建立总馆配送的物流体系。这个体系有一个相对复杂的调度运行机制,A 馆的 X 部分书调往 B 馆,而 B 馆的 Y 部分书调往 C 馆,C 馆的 Z 部分书调往 A 馆,这是三点之间的调度,那么四点之间,五点之间呢,并且中间一般不能有重复进入的书。这说明这个物流体系除了物质条件(汽车、书箱等)之外,还须有物流调度的智力核心。三是要建章立制,如经费集中的原则、方法的确定,各分馆图书的周期交换机制,统一排架、统一标志、统一管理的规定等。这些问题如何因地制宜去解决,都是需要县市馆的同志认真筹划的。

三、关注数字资源建设

数字资源对于农民来说,现在也是越来越熟悉了。DVD 的普及已经让农民群众对于数字资源的需求越来越迫切。所以,在农村的文献资源置备方面,我们绝不能让数字资源缺位。困难在于数字资源的管理比较复杂,其载体容易损伤却很难检查,不过特殊资源也可以采取特殊管理,比如不出借只阅览,比如对有 DVD 放送机的读者一次出借一天等。但是我们不能因噎废食不买这些资源,把群众拒之于门外不符合公共文化服务精神。除了部分数字音像资源的其他数字资源,如文献检索数据库等,我们应该主要依靠全国文化信息资源共享工程的力量来开展服务。

第九节　着力推进文化信息资源共享工程的建设

一、努力实现共享工程的惠民目标

全国文化信息资源共享工程(以下简称"共享工程")的出台,一下子把农村文化建设的层次跨越式地提升到了现代社会。这个工程的前景与各地农村现状之间的极大差距,曾使得相当一部分文化主管领导和图书馆界人士一开始不理解,认为无法接轨,无法推行,态度和行动都很不积极。但是在经过几年的实践以后,这个工程的效应在慢慢释放,加上电视广播,千百年来信息闭塞的农村在这些现代媒体的共同作用下与外界的交流密切起来。这些媒体中,共享工程应该独占鳌头,因为它涉及的信息种类特别多,更重要的是它提供的涉农信息是电视和广播所远远不及的。它的网络载体通过农村党员远程教育网在迅速发展,资源量增加得也很快,最近国家图书馆的大批资源又进入了共享工程,因此它的后劲特别强。在上下坚持不懈的努力下,它慢慢地让农民开始习惯起来,使用的频率逐步在提高。笔者5月曾到安徽太湖县花亭湖边的寺前镇,文化站余传明老站长告诉我,山区面积很大,人们居住分散,他们变通方法,经常背着机器到村、户去放映共享工程的影像资源,深受农民的喜爱。这样一个现代工程已经开始改变农民的生活,尤其是在那些发展滞后、生活贫困的农村。因此可以这样说,共享工程通过现代手段迅速引导农民进入现代社会的时空,通过现代文化的积累,寻找农民自己的发展和新的定位。这是它惠及苍生的深远意义。

一般来说,共享工程基层服务点都设在各乡镇文化站内,或者依托党员干部远程教育工程、中小学远程教育工程的场地和设备,但也确有不少地方因为客观条件的制约,无法设立服务点。江苏省东台市图书馆便区分实际情况,主动联系这些乡、镇、村当中效益较好、人员较多、希望接受共享工程辐射的单位建立服务点,定期输送资源。资源的内容包括种养殖技术、农村政策法律、务工资源信息、农业行情、文化娱乐等多个方面,同时设立需求登记簿让读者自己点播,然后进行专门反馈,又整理资源,编制《信息摘编》《决策参考》分发到农民手中,让他们需要时"按图索骥",找到需要的资源。农民对种养业的科技信息需求很迫切,东台市图书馆普及共享工程,利用其中的农技资源加大对农民的科技培训,全力帮助他们致富增收。东台市安丰镇建有菇神实用真菌专业合作社,引导当地农民种植菇类致富,但技术信息缺乏制约着他们发展壮大,共享工程雪中送炭,完全改变了这个合作社的生产面貌。现在,他们带动了 3763 户菇农,辐射了 38 000 亩食用菌标准化栽培。2007 年菇农户均年收入达 1 万元,栽培大户达 10—15 万元。

二、利用共享工程平台开展数字资源建设

共享工程的实施给县市图书馆提供了一个数字资源建设的现成平台。县市馆首先须借助共享工程的实施为自己培养和存储数字建设的人才,同时也通过共享工程的装备增强自己数字技术手段和数字资源建设的物质基础。

既已搭建平台,我们就应该将国家、省、市提供的数字资源和其他各有关方面提供的资源做好储存和整理,分类逐步向基层提供,而且把它列入通常的工作日程。那么我们自己在资源建设上能有什么作为呢?有两项工作需要我们独立进行。一是要腾出力量,整理制作本县范围内对农村的适效资源,让它们进入共享工程的资源库。这是很重要的关键性补充,绝不能忽略。比如农民一般都很喜欢本地戏曲,但看真人的演出已经很不容易了,因为剧团大多已经不存在了,因此他们在共享工程的平台上应该可以得到基本的满足,但是由于上级下发的资源包容面很大,本地戏曲的内容不会很多,因此我们要满足群众的需求就要进行制作补充。同类的例子不会少。二是在向基层提供大批资源后,我们应该通过基层的使用,了解这些资源是否适用,还需要补充什么来满足基层的需要,我们自己也应该从长远利益出发,

思考数字资源的补充和扩展,然后通过政府的支持,加大资源建设的力度,补充对本地农村"适销对路"的特殊资源,使共享工程的资源在共同的普遍性中蕴含特殊性,具备自己的地方特色。共享工程浙江省分中心已经比较全面地考虑到这一点,对地方资源的制作作了细致的安排。首批 8 个数据库项目和 14 个课件的建设经费已下达到各建设单位,各建设单位正在积极组织建设中。第二批申报的 8 个项目经过专家组评审,有 7 个项目获得立项。这些地方特色资源包含了地方戏曲、家谱、民俗文化、历史人物、新农村建设、传统食品等方面的内容,正在逐步形成内容丰富、结构完善的浙江省地方文化资源库。

建设数字资源的同时,更有力度的工作就是推广使用数字资源。笔者在农村看到的普遍现象是点上有设备有资源,但等客上门,而大多数农民对这种现代设备不太敢碰,一下子建立不起亲近感,所以相对闲置的比较多。一定程度上说,没有推广就没有使用。推广共享工程,就是引导农民参加文化传播,是要花费力气的。安徽太湖县小池镇方兴村村民居住分散,经济发展滞后,2007 年 7 月共享工程进村,村里根据本村居住特点,采用搞活动方式让村民集聚起来,利用共享工程的资源,放映内容有农业科教片、电影故事片、黄梅戏等,效果明显,反应积极。这是证明了共享工程不是没人看,事情也总是要人去做,县市馆要将推广和使用共享工程与阅读引导一样列入农村基层图书馆网点服务业绩评估考核之中,把刚性指标和软性措施结合起来,把自觉使用共享工程的人次作为真实的考核依据,让基层同志发挥积极性和创造性,实实在在提高共享工程的效率。

三、发挥共享工程平台的多方作用

引导农民群众使用共享工程平台,有许多切入点。这些切入点实际也是农民的兴趣所在,关注所在。让农民群众享受平等文化权利的根本,就是每个个体享有同等无障碍参与自己喜爱的文化生活方式的权利。比如说,农民喜欢观看地方戏曲,他就可以天天在电脑前看,你喜欢什么文化形式都行,只要是共享工程里有。我们可以依照不同的口味提供不同的内容给群众。又比如,对于直接关系农民收益的农业科技信息和农产品市场信息,群众是非常欢迎的。我们既可以在已有资源信息中编辑突出这方面的内容,又可以通过共享工程的网络平台上网寻找,提供群众做参考。老百姓尝过一次甜头,第二次就会不请自来。还比如有一些关心国家大事的人,很想及时了解时事信息,就可以通过网络,通过网络上的媒体平台,去收集各色各样的信息。这类"比如"可以有很多,关键不是群众没有需求,而是我们没有主动推广、引导和宣传。说到底,共享工程的兴衰掌握在我们自己手里,就看我们的服务理念强与不强。发达地区的农民见识比较广,也许对于一些通常的资源没有太多的兴趣,因为他们的经济状况使他们可以通过各种媒介接触这些东西。这个时候我们就要在资源上多动脑筋,在共享工程的网络等其他应用方面多动脑筋,从而提升它的吸引力。

四、建设强有力的文化信息资源共享工程的保障体系

共享工程平台是高技术含量的信息化工程,对于环境、使用和操作要求比较高,也就是说它比较"娇贵",它在基层难免会遇到问题,因此共享工程的维护保障体系必须随同它的自身同步建立。这个体系要求具备四个要素:(1)要有一批具备较高技术素质的维护骨干。这些骨干应该对共享工程的整体技术架构有着深入全面的把握,对于它的"软肋"和常见的毛病非常熟悉,对于故障表现的经验积累也比较丰富。能够具备这三方面技术水准的人是一个合格的技术保障骨干。(2)有一个反应快速的故障报修系统。这实际是一个通信网络。点上的报修人员应该是具体平台的操作责任人,能对故障描述得清楚,县市馆的接报人员也应该是维护保障体系的责任人或主要骨干,需要在简短时间里对故障作出判断,从而准备必要的人员和器材、零件等。(3)有一座储备丰富的备件仓库。一个保障系统,其备件是非常重要的。能设立一个标准的备件库固然好,但可能各地情况不同,一下子还无法普遍做到这一点,在这种情况下,就要仔细筹划,分区域存放一些最易故障的零件,而一些有毛病的零件拆下来后,还需要尽量修复,

作"再生"件。(4)有一辆可用于维修机动车。配备车辆也是重要一环,尤其是在偏远山区。当然车辆不太可能是专车,只要是常备车就行,如果没有买车,也应该用变通方式认定一个车备用。上述 4 个要素的齐备,一般县市馆可能会有些困难,但是我们还是要作为目标去一步步的达到它。

第十节　大力拓展
农村互联网使用点,引导正确使用网络

一、尽力倡导使用计算机和互联网

从共享工程的实施我们已经意识到,尽早推开农村信息化建设对于农村跨越式发展进入现代社会具有根本性的意义。实际上,信息化建设在我国农村已经形成"挡都挡不住"的热潮。据宁波大学信息化办公室主任刘柏嵩介绍,我国的农村网民在 2007 年底的统计为 5262 万人,2007 年农村网民的增长率超过 100%,达到 127.7%。说明我国农村的转型速度之急遽,我国农民摆脱贫困的心情之急迫。从大文化的角度说,农民对于信息化建设的积极投入,使得他们对于世界的认识,对于自己的认识,都有了一个飞跃,从基本理念和基本素质方面越来越靠近现代社会,使自己的文化生存水准有了质的变化。

基于这种形势,县市图书馆的一个重要责任是进一步推动农村的信息化建设。十余年前互联网和数字资源建设扩展之初,图书馆界充耳不闻,万马齐喑,只顾眼前的小日子,结果是一步被动造成步步被动,眼睁睁看着 IT 界"占领"了信息技术和信息资源领域。这个教训一定要吸取。我们对于农村信息化建设必须主动积极的投入。要通过基层网点,积极倡导农民使用计算机和互联网,以共享工程为抓手,千方百计地利用农村现有的计算机资源,辅导农民学会使用现代信息工具。学校、单位、企业、社团等都有计算机存量资源,我们要"不求所有,但求所用",让这些存量资源最充分地发挥作用。同时,努力配合

政府信息化工作，与电信、广播电视部门合作，尽力扩展宽带网的地域延伸。做好这些基础工作就是成功了一半。在农民认识计算机的神奇作用后，一方面努力倡导农民家庭置备计算机，开通互联网；另一方面与电信网络管理部门加强合作，建立局域网，形成大环境中的良好"小环境"，使信息化建设与当地新农村建设融合在一起，实实在在地提升农民的生活品质。还有一方面需要县市图书馆努力的，就是要尽量说服政府，在比较落后的地区要尽早建设网络接入基础设施，开始信息化建设，这是改变落后的一条"捷径"，只不过需要有耐心和韧性。图书馆在这项艰巨工作中应该多承担一些责任，其中一个比较重要而具体的工作就是培训计算机技术人员，这里就不赘述了。

二、积极鼓励、开辟途径让农民学会网上检索

农民有了计算机和上网条件，就得学习各种计算机使用技术。因此，县市图书馆要让各基层图书馆网点认真实施"农民上网工程"。其最通常的办法就是办培训班，这里存在着正反两方面的因素，正面因素是许多青年对于新事物有着天生的敏感，他们在实践中能学会使用机器，"照样画葫芦"；而负面因素是没有对于计算机操作的深入的了解，就很容易形成不良的操作习惯。培训班的作用是让他们了解在"是什么"（会机械的操作）的基础上的"为什么"（原理及周围联系）和"怎么办"（处理问题，解决障碍）。培训之后的互动还可以更深入的解决问题，深化使用。农民群众在实际使用计算机解决问题时，也会和城市读者一样产生很多需要咨询的问题，县市馆及其乡村网点对于这些问题都要担起提供答案的责任，这也是图书馆的参考咨询工作，要按我们的工作程序进行，没有办法回避的。另外，农村信息化建设如果形成势头，速度也是很快的，为了积极推动农村家庭的信息化生活，县市图书馆要用激励手段表彰农村上网家庭和用网先进个人，这种表彰比较新鲜，相信会得到农民群众的热烈响应。凡是一种新事物，都需要推介和光大，我们就要在这些方面充分表达图书馆的本质内涵，通过表彰，也从另外角度弘扬了社会应该具有的"图书馆意识"。

第四章　乡镇图书馆的建设

第一节　乡镇图书馆的发展特点

一、乡镇图书馆的历史发展特点

乡镇图书馆在改革开放前是作为乡镇这个最基层政权的舆论和文化工具出现的。它的建设和使用权在乡镇政府手中,举办与否或办得好不好,国家没有决定权,当然也就没有财力物力支持的责任。改革开放后,国家一时没有改变这个政策,关键是国力不够,但工具论已经悄然消逝。因此乡镇图书馆就由原先的政治性定位的支撑转化为乡镇的经济性定位的支撑。乡镇经济红火的,则乡镇图书馆经费就有保证,运转正常,如20世纪90年代的"苏南现象",苏锡常地区的每镇一馆,门面气派,还可以互相比实力;而乡镇经济上不去的,则对图书馆也"弃之如敝屣",把它承包出去或让它自负盈亏,从而放弃管理责任,浙江的一些小乡镇就是如此。国家从提出建设精神文明开始,也用一些诸如评比、激励、检查以及典型引路等进行宏观指导,但终因"隔靴搔痒",欠缺力度而流于形式。因此,综观乡镇图书馆的发展历程,我们可以看到如下的特点:(1)国家没有实质介入农村文化建设,乡镇图书馆建设有号召无政策,有发动无配套,国家角色定位不明确。(2)乡镇图书馆运动式的举办,潮起潮落式的发展,极不稳定。(3)"只见物,不见人"的政绩观盛行,在乡镇图书馆建设中只强调硬件设施,不注重服务,这种观念至今流毒很深。(4)在曲折发展过程中,确实涌现了一批农村图书馆服务的骨干力量。

二、乡镇图书馆的现实发展特点

自2005年中央开始关注农村文化建设以后,形势发展很快。很多省出台了农村文化建设的相应配套政策,文化部对于农村文化建设关注的力度也大大加强。数年之后,全国的每一个乡镇将建起有完善的图书馆功能的文化中心,每一个村也有相应的文化室。图书馆人盼望多年的覆盖全国的公共图书馆服务体系将成为现实。在农村公共文化服务体系的建设中,同样也出现了如下的几个特点:(1)农村图书馆发展的政策环境逐步形成,突出了国家责任。从 2005 年开始,中央和地方的政策出台很多,从国家的角度上将农村的公共文化服务体系的构架一步步的描画出来,比如总分馆制、乡镇综合文化中心等。(2)乡村图书馆联动,成为国家公共文化服务体系中的一个重要环节。国家在描画整个公共文化服务体系的构架时,结合新农村建设,始终把镇和村放在一起考虑,如同街道和社区一样,把每户每人都纳入视野了。这种联动摈弃了过去只单纯强调乡镇图书馆作用的不切实际的做法。(3)各种渠道的支持和因地制宜的各种模式的探索层出不穷,显现无穷生命力。在国家行政力量支撑的大环境下,社会资源也以最大的热情积极投入农村文化建设。捐书捐物,联合办馆等,为乡村图书馆的发展开辟了新的空间。乡村也应因地制宜探索文化建设的发展道路,试行各种发展模式。(4)强调服务,强化服务。在公共文化服务体系的建设中,一个很鲜明的特点呈现出来,就是"人本为先",服务工作的重要性和关注度日益提升,在理念上强调服务,在工作上强化服务,农村图书馆工作的空间一下子广阔了起来。

在兴奋之余,我们要认清,公共文化服务体系的建设依然是一个漫长的过程。重庆市武隆县图书馆 2008 年做过一次调查,县辖 26 个乡镇中,建图书馆的有 11 个乡镇,这些馆藏书量在 300 册至 1500 册不等;另有 8 个乡镇是县馆的流通服务点,有书而无馆舍;其余乡镇则空白一片。这是我国农村的实际写照。由此我们必须树立一个概念:公共文化服务体系并不是靠国家提出政策就能建成和实现的,而是要靠全体基层图书馆人配合政府的支持艰苦奋斗,一砖一瓦垒起来的。

第二节 乡镇图书馆的运行模式

一、运行模式的各种类型

中国农村的现实生活里,乡镇图书馆的运行模式种类很多。一般采用什么模式,决定的因素有三:一是当地财力支持的合适来源,二是乡镇领导对图书馆的认识,三是当地社会建设的所有因素中有决定意义的强力因素。三种因素中哪个强,就决定了模式的走向。

就笔者观察分析,现实的运行模式有如下7种:(1)国家财政主要支持,乡镇助力。这在最近各省文化政策中对于欠发达地区是有体现的。由于这些地区的乡镇没有聚财能力,所以由国家转移支付,承担文化建设的主要投入,但这样的做法是在政府财政层面操作,基层人员并不一定很清楚。(2)乡镇支持,国家补贴。这种方式在各地最普遍,乡镇财政实际上没有纳入国家财政范围里,除了交税外,基本是自用的,因此乡镇支持本地文化建设一直来被认为是分内之事。(3)乡镇支持,适当市场手段补贴。乡镇政府按照自身财力额定和保证图书馆常年维持运转的经费,同时允许图书馆象征性少量收费,意图为既调动图书馆管理人员的积极性,又以书养书,增加新书份额。(4)市场手段为主,乡镇适当补贴。这样的做法实际上基本流于租书摊,也就是说,以租书为主养馆,乡镇给点补贴,我们不提倡这种做法,因为它欠缺公益性,是一种市场性的文化服务性质。(5)纯粹市场机制维持经营。这与我们概念中的乡镇图书馆有根本的区别。前些年笔者看到的情况就是这样。这类馆是"书养人"加上"书养书",纯粹的租书摊。乡镇政府卸包袱减负担,把乡镇图书馆改变性质为个人承包谋利的租书摊,但还挂着原有的招牌,以应付政府"点数",当然,市场化经营的租书摊中也有不少业主愿意为社会公益出力。湖南望城县有一个应农图书馆,凡到该馆借阅种植、养殖和农业科技等书籍资料的,一律免费,他们经常将农民急需的图书送到村民家里,解决了很多农村专业户的技术难题。这也促使我们从实际出发,用动态的、辨证的眼光看待事物的发展和变化。(6)社会兴办(企业主办或社会捐资主办)。一些企业要做公益事业,选择办图书馆,社会团体或乡土游子要造福百姓,捐资文化阅读,这种可贵的热情应该得到保护,而且这类馆完全是公益性的,它的可持续发展也基本上会得到保证。江苏兴化市戴南镇是全国有名的"不锈钢之城",镇图书馆就与不锈钢交易城合作,交易城出资为镇图书馆购书,书的扉页上都盖上"戴南不锈钢交易城赠阅"字样,而且给交易城员工每人一张借书证。这样,图书馆、交易城、社会三方都得益了。这种做法值得各地借鉴。(7)镇校合办。国内外都有这样的例子。一些地方动脑筋资源共享,采用学校的图书资源与乡镇合起来开放,这种因地制宜的方式不是不能用,而是有两点要坚持,一是一定要保证乡镇的投入,不能釜底抽薪;二是一定要有相当数量的大众读物,有公共图书馆的文献种类配置。同时,管理者也应有公共文化服务的坚定理念。只要有这几个基本点,镇校合办兴许会达到优势互补,受到社会欢迎。

二、模式、性质与经费

上述这7种模式中,确切地说不是都具备乡镇图书馆的真实含义,乡镇图书馆的最基本性质是"公益服务",其次是"政府或社会无偿出资兴办",但是我们的概括和梳理包含了乡镇图书馆的一些演化,因为这些演化是客观存在,所以应该被我们所关注。

具体地说,只有在三个方面由国家(乡镇)或社会承担责任,才具备乡镇图书馆建设条件。这三个方面即"养人"(图书馆工作者)、"养书"(指所有文献资源)和基本设施(场地、书架、电脑、网络设施等)建设。乡镇图书馆管理员的成本在哪里出是判断是否公益的一条界线。因为一旦公家不承担,没有别的公共来源,他就必然会采用"以书养人"的途径,公益服务就荡然无存。"书"也一样,文献资源如果乡镇或市县政府不继续投入,读者就会减少,就只好"以书养书",抛弃公益服务。基本设施的"硬件"投入,一般是一次性投入,它更得由政府或类似渠道来买单，不能转嫁到成本中。这三方面的投入政府或社会必须承担下来，这是乡镇图书馆的基石，不可动摇。

第三节　乡镇图书馆的馆舍建设

一、馆舍的选址要求

乡镇图书馆的选址应该有一定的要求。一个基本点是，它最好是有利于镇上群众以及各村村民的来往，交通便利，没有路阻。如果有可能，就设在距离集市或闹市不远处，标志清晰，特征明显，能营造起这个镇的文化氛围。但是有一点，看书的人喜欢安静，因此尽量不要直接紧邻闹市，处在闹市的里街更加合适。从地势上讲，图书馆应该设在地势高干燥处，以避免潮湿霉蛀现象。从房屋朝向说，尽量以保持正南的朝向为好，因为这样对于房子的温度、光线和通风来说都是最有利的状态。

汶川大地震提醒了我们，因为图书馆是集聚人群的公众场合，所以必须避免设置在山脚（边）、河边等具有潜在危险的地方，我们对于人的保护，就是要从根本上去考虑。

二、馆舍的建设要求

乡镇图书馆的馆舍建设应该按照国家要求去执行。建设部和文化部最近颁布《公共图书馆建设标准》，对大、中、小型公共图书馆的基本设施的置备要求做了明确规定，对于乡村图书馆，则要求参照标准执行。国家要求服务对象在 3 万到 10 万人之间的公共图书馆馆舍建筑面积控制指标应该在 800—2300 平方米（3 万人口的乡镇每千人面积最低不能低于 27 平方米，多于 3 万人的按实际人口多少在 27—23 平米之间取相应的值。如果少于 3 万，则不建设独立的乡镇公共图书馆，而是与文化馆等设施合并建设，但用于图书馆部分的面积则还是参照 3 万人口的标准执行），藏书量标准是 3 万到 10 万人之间的为

45 000—120 000册(3 万人的乡镇人均藏书量标准是 1.5 册,多于 3 万人的也按实际人口多少在 1.5—1.2 册之间取相应的值,不到 3 万人的取 3 万人的标准,下同),阅览坐席标准是 3 万人到 10 万人之间的为 60—130 席(3 万人口的地区每千人坐席标准是 2.0 席,10 万人的是 1.3 席,也要考虑最低标准),当然,标准也有灵活措施,根据当地经济发展水平,其底线是 5 万人口以下的人均藏书不能少于 1 册,而总建筑面积的浮动最多只能在正负 20% 之间。国家的标准实际就是公共文化服务体系中的基础建设规范,是我们要去努力达到的目标,我们能一步到位最好,一下子做不到,网点也必须及时建,及早建,有一个开头,然后逐步的向国家标准靠拢。这些年,各地在大量的创建活动中也根据不同的地情出台了不同的乡镇图书馆的建设标准,这些标准有简有繁,项目有多有少,其中不乏一些参考借鉴价值的内容。如2004 年江苏张家港市出台的乡镇图书馆达标标准,除了馆舍面积、资源配备的标准外,还有借书证发放数、镇财政拨款数,管理人员入编数和健全七簿一册(借阅出纳登记簿、月度统计登记簿、工作日记簿、报纸记到簿、期刊记到簿、咨询服务记载簿、读者意见簿、读者花名册)。这些国标没有具备的内容实际各地都可以根据自身情况择善而从,从而夯实乡镇图书馆建设的基础。

对于馆舍的内在要求,则需要具备通风、通光的条件,能够达到通风和畅,通光明亮,最好是冬暖夏凉,这是一。第二是不能使用不安全的临时用房,尤其要避免无标准、无基本建筑材料的临时用房。要有长远眼光,在充分准备的基础上让乡镇图书馆的馆舍落脚生根,繁荣发展。

三、图书馆家具的置备

图书馆家具中大家最熟悉的应该是书架。选择书架的标准一般说来,一架的长度在 90 厘米比较恰当,但如果因为面积或房间的布局希望有些变化,也不是不可以的,与做书架的厂商可以协商。书架的层数一般为 6 层,层高 30 厘米。其次是借阅处要有一个服务台样式的家具让工作人员办理手续。这个服务台可以按自己的设计去制作。三是放杂志刊物的刊架,放报纸的报架、报夹。这些各图书馆都有,式样也多,可以选择或自己设计,这里就不展开了。四是桌椅板凳。要有阅览桌、椅子或凳子。阅览桌一般有单人、双人和四人、六人的,需根据实际情况确定。对于书架的要求是能鲜明的显示书脊,还有刊架、报架,尽量规范化,并与室内环境协调。对于少儿图书阅览家具则应符合少儿生理心理,从样式、高度、材质、装饰等方面适合他们的童趣。

家具材质首选是钢铁,也应因地制宜,钢制最好,木制也行,主要是牢固。而少儿图书阅览家具最好是木制或塑料,以避免磕碰引起的意外。选择家具原则是简洁、适用、大方、牢固,在保证质量的前提下讲究外形。

对于家具的置备要求,提倡不等于硬性规定。许多地方经济条件一般,难以高要求添置家具,所以因地制宜使用替代家具也是完全可行的。笔者在国外看到小图书馆里用几块小木板钉成放书的陈列架让儿童挑书的情景。我们同样提倡节俭办馆,讲究物有所值。但使用替代家具也应该有基本要求,那就是它不会降低文化氛围,阻碍我们发挥服务水平,也就是说,它不能成为我们降低服务水平的借口。

四、基础设施和应用设施的建设

乡镇图书馆麻雀虽小,五脏俱全,基础设施、应用设施的建设与馆舍、家具同样显得很关键。乡镇图书馆的基础设施有适应照明、空调、弱电同时使用的电力设施,清洁、饮用等用水设施,消防和建筑保护等安全设施;应用设施有借阅处工作保障设施、照明、电脑线铺设、电脑、上网设施等,如果借阅手续还是用手工操作,还需要卡片、借书证以及储存卡片的家具等。这些设施既保障了图书馆日常工作的需要,同时也保证了它可持续发展的前景。无论经济上多困难,既然要建,则基础设施一定要想尽办法跟上,而且要尽可能完善。做预算时,千万不能只想着那些水泥钢材的钱,而忽略了电脑、网线。要记住,我们今天建的是可持续发展的乡镇图书馆,尤其要仔细做好数字化这块设施的施工设计,尽量为今后发展留出空间。

第四节　乡镇图书馆的人员队伍建设

一、对管理人员的素质要求

乡镇图书馆的工作人员分管理(主管)人员和操作人员。在较大的乡镇馆中,一般设馆长和馆员,在一般的小馆,主管人员大都是乡镇的文化站长或宣传委员。这些主管人员决定乡镇图书馆的日常经营方式、建章立制、经费支配、人员分工、活动计划、具体工作目标等管理项目。实际上,他们在某种程度上决定着乡镇图书馆的成败。由此看来,这些人员的素质非常关键。笔者认为,有4点要求在他们身上不可或缺。一要真正理解书和图书馆的存在价值,有一颗火热的心,有强烈的使命感。不深刻理解我们所从事的事业传播人类文明的真正意义,在工作上就不会有激情,而没有激情的事业就没有生命力,就如一首歌中唱的"你是谁,为了谁",这样的大白话我们应该经常追问自己。二是具有高中以上学历和多样的人生经历。有文化基础再加上丰富的人生阅历,就能具备开阔的眼界和决断的能力。有价值判断的人生积累比什么都宝贵。三是有主见,有担当。工作中的独立见解非常重要,尤其是在我们这个国家,行政权力很容易代替公众话语权,使得许多真知灼见得不到阐扬。管理人员应该努力向实践学习,向政策学习,摸索乡镇图书馆工作规律,形成自己有价值的见地和作为,形成探索创新的思维。有主见就应该会有担当,就会以强烈的责任感做好工作。没有主见的人,同样也只会逃避责任。四是要有关注平民百姓的悲悯之心。既然我们做传播文明的工作,我们当然要关心传播的对象。他们的需求,自然是我们的目标,他们的痛苦,也需要我们去解除。我们要从深处去体会他们因为缺少文明的灌溉而遭受的苦难,像晏阳初、陶行知一样,尽己所能,为他们服务。这4点是对管理人员的内在要求,是他们应该具备的素质。可能会有人说,对于乡镇图书馆的管理者,你煞有介事的像选拔领导干部似的提出一套高标准,这是不可能做到的。笔者认为,恰恰相反,如果我们不是用发现英雄和完人的目光,而是用平和细致加上包容的标准去关注体察我们周围的人群,有许多"平民英雄"会出现在我们的视野中,笔者在日常工作实践和这次写作的调研过程中遇见了许多让人肃然起敬的乡镇图书馆管理者。这些默默无闻的文明传播者,长期的文化工作实践造就了他们文化嗅觉的敏感度和文化自觉的行动力,他们的作为实质上促进了农村生产力的迅猛发展,只不过因为文明传播的隐性,无法凸显而已。浙江临安市玲珑街道(原为镇)文化站长张亚平,从 1989 年开始,就用一辆自行车山路平路地往村子里送书,最远的一个村要骑 2 个小时。腿摔断了,在家躺了几个月,却依然乐此不疲。她一个接一个地扶持各村农民群众萌发的产业尝试,如利用当地丰富毛竹资源的竹根雕产业,适宜半山区气候的中草药产业和养鸡业,为这些农户全程提供技术资料服务。这里,她村、镇、县、市四点一线地跑,以至杭州图书馆的工作人员都和她很熟悉了。在那些细致入微又朴实无华的文献保障中,这些农户都已一一迈入了现代产业发展的行列。在扶持农户的同时,她又在全镇的 6 个学校设立"图书一角",开办了两个企业图书馆,镇图书馆也日益壮大。这几年,全镇各村都建立了图书室,她依然日夜忙个不停,甚至让丈夫和女儿业余当她的助手。因为种种历史原因,她至今还是编外人员,还只拿 600 多元工资。笔者问她,她却淡淡一笑:"习惯了,工作总要有人去做的。"笔者在与基层交往的过程中,时时感受着平凡与伟大的交融,感受着普通人身上蕴含的巨大能量和纯真情感,只要我们放开视野,端正理念,选人择才不是一件困难的事。

二、挑选工作人员的标准

挑选乡镇图书馆的工作人员也应具备一定的标准。他们承担具体服务工作,与每一位读者打交道,他们的形象就代表乡镇图书馆的形象。群众欢不欢迎乡镇图书馆,有没有热情和意愿接受乡镇图书馆的服务,往往取决于具体工作人员的态度,所以选好工作人员是筹办乡镇图书馆的首要工作。选择工作人员的标准有下面几点:(1)与人为善,性格开朗,善于处理人际关系。(2)认真负责,扎实工作,能较好地贯彻工作意图。(3)有持久的工作热情,有耐心和韧性,宠辱不惊,始终如一。(4)有浓厚的汲取知识的兴趣,能保持对知识的新鲜感。(5)具备一定的组织和活动能力。(6)具备高中以上的学历。(7)欢迎农村退休教师、干部及毕业回乡且已具备一定阅历的大学生、高中生。上述7点是从实践中和需求中得来的一些选人经验。比方第1点,服务行业最关键是吸引住顾客,顾客对特定人员的信任就包含了他对这个行业的信任,这就是我们最要关注的一点。第7点也是我们从实际工作中看到的情况,有大批退休教师在乡村图书馆承担工作,他们懂得图书馆的作用,乐此不疲,精心管理,而且大部分人思想并不陈旧,当然他们也会有所不足,但在实际工作中可以弥补。

第五节　乡镇图书馆的文献信息资源建设

一、文献信息资源的经费来源

对于一般的乡镇图书馆来说,经费似乎是个"永恒的主题"。工作人员的经费尚可基本保证,买书的经费却总是断断续续,不能充分保证。如果规范的总分馆制实施了,这个问题就将不复存在,但这样的馆毕竟还是少数,因此还有必要讨论经费来源及其筹集。

我们希望乡镇经费下拨形成制度化,诚然也有许多乡镇是这样做的,但情况并非主流,一些乡镇领导就指责图书馆没有多少人气,认为把钱投下去不合算。这就应该由图书馆来回答,我们如何把人气搞上去。回答就是一点:改变服务理念。只有让百姓感到了你的存在,对他们有用,人气才会上来。书多书少是关键,但还不是最关键的,服务主动不主动才是核心。让乡镇保证图书馆经费,问题答案还在图书馆自己。因此，产生了社会效益，才能让乡镇政府明确每年的定额拨款，列入计划，所谓"有为才有位"就是这个道理。在欠发达地区，要想取得县以上财政列支或转移支付的经费支持，也一定要让服务形成效应。在国家或乡镇下拨经费的基础上，我们也应采用不同途径走上社会聚合财源。为了图书馆的可持续发展，我们不要从单一途径去造成经费的依赖，应该用服务去赢得支持，国内外经营得好的图书馆无不如此。浙江慈溪桥头镇的图书馆这些年一直比较红火，他们工作的关键是建立自己的读者群，当读者群扩展到了一些企业，有一批工人成为中坚分子后，企业感受到了好处，就主动上门提供经费，将桥头图书馆同样作为自己的厂图书馆对待。笔者在翻阅中国图书馆学会社区乡镇图书馆专业委员会近几年所编的几本论文集时，看到许多基层图书馆工作者论述乡镇图书馆筹资办法时都不约而同地谈到多途径筹资的几个"一点"，说得最多的有六个"一点"，即乡镇财政拨一点，文化工厂用一点，乡镇企业助一点，以书养书补一点，经营服务挣一点，群策群力献一点。但是无论多少个"一点"，都不应该把责任主体——国家放到一边，我们在多途径筹资的同时，一定要始终盯住当地党政领导和文化主管部门，促使他们打牢公共文化服务体系的基础，承担起基层图书馆可持续发展的责任。

企业支持，社会捐赠，合作办馆等壮大经费资源的方法，都应该在我们的视野中。有些馆在保证政府支持的前提下，适当使用市场杠杆，也不失为一种增加投入的方法。浙江省海宁市马桥镇是新近崛起的一个重要乡镇，该镇镇政府对图书馆的"养人"和"养书"都有列入预算的正常投入，一年的购书费是3000元，同时管理员也是一个正常拿工资的爱书人，把图书馆管理得井井有条。在看似很像样的图书馆里，却还有着书源不足与读者众多的尖锐矛盾。因为马桥经济发展很快，外来务工人员特别多，图书馆像模像样，对他们的精神慰藉的吸引力很大，因此图书馆"常客"很多，借阅频率特别高。按现行办文化的理念，乡镇不断增加投入不太可能，其他来源也没有。乡镇还希望对管书人的积极性予以保护和激励，于是他们采用了借书视情少量收费的方法,推行了一段时间。而管书人自觉地将这些收入的大部分用于购书,去年全年购书达到 6000 多元,相当程度上满足了大批读者的需要,将图书馆的氛围推上了较高的台阶,读者对此时此地的收费没有表现出强烈的反感。"马桥现象"引起了笔者的深思。我们并不赞成收费,因为免费是公益性的基础,也是公众享受文化权利的一个底线,但是"马桥现象"蕴含着一种无奈。如果我们的公共文化服务体系是"为体系而体系"的话,我们的免费服务只能是作秀,如同千百个乡镇图书馆里读者门可罗雀一样,不是乡村民众没有需求,而是我们没有充足的文化产品供给读者。因此透过现象看本质,我们理应要求各地加快建立总分馆制,以国家的名义实施文献信息资源共享,尽快消除乡镇图书馆文献经费短缺的困惑,消除类似"马桥现象"的那种无奈,真正赋予每个公民以相同的文化权利。但是在过渡时期怎么办?"马桥现象"的出现,给我们一个深刻的启示,对于公共文化服务体系和图书馆人来说,民众读书才是硬道理。一个地方的民众踊跃看书,阅读率在提升,这种存在就一定有它的合理性。它的那种在公益服务的基础上采用一定市场手段的尝试,也不失为当前过渡时期解决问题的一种补充,我们应该赞赏和支持这种勇于解决实践问题的勇气,而不要把"免费"当作唯一判断标准,非此即彼,造成新形势下的不作为。

另外,通过特殊途径也可以获得经费支持,如我们因为工作的"有为"或者扩大了工作范围而取得的拨款、奖励、赞助等,都是我们可寻觅的途径。但是所有从"额外"途径来的费用,我们都应预先在法律法规上得到有效的依据,从而保障我们图书馆的权益。

二、文献信息资源的采购

文献信息资源的采购,我们要坚持 5 个原则。一是正版原则。一般在新华书店或一些正规的民营书店可以保证是正版书。要学会辨别正版书和盗版书的区别。有些同志很不以为然,觉得经费不多,多买些便宜的盗版书又怎么了?这种认识非常错误。盗版书首先质量很差,版式、语法、字句、装帧都问题很大,甚至有很多不经审查、擅自印制、格调低下的"伪书"。人们看书是精神生活的享受和熏陶,将那些低劣的东西灌输给读者,无异是一种毒害。"便宜就买"的这种思维,还停留在物资供应的困难时期,我们现在看重的应该是生活的质量——无论是物资生活还是精神生活。另外,对于我们更重要的一点就是法制观念,知识产权的保护在我们这一行里应该是人人皆知,个个遵守,我们不能"公然"违法。二是适用原则。我们要在充分了解读者需求的前提下去开展采购工作,这样才能做到"适销对路",采购的文献有人看。但是,适用不完全是跟从,还要有适度的引导,要重视这个"度",应该是基本的均衡,相应的偏重。比如说武打书,借阅率很高不等于我们就让它占主流,因为武打书的风格特点比较局限,从长远看一部分读者也会逐渐厌倦的,应该说,热门书都有这个特点。三是文献种类配比原则。我们参考一下德国基层图书馆的文献配比,青少年读物占 50%,文学读物占 25%,还有 15% 是非文学读物,剩下的 10% 是多媒体(DVD),这种文献配比反映了他们基层图书馆的两大指向:为青少年服务,和人文精神的熏陶。我们国家没有明确这种职能的走向,因此只能是各取所需,自行制定。对于这点,笔者在下文还有涉及。四是节约原则。到哪里购书,什么时候购书都有讲究,这就有一个采购方法的问题。在守住"正规书店购书"原则的前提下,如果我们能采取"团购"形式(较多单位联合购书),采取打"季节差"(即书店年度里打折降价的时间)的办法,或者早早与书店达成购书打折的默契,都是节约经费的办法。五是重视少儿读物的原则。少儿读物不但必须有,而且要逐渐扩大比例。少儿阅读作为乡镇图书馆读者服务中的首要工作,从哪个角度说起来都是天职,而且我们国家在普及少儿阅读上面本身就是一个急待加强的弱项。

文献信息资源的采购,如果人手有限或有困难无法自行采购,也可以委托县市图书馆办理,这样做对于保证文献质量也同样有好处。

三、文献信息资源的整序

文献信息资源的整序外人看来很难,其实也并不难。如果要从长远发展出发,整理方法就要尽量规范,按照《中国图书馆分类法》和《中国分类主题词表》进行分类标引,按照 CNMARC 进行著录编目,然后再加工上架。但乡镇图书馆的情况千差万别,如果一下子做不到规范整序,也可以因地制宜采用临时方法先行解决,待有条件时再重新标引编目。临时方法就笔者观察,基本采用两种方法,一是流水编号,按阿拉伯数字顺序编排;二是自创分类和编号。一些刚开始建立的馆可以用流水号的方法暂时性的安置,到具备规模的时候再规范整理。而自创分类和编目还是尽量少用,因为容易形成习惯性思维,到必须规范整序时会发生混乱。

基层图书馆的标引编目工作应该紧紧依靠县市图书馆。如果你这里实施了总分馆制,则这些工作都不是你分内的,而须由县市馆来完成。如果不是总分馆制,最好采用小型的图书馆计算机管理系统,建立机读目录,同时建立下面要讲到的自动化借阅系统。这些也要在县市图书馆的指导下,最好是联合各乡镇馆一起建起来。要有工作人员自始至终跟踪自动化系统的建设,通过学习,既对系统建设所涉及的计算机软硬件设施的使用充分掌握,又要对标引编目的基本知识有相当的领会。计算机自动化系统的采用,实际上标志着乡镇图书馆的管理质量上了一个大的台阶。

四、文献借阅中的数据档案

如果很小规模加上读者不多,直接用本子记录就可以,因为本乡本土的人比较熟悉。如有些规模,但还没上万册,用卡片方法进行借阅也很多,这是传统做法,在一定的环境条件下还可以应用。过了万册,则可以上计算机系统进行自动化管理了。这些阅读统计记录都是原始凭证,对于健全以服务为主导的公共图书馆服务体系将会显示出非常重要的作用。过去我们不重视数据档案,我们很难分析读者的阅读指向及其变化,积累不下来科学的依据,然而这些依据对于文献资源采购的却会起到关键的作用。所以积累数据应该成为乡镇图书馆工作人员的每天例行工作。如果我们采用计算机管理,这个问题将逐渐解决。当然，如果还在进行纸本记录，我们依然主张要做好阅读统计，不要草草了事，科学需要原始数据的积累。

另外，我们也可以以借阅需求为动力来促进资源共享。各乡镇馆中反映出不同倾向性的阅读记录如果能够被集中起来综合整理，我们对于读者的阅读倾向就能有一个全面的结论，这对于一个地域的文献资源建设及其共建共享将是有益的。

五、文献资源的互通共享

图书馆文献资源的互通共享近年来在国内是解决资源建设经费不足的一大方针。实际上，我们资源共享也是世界潮流。美国的高校图书馆普遍向社会开放，就是这一方针的体现。中国提倡的总分馆制，增加了一个优点就是资源共享。嘉兴市的城乡一体化总分馆制运行方针中，就有一条是每三个月部分书刊轮换一次，而分编统一由总馆解决。这样做的关键是保证读者的新鲜感和阅读兴趣。没有新书就没有读者，这在图书馆界应该说是一条真理，而文献资源的互通共享就是让这条真理保证实现。同时，它也最大限度的减少了资源的重复建设。比较难搞的是非总分馆制下的文献互通共享，因为"分灶吃饭，各管一摊"，要想让管理统一起来也不是很容易的。我们在前面已经谈到过，由乡镇图书馆结成联盟，或几个馆达成默契，进行文献互换交流，就是一个好办法。大家利益与困难均摊，把规则梳理清楚，同时这里要有核心的主持人物，有具体的操作人员才能稳住大局。

六、关于各门类文献的建设方针

图书是最基础的文献种类。改革开放后的一段时间里，我们的视野不宽，重视实用性阅读，并且只围着成年人转。现在看来，基层图书馆应该实施几个工程，如少儿阅读工程、人文书阅读工程等，强化人文精神的培养和价值观的塑造方面。因此，笔者冒昧的运用"黄金分割点"的原理，提出现阶段应采用成人图书和儿童图书的六四比例，成人图书中社会科学书(以文学书为主)与自然科学书的六四比例。这样的比例既有重点,又有平衡,应该是符合我们当前的现实的。

期刊同样有成人读物与儿童读物之分,比例可以适当参照图书。由于期刊文字内容短而精,信息量大,因此适众面比图书宽,人们对它的要求也与图书不同,一些特殊人群对期刊的需求大一些,如老人,外来务工人员等。从实际出发,一般藏书量在千册的图书馆可以配订5种以上的期刊和2种以上的报纸,随着图书量的增加,期刊和报纸不一定成正比例增加,但是切记这两种载体在基层图书馆普及阅读中是最有效的武器,不但不能削弱,而且要进一步加强。因为人们跨进阅读大门的引导者就是它们。大家从国民阅读的调查统计中会发现,报刊阅读率这两年增长尤其快,这就是深入阅读、普及阅读的前奏。

乡镇群众所钟情的报纸一般有时事类、生活类、社会民情类、保健类、农业科技小报类等,着重在晚报类别和当地党报(包括省市)。较大的乡镇馆应该将报纸和刊物装订起来保存两到三年,以备人们查阅。

电子文献主要依靠共享工程,好在它不占物理空间,它所提供的大批电子资源以至地方文献、一些学术性数据库等,都须因地制宜,不拘一格的置备,尤其是文艺类和形象化知识类的DVD。根据共享工程所提供的技术条件,需多多益善。

网络资源我们应着重推广健康网站,如农业科技网站、农产品市场网站、党员教育网站、大型综合性网站以及关系农民生产生活和提高素质的各种网站。

上述各种文献信息资源的建设,须遵循县市图书馆制定的乡镇图书馆文献采访条例的规定执行,同时又相应结合本地地情小幅度的灵活变通,以取得文献建设的最大效应。

七、关于特色文献资源的建设

社会发展的多元化使得各地农村呈现出丰富多彩的发展特色和路径。可持续发展的需要迫使我们思考如何将这些"色彩"加浓增厚,画出最美的图画。因此,积聚特色文献资源也是乡镇图书馆的任务。

一方面,百姓和领导要将本地发展特色的内涵不断扩充,离不了特色文献的使用。另一方面,对于本地发展的方方面面痕迹必须留下,作为乡土发展史料和借鉴参照的历史档案。特色文献资源建设是现代社会发展的新要求,乡镇图书馆务必要在这方面有所作为。

特色文献资源包括下列内容:①与本地自然和社会的环境、历史和资源相关,社会有需求指向的文献信息;②与本地传统产业和新兴产业相关的文献信息;③记录本地经济社会发展的各类资料;④反映地方有特色、特殊和优势的主客观现象的记录;⑤被通常列入地方文献的各种载体的资料。乡镇图书馆置备特色文献资源,其实都围绕着两个目的:一是人文的目的,就是理解家乡的山水人文,热爱家乡,进而热爱祖国。不爱家乡的人不会爱祖国,因为家乡就是具象的祖国。二是发展的目的,就是把握家乡发展的脉搏,增强提升经济社会发展水平的能力。

一些比较规范的乡镇馆其实早就开始了地方文献的入藏工作,江苏铜山县郑集镇图书馆经过几年的努力,现已入藏近 400 种地方文献。此外,在多民族聚居的农村乡镇,还必须加强少数民族文献的收集。收集少数民族文献不是一件容易的事,需要有一定专业知识和工作经验的同志参与,而且要有本民族干部陪同,同时也需要有相应的经费保障。

第六节　乡镇图书馆的读者队伍建设

一、读者活动的设计

社会的变革使得人们的视野大大开阔了,经济的发展也自然使人们对于生活品质的要求大大提高。因此,人们渴求多角度、多层次、多形式、多媒体地接受各种信息知识,我们图书馆人应该从读者需要的知识点和接受形式出发,将阅读功能不断的延伸。

首先是读者活动的设计。讲座活动近年来极受欢迎。它的准备相对简单,确定4个要素——师资、听众、场地、时间。师资可以是县里的各个部门的领导或技术人员、学校的教师、农民中的能人、乡镇干部、公安干警,还包括熟悉文化的图书馆管理者。社会生活万象更新,可讲的题目可以信手拈来。场地可在文化站、学校、乡镇礼堂等地方,甚至乡镇的小茶馆,村里的小场院都行。时间可以是下午、晚上,也可以是双休日或假期里。展览活动也是好形式。它的形式有实物展览,有画板展览,既能固定也能流动。场地也是多种多样,因地制宜。三是近年来各地以县区或乡镇名义举办的"读书节",集中一段时间进行阅读的规模性推广,用各种主题将人们的注意力吸引过来进行阅读,征文和演讲,同时伴随评奖,以激发人们的阅读积极性。在浙江宁波鄞州区举办的第二届"王应麟读书节"中,仅短短的一个月时间,去全区各乡村图书馆阅览的人数多达20余万人次。四是主题讨论活动。主题讨论实际是开会,但这个会是参会的人当主角,确定某一主题(如中心工作,村民关心的事,政策问题,社会建设中的不和谐现象等),让大家直抒胸臆。领导或乡村"名流"与大家一起讨论,开诚布公。这种氛围积极的活动百姓会愿意参加。五是放映活动。可以选择共享工程里的一些资源,用群众喜欢的放电影方式去放映,四村八邻的人都会聚过来。六是兴趣活动。组织对某一事物特别感兴趣的同类人开展研究活动,给这些人发展兴趣创造空间。七是辅导培训活动。各种各样的学习和培训,可以由浅入深,群众一旦尝到甜头,就会积极响应自觉参加,形成气候后,一些容易产生直接经济效益且成本较高的培训可以适当收费,从而形成良性循环。八是举办知识竞赛,对象可以是年轻人或中小学生,适当的激励,活泼的题目,只会激发他们的积极性。九是技能比赛。这也是使知识活化的方法。如果请得到相应的资深技术人士进行筹划和主持,在年轻人中也是很有市场的。十是开展各种形式的文化活动,如故事会、谜语比赛等,尽量吸引各个层次的人们参加,营造文化气氛。十一是配合社会中心工作的各种因地制宜的活动。这些活动的一个前提就是要有各种方式的知识传播贯串在里面,并不是纯粹意义上的行政性活动。笔者例举的这十一类活动,仅仅是个人的建议,活动的设计当然应该是从实际出发,以效益和效应为目标,"怎么有用怎么来"。只要我们从人出发以服务为本,更多更好的读者活动设计必然会在我们中间涌现。

二、读者组织的建设

读者本身是分散的一个群体,按照对应关系来说,图书馆与个体读者的联系是点对点的,但是如果把读者组织起来,形成以兴趣和互助为目的的不同的读者群,"点对点"变成了"点对群",一样的服务产生了新的辐射面,图书馆的服务效益就会成倍增加。而且在乡镇图书馆,读者群的组织恰恰具有很好的条件,因为人们生活在同一个圈子里,互相认识熟悉,哪些人具有同样的志趣彼此都了解,在条件相对成熟的情况下,有人登高一呼就会聚合人们,从而逐步形成不同的读者群。这一点比城市图书馆要来得容易。所以对于乡镇图书馆来说,读者组织的建设既是方向也是课题。

读者组织首选的是读者俱乐部。可以采用一些激励手段来吸引人们参加,写写心得,讨论书评等,对读书人有吸引力。如果再进一步,还可以让俱乐部成员写作品,图书馆推荐到媒体发表。类似的活动可以很多。其次是组织读者兴趣小组。将有相同兴趣的人们聚在一起,提供或帮助寻找他们所需的信息资料,促进他们的兴趣发展。三是可以成立专业技能研究小组。农村的种养业发展中,会碰到许多问题,相同经营的专业户需要会商讨论实践问题,从信息资料中找科学答案,同时进一步研究和提高技能。这个小组就应该由图书馆提供资料供他们钻研。四是文化志愿者组织。将一些有心人组织起来为乡村文化建设做些无偿的工作,经济发达地区这样的要求比较旺盛。一些平时热情洋溢的年轻人,一些学校现职或退休教师都具有这种意愿和潜力。五是农业科技小组。在农业为主的地区,以图书馆的资料为中心,或者与农技站合作形成解决当地农业实践中的科技问题的一支队伍。六是村落文化研究会。现在地方文化越来越受重视,各地都愿意挖掘本地的文化"宝贝",国家也正在抢救"非遗",这样的研究会肯定有人有兴趣,可以激发起村庄里一批长者的积极性,为延伸地方的"文脉"做贡献。七是成立文学爱好者俱乐部。对文学情有独钟的人各地都有,特别是高中毕业生。将他们组织起来,重新燃起他们心中文学的火焰,同样对他们的人生会产生很大影响。安徽太湖寺前镇就有一位农民刘先波,高小文化,喜舞文弄墨,50余岁开始在报纸上发表文章,67岁时在中国文联出版社结集出版《往日情怀》散文小说集,他的成长就是与镇图书馆分不开的,笔者见到他,就是在镇图书馆里,他是图书馆的常客。八是建立文明生活研究会。这在农村社会建设当中很重要,吃穿用住,要改变老习惯中的坏习惯,需要群策群力,用群众自律的方法去提高和发展。浙江温岭石桥头的叶菊芬告诉笔者,一批中青年妇女对生活的变化十分敏感,从外在到内心,她们都十分渴望新生活的充实,因此在文明生活的号召下,能够凝聚起一批人。九是网络俱乐部。把上网的人组织起来也是一件好事,可以各得其所,同时又互相影响,把新的网络知识向他们做介绍,他们不会不欢迎。诸如此类形式多样取向多元的组织都是松散的,但必须是自愿而有兴趣的。农村这样的以知识为总导向的读者组织、民间社团的建设,将大大加快农村社会建设的发展,同时它们也会成为新的知识传播载体,进行文明与生活的对接、科学与文明的辐射。这些"软件"的强化,对改变农村根深蒂固的旧观念、创建新生活将会起到很大作用。

第七节　乡镇图书馆的可持续建设

一、乡镇图书馆财力资源的可持续发展

可持续发展的主要动力就是财源,而乡镇图书馆的最大财力来源就是政府。现在的行事规则去掉关系学等种种庸俗的表面现象,政府的基本标准是只要你克服困难,创造条件,全面履行公共图书馆的"公器"职能,取得群众和政府的充分肯定,政府就会给你真正的地位,这个地位里就有较大的含金量。因为一个简单的道理就是,政府即使一

时不能"雪中送炭"，也不会不去"锦上添花"，慢待一个较好履行政府公共建设职能的下属单位无异是否定自己。这就是在一定条件下的政府财力支持。

"就地生财"的另一个办法是积极拓展社会联系，运用社会力量筹集资金或节省资金。这里的方法就是开展全方位的长久的合作。合作的开头常常是"你的""我的"分得很清楚，该出的条件一点不能少，但时间长了相知久了，你的真诚和精神被人理解了，许多单位不自觉的对于公益服务的态度就"升华"了。公共图书馆"赤条条来去无牵挂"，没有物质财富，有的只是真诚和精神，但真诚和精神是换得回财富的。如果合作的方式是联合办馆，那就更好了。

在做好公益服务的前提下，自行积累部分补充资金也是可以的。在会直接产生经济效益的类似特种培训、有偿咨询等项目以及运用自身资源的场地出租、礼宾服务、宣传制作、打印复印等等方面，乡镇图书馆可以和其他公共图书馆一样，在保证质量的要求下适当收费。这种资金积累，一年下来也不可小觑。

二、乡镇图书馆文献资源的可持续发展

文献资源可持续发展的最鲜明标志就是保持文献的新鲜度，这是普天下都承认的道理。也就是说，要全力保持新书的按规律的添置，新书越多，读者也越多。其他类型的资源也同样如此，从前面提到的阅读统计着手密切关注读者需求的变化，资源建设须紧紧关注这些变化。

社会上除了公共图书馆，也有不少单位"麻雀虽小五脏俱全"，比如学校，置备着自己的部分文献信息资源。乡镇馆要想方设法尽可能多找一些有资源单位开展"普及阅读"这个同样目标下的交流，逐步实现社会文献信息资源共享。这种共享不一定交换文献，而是把所有资源置于公共文化服务体系的目标下向社会开放，变单位资源为虚拟意义上的公共资源，公众借阅可以在公共图书馆和那些单位间实行"一证通"，乡镇馆对于单位文献"不求所有，但求所用"，在普世价值上实

现公共文化服务的深入发展。

在公共图书馆系统内乡镇馆也应该尽可能地取得上级层次图书馆所使用资源的共享权。在许多情况下，读者有海量的文献信息隐性需求，实际上连他们自己都没有觉察，因为解决问题的路径和知识点他们不清楚，一般都会忽略图书馆在这方面的能力和知识储备。图书馆要深化服务，一定要不断扩大自己的文献信息检索的范围、途径、方法、资源，在这些方面取得上级图书馆的充分支持和帮助，化少量的资金获取尽可能多的资源使用权。同时，简化、"俗化"文献信息检索的方法。

全面安排资源建设，一定要贴近本地读者需求。需求也分短期和长期，短期需求当然要顾及，要有应对之策，甚至开始有点"媚俗"（不包含非法和黄色书刊）都不要紧，让读者进门是最主要的。但是有远见的管理者就应该分析读者的长期需求，把读者的长期需求纳入我们的视野，逐步返"俗"而"雅"，在资源建设上准备一个长期的打算。这个过程需要多长，管理者就得多花多少功夫，连服务带引导的仔细积累，观察筹划。我们不求变化快，但求时时有变化。

科学发展观在图书馆事业上的一个体现就是要建设节约型图书馆，加上乡镇图书馆的经费不会很宽裕，因此要坚持在文献资源建设上"严进宽出、效益第一"的原则，"严进宽出"是指要采购"合适文献"，即有益无害、适应本地需要、质量上乘的书刊，而不是"眉毛胡子一把抓"。但在购进以后，又要充分推广，努力扩大它的使用面。文献采购必须遵循"效益为先"的原则。要达到这个要求，就首先应该"开门办馆，民主选书"，要多听读者意见，向图书馆资深人士多请教，精选书，选好书，选有用的书，选很受欢迎的书；其次是要"重品种，轻复本"，不必像县级以上的公共馆那样，复本须备 3 本以上，因为乡镇的读者群要相对小一些；再则，与地域内拥有图书资源的单位，比方学校等协商，尽力做到共享资源。如果我们真正树立节约型图书馆的理念，我们就有很多事情可以做。

三、乡镇图书馆读者队伍的可持续发展

读者队伍不断壮大的关键,是读者认同你。当他们认为你给他们带来了真实的好处,是真诚的面对着他们,他们就会不请自来。因此用一句话可以概括,只要你一直很投入的为读者谋划,读者量就会不断增加。可惜的是,过去我们想到太少,做得不够。

对于读者队伍的发展壮大,也有些具体措施,比方前面说过的流动办证都可采用,而且要破除发证限制,扩大发证的范围。扩展读者活动和读者组织也是重要的一点,这些辅助阅读的方式都架起了一座座图书馆与阅读之间的桥梁。再是将读者服务充分延伸,不断想办法去满足读者多向的文化需求,按读者的感受来进一步筹划我们的工作。同样,也要持之以恒的开展关于阅读好处的宣传,这是细水长流的工作,是渐渐起作用的,尤其要抓住中小学校,向学生不断灌输这种理念。

四、乡镇图书馆社会教育的可持续发展

乡镇图书馆是唯一在农村理所当然开展社会教育的机构。学校有自己专一的职能,农村义务教育的任务都必须让他们全力以赴,根本也无力来承担社会教育任务。乡镇的宣传部门有这个要求,但苦于无人力和载体去搭台唱戏。因此只有图书馆,将阅读形式的知识传播扩展为社会教育的内容,用调动多种感官的动态传播方式去进行农民的素质建设,用活跃的村民活动和读者活动去开展社会教育。

乡镇图书馆在为"三农"服务的同时,必须以社会教育开路。农村太缺少系统的科学知识的浇灌了,平时经验决定一切,而经验又往往是局限的,小范围的。现在农民也都乐意接受科学的教育了,因此要按不同人群,分类制定社会教育的目标。"农业,农村,农民"这"三农"的提出,实际上分别对应的就是农村的经济建设、社会建设和文化建设三大方面。因此农村社会教育的内容和覆盖面都非常大,而且永远有话题。乡镇图书馆在这里的定位应该是主力军的作用,承担着从

规划到成果巩固的长长的连贯的责任,如果乡镇馆能在这方面有大作为,就能成为农民的"精神家园"。这是乡镇图书馆最完美的理想形态。对图书馆人来讲,为"三农"服务的核心价值是人的发展,工作性质是社会教育,工作形态的体现就是科普。乡镇馆需要按照当地的实际条件,把思路理顺了,做好几年一次的科普规划,并按序执行,稳扎稳打,步步为"赢"。

科普的开始阶段,邀请相应的师资力量进行循序渐进的启示开导是通常有效的教育方式。在这样的教育产生良好效应的同时,我们也应逐步尝试开展村(居)民的自我教育。开展村民自我教育,其信心来源于"以人为本"理念。那些接受能力较强,有着丰富的生活经验和经历的村民在社会教育中往往是"春江水暖鸭先知",能从实际出发去理解科学知识。发挥这些能人的作用,以他们为中心推行村民自我教育,将会产生一般教育达不到的效果。人相亲,理相熟,氛围好,效果实,而且不用外请师资,资源就被充分利用起来了。如果乡镇馆能充分挖掘这样的社会教育资源发展村民的自我教育,逐渐形成习惯和规模,其长远效益真是预不可知。

另外,对于各类社会教育资源,我们依然不能轻待。社会教育要靠社会资源,当今的社会力量也很愿意在社会教育中出力,一些师资、场地等困难并不难解决,倒是关键在乡镇馆自己是否能发展广泛的社会联系,在紧紧抓住主导权的前提下,把社会教育的责任"还"给社会,社会教育社会办,这才是"高人"的做派。

第五章 乡镇图书馆的服务

第一节 乡镇图书馆的服务特点

一、乡镇图书馆的服务定位

图书馆界对于乡镇图书馆的生存历来关注很多,也曾经有过多方面的呼吁,但是对于乡镇图书馆的服务却比较淡漠,起码是认为它的生存都不太有保证,又何谈服务? 现在形势变化很快,我们必须重视研究乡镇馆的服务问题,因为我们已经意识到,在公共文化服务体系中服务问题攸关乡镇图书馆的生存,如果再不明确它的服务定位和服务重点,图书馆就又要重蹈走入死胡同的覆辙。

现在,大部分乡镇图书馆只单纯进行文献借阅,对于服务的人群指向也没有重点可言,落入一个"各方面都平均使劲,但各方面都没有劲"的不尴不尬的状态。因此到乡镇馆来的读者门可罗雀,多数乡镇图书馆都是如此。乡镇图书馆究竟往何处去? 笔者认为,我们从公共文化服务体系的目标来看方向是明确了的,乡镇图书馆的服务定位就是要满足人民群众文化生活的需要,享受这方面的平等的权利。我们再把这句话的意义往图书馆人文内涵上靠一靠,可以表述成"满足人民群众对于科学文化素养提高和对自身的认识的需要"。细细分析这个定位,可以理解两点。一是对于百姓在科学文化素养提高方面的种种的需要都应该满足,并不光是书籍的借阅,要运用多种手段来履行职能;二是这个定位的本质意义用打比喻的方式来说,乡镇图书馆的工作就如同往"人"这棵大树的根部浇水施肥,除草打药,从而固本强基,让它枝繁叶茂,硕果累累。那么什么是服务? 江苏如皋市图书馆的冯建权、洪宝瑚两位老师提出了基层图书馆人性化服务的前提:"真心"、"真情"和"真诚";天津北辰区图书馆的王雅华老师阐述了对服务的诠释:"不能停留在为别人的利益而工作的简单解释上,而要从了解需求、满足需求、引导需求三个层面来理解服务的内涵。"在三个"真"的基础上了解、满足和引导需求这三方面的连贯过程,就是比较准确的一个服务全过程,从需求的揭示开始,直到新的需求产生,也同样是人的局部认识提高的一个全过程,因此,服务的基点不只是建立在就事论事的"物化"过程的浅层次上,而是要放在进一步打开读者视野,让读者学会认识事物的方法,从而使其不断提升文化自觉的基础上。这才是图书馆服务的真正内涵。就笔者所知,一些乡镇图书馆已经不断在服务上下功夫了。浙江衢州坑口乡图书馆就采取了下列手段来强化服务:①为读者建卡立档,按需求送书上门。②搜集摘编资料,编辑信息简报。③剪辑科技报刊,开展咨询服务。④推广精品图书,培训实用技术。⑤简化借阅手续,扩大科技书刊流通。⑥交流书刊应用,奖励读书成果。

二、乡镇图书馆的服务重点

有了定位再看乡镇馆的服务重点。第一重点服务群体应该是青少年。他们是农村的新一代,又具有很大的可塑性,无论从国家的战略需要,还是从中国农村的"耕读传家"传统的延伸,或者是农村今后发展的希望所在来看,对于青少年的服务都应该放在乡镇图书馆的重点位置上。这是乡镇馆服务走向与过去最大的不同。江苏无锡市惠山区洛社镇图书馆一直是江苏省乡镇图书馆中的佼佼者,各项工作都走在前面,很受各方关注。笔者前不久再度前往,果然又探得"春消息"。在我们开始竭力提倡乡镇馆为少年儿童服务的时候,洛社镇图书馆却已在若干年前就把此项工作列入他们的主要工作日程了。他们在二楼开设了专门的少儿阅览室,并设立放映点,把共享工程的许多内容介绍给中小学生。在暑假专为学生设置的借书证就办出了3000多张。每年寒暑假他们都举办读书征文大赛,联手10余所中小学共同发起,其中名为"冬之吟"的寒假读书征文比赛居然已经举办到了第二十届，都已经出来了它的品牌效应！2008年他们共举办了三类读书征文比赛和一次少儿书画比赛，收到应征文章1000余篇，书画作品400余件，参赛人员竟有8000余人次，其中绝大部分是中小学生。这种长年累月不间断的比赛极大地提高了当地学生的写作和书画的能力和水平。还有一种不间断的活动就是开办各种培训班，有软硬笔书法、快乐写作、阅读写作、思维训练以及数学提高、英语等类别，参加培训的学生也非常踊跃。这些活动及其成效都显示了洛社镇图书馆所具备的长远眼光。第二类重点读者群就是外来务工人员群体、农村专业户、乡镇干部、特长人员、支柱产业技术人员以及一些处于弱势的特殊对象，如残疾人等。因为这些人中既包含了肩负农村经济发展的重任、同样又是农村文化建设的主力军的一些主流队伍，也包含了需要特别关注的弱势群体，他们的直接或间接需要"含金量"都比较大，都是乡镇图书馆给读者解困释惑的服务效益点，作用比较显著。第三类服务群体就是老年人，服务重心在他们持久的报刊阅读。他们承继着时代的特点，阅读是他们的精神慰藉，不可或缺。第四类是特殊地区的特殊对象，那就是在部分地区特定人群的脱盲工作。一些偏僻贫困的地区确实还存在着文盲群体，脱盲拆除了他们进入现代社会的最大一道障碍，意味着他们文化生命的开始。

第二节　乡镇图书馆的文献服务

一、鲜明的排架和摆放

图书馆的文献借阅方式这些年来发生了不少变化。开架借阅，借阅一体，自动化管理等都是在"以人为本"思维影响下逐步实施的。对于乡镇图书馆的要求，也应该和其他公共图书馆一样，实行规范化要求。首先，图书借阅要一体化，书架和阅览桌须同处敞亮的一室，方便读者随意借阅。图书要尽量做到规范排架，按《中图法》和主题词表的规定去进行，乡镇馆尽量不要有"穷对付"的心理，因为整序不当，就会造成文献的丢失,要在县市馆的帮助下建立文献整序的规范。书按书号排序上架后,尽量让类别标记显示清楚,使读者一目了然。刊物和报纸也有排架问题。刊物的排架原则是全封面显现,因为它不像图书,有书脊可以告诉你图书的基本信息,所以它占有的位置较大,但是好在刊物论种,一般乡镇馆置备几十种,而且总是把最新的一期展出,因此总面积还是不大。报纸一般会用报夹将每天的报纸摞起来,然后参差置于报架上,尽量让报头有所显现。乡镇馆如何因地制宜的设计书报刊的排架可以向县馆详细咨询。

馆舍环境的优劣直接影响读者的阅读情绪和效果,因此首先要净化阅读环境,馆舍要注意通风除尘,尤其要关注书架,尽量避免因长期通风不畅造成的霉味和积灰等。必须经常打扫阅览室,保持报刊的整洁有序。其次要美化,要对馆舍进行富有时代气息的、温馨的布置,让家具设施的位置安放和采光的布局既具有充分的合理性,又有相应的艺术性,让人一看就舒服。一些艺术装饰要显得高雅大方,简洁明快,切忌浓妆艳抹,大红大紫。室内的色调应以浅浅的暖色为主(单独的少儿阅读室可以例外,以相对浓烈的色块为主)。如有鲜花和绿色植物相伴读者,那就属于比较上乘了。

二、借阅的规章制度

书刊借阅必须有制度,这是基本管理要求。过去我们在规章制度中体现的基本内容有借阅人的身份要求,借阅数量、期限,书籍的保护要求,逾期归还和造成书籍破损的惩罚措施等,然后在显著的位置用醒目的方式将它公诸于众,要求人人效尤。这些内容现在还是要有,因为这是公共场合,来的人也要求他们必须具备公共道德。但是不同于过去的是,既然我们所从事的是公共文化服务,当然应该在百姓的注视下公正行事,而我们对读者的要求理所当然地写上去了,那么读者对我们的监督,我们对于服务的保证也要放上去,应该把制度写成一个双方契约式的规定。这样的规定,让读者感受了平等和公正,而且会让他们快乐自愿的执行规章制度。比方我们如果规定新书一到立刻就上架,先给读者看。这一条肯定会受到读者的欢迎,因为这一条过去根本做不到,热门的新书不大可能做到自己不看先让读者看。所以制定的规章一定要双方都规范自己的行为才能做到真正有效、持久有效。规章在施行一个阶段后,要从实际出发进行修订,修订的宗旨就是使它更加符合公共文化服务的要求,使"软的更软,硬的更硬",用我们正常管理中的"一张一弛"的"文武之道"去平衡管理架构。

制定制度,更要严格执行制度,用规章保证秩序和营造氛围。执行制度的最大危险,是在乡镇权力机关和领导人身上。如何避免领导行使特权破坏制度,就需要早与领导沟通,多与领导沟通,防患于未然,同时也要讲究工作方法,学会化解矛盾。

三、开放借阅的时间

乡镇图书馆的开放时间按常理是与乡镇机关的作息制度一样"白天开放,晚上关门",无人可以指责,而且许多乡镇馆也是这样在做的,但仔细扪心自问,这样合理吗? 公共服务到位吗? 回答是否定的。笔者走过许多馆,发现早晨到中午,馆里基本空无一人,与工作人员交谈也印证了这一点。而到了晚上,家家户户有空想"充电"了,图书馆也关门了。这种现象务必要改变,因为公共服务的精髓是适应公共需要。如果各地的规律差不多,就应该改作上午闭馆,下午和晚上开放。不过上午时间图书馆管理人员虽然不上班,但因为就在本地,可以允许特殊借阅。这样普遍与特殊相呼应,公共服务就完整了。其实,农民的作息时间与城市不一样,农村讲究"一日之计在于晨",无论农活还是家务,上午都是最忙的时候,就是聊闲天,多半也是在下午。所以这一个改变是符合农村需求的,而且我们还可以由此推论,乡镇图书馆所有的服务,其最佳时间都在下午和晚上,当然特殊情况例外。

更有些"特殊"的普遍情况,值得我们引起注意。现实生活中,许多乡镇馆是半开半闭的,那是因为文化站长兼着图书馆管理员,站长是乡镇干部,须服从乡镇需要参与全乡镇的中心工作,经常不在馆,只好关大门。这样状态的乡镇图书馆不在少数。如果这种情况暂时无法改变,建议图书馆人辛苦一点,在图书馆门口或乡镇政府的告示栏上专辟一个"图书馆动态"专栏,把自己离开的时间段和图书馆的一些因应措施及新书等动态公诸于众,欢迎群众在自己返回后随时呼叫,保证服务,对于这种情况,我们无奈地戏称为"全天候服务"。但是,我们急切的盼望改变这种状态,界内的呼吁声不绝于耳,图书馆不恢复常态,何谈公共文化服务?

图书馆的开放时间,各地都会按照自己的特点确定,但应该遵循几个原则:(1)当地多数群众的生活起居习惯;(2)当地多数产业(包括农业)的生产时间段;(3)当地大部分群众对于文化生活的时间选择。只要将上述几个因素综合起来,我们就能找出最佳方案。

四、适当的特殊服务措施

乡镇图书馆的公众服务中,除了一般服务之外,还要灵活变通,积极关注特殊服务措施。据笔者了解,特殊服务可以有下列几种:(1)乡镇行政机构阶段性需要的专题服务。这类工作关系到政策方针的贯彻,也涉及乡镇领导对于阶段性中心工作的态度,乡镇图书馆必须积极配合,不过这种专题服务应该是限于文献信息服务或者文化建设方面的专业工作,而不是被视为乡镇行政人员被随意派遣。重要的是,乡镇图书馆从重新明确公共文化服务的职责开始就要与乡镇领导明确这一点,只有真正高举公共文化服务的大旗,才能赢得你的坚持。(2)对产业人员特殊和紧迫要求的专门服务。农村的专业户或企业技术人员由于所处环境信息、交通、技术不发达,因此碰到急难问题往往束手无策,乡镇图书馆应该在摸清本地产业状况后,联合和疏通一些社会渠道,建立信息储备和专业技术信息咨询途径,更到位的做法还可以综合有利因素建立一些解决常见问题的常设预案,以备不时之需,一有专业要求,就能响应。云南个旧市卡房镇地处贫困山区,特定的温度和湿度非常适合种烤烟。当地农民向政府求助时,政府要求乡文化站承担提供资料的任务。乡图书室就三番五次送资料,并请科技人员下乡指导,仅两年时间就让农民掌握了种植优质烟叶的技术,文化站干部再跟踪服务,主动及时给农民提供烘烤烟叶的技术资料,烟农们按图索骥,烘烤的烟叶也被鉴定为特等、一等,比传统烤制的烟叶要好得多。良好的经济效益很快带动了一大片农户如法炮制。初尝的科技甜头使农民彻底转变了观念,又先后发展了脱毒马铃薯和甜糯玉米的科学种植,使得个旧市的街头市场出现了一听说卡房的两种特产都争相购买的热闹场景。广西北海市火甲村被国家农业部确定为冬季农业开发新技术示范区。镇图书馆专门购置了冬季农业开发新技术的相关书籍,并及时送到农户手中,农民学到了冬种知识,掌握了新技术,火甲村的冬种取得了空前的成功,仅此一项,人均即增收 1420 元。北海市营盘镇图书馆收集了近 15 种的有关对虾养殖的书籍,搭建了从虾农到镇水产站、市水产局、海洋研究所上下贯通的信息网络,为虾农提供最新的养殖技术信息,及时解决虾农在养殖中遇到的疑难问题。(3)需要心灵慰藉人员的专人服务。对于残疾人、轻微精神障碍者、重大压力承受者等特殊人群,乡镇图书馆要及时主动给予人文关怀,提供适宜的文献资料,给予家人般的关爱。(4)对于有重大意义的特殊需要的团体和个人,提供超越常规的正当服务。乡镇图书馆是农村社会建设的文化支撑,因此在舒缓平常的服务中,我们也应关注有重大意义之特殊需要的团体和个人,提供他们力所能及又急迫需要的服务。

五、对青少年的全方位服务

对于青少年的服务,过去做得太少了,所以从现在开始就要百般重视。在购置文献中,我们要按不同年龄段配置好适宜的读物。起码有 4 个段落,即从小学低年级开始,按序到小学高年级、初中再到高中,当然高中的书已经靠近成人了。如果我们眼光更远一点,能够把婴幼儿教育也纳入视野,就更好了。其次,青少年阅读这项工作必须与学校联手,共同形成促进课内和课外阅读的工作方式。学生归学校管,因此图书馆的各项安排须取得学校的支持才能推行,如果乡镇馆能与学校既统一(达成学生阅读必需的共识)又分工(负责管理课外阅读），那就是最佳状态了。乡镇馆对于青少年阅读的管理，着重应该把力气花在阅读习惯的养成方面。要运用各种形式开展活动，让孩子对阅读发生兴趣，同时也相应有一个规定时间，要求孩子来图书馆看书。笔者亲眼看到，嘉兴余新镇图书馆每天下午三点孩子放学后要求他们都来图书馆，读书上网做作业，学校放心，家长安心，孩子欢欣，图书馆高兴，好习惯就在这一天天的日子里逐步养成。乡镇馆不光是让孩子呆在图书馆，而且还应该与学校联手开展辅导推介，让孩子读好书，孩子可塑性强，有条件接受引导，一本书可能决定他的一生。在管理的同时，乡镇图书馆要努力运用激励手段来推动阅读，激励手段对于孩子是很有效的，我们很多人的童年都是这样过来的。发展和鼓励兴趣阅读更是激发青少年阅读积极性的一个好方法，每个孩子都有自己的智慧和灵气的聚合点，北京奥运会举重冠军张湘祥就是对举重技术的领悟能力特别强，十七八岁一举成名；而女力士陈燮霞技术不强但能吃苦，即将退役回家的她却被八一队教练看中，同样打造成了北京奥运会举重冠军。两个不同例子给了图书馆一个道理——扬长避短以弥补个性差异。在持续推进青少年阅读的过程中，乡镇馆需要慢慢把握孩子的阅读心理，不断强化阅读氛围，一步一步的走进孩子的阅读情境里。这种"水磨工夫"也是让乡镇馆自身不断深化对阅读工作规律的认识，把工作做到点子上的必要的成本。

六、对重点读者的服务

关于重点读者的服务，有的人会误解为不平等的一种服务："为什么读者还要分什么重点不重点？"这里讲的重点读者实际分做两块。一块如同有些人认为的，是人们眼中乡镇里的精英，图书馆把他们作为重点读者，是因为他们的需求往往事关当地经济总量的增加和社会发展的和谐，重点解决这些问题是政策所提倡，图书馆职责所在，全体乡民会受益。而另一块则是一批本身处于弱势状态的人群，如外来务工人员、老年读者等，把他们列入重点读者，恰恰是为了平等，为了更好地关注他们。所以，重点读者的确定，目的就是为了进一步落实"人人享有文化权利"的目标。除了青少年之外,对于外来务工人员、老年读者、乡镇干部、特长人员、支柱产业技术人员、特殊人群等重点读者群应该采取几方面的措施:(1)在馆内着重了解观察这些人群的日常需求和文献信息指向,有记录,有针对性措施。一年中须有一个阶段的详细调查。(2)走向这些读者群所在的单位企业,详细了解文献信息需求,建立需求资料库,然后逐步建设可以满足需求的各方面信息检索途径。(3)在重点读者群中分类进行个性化服务,要分文献信息需求的轻重缓急,取对不同人群可采用服务方式的最佳选择,有针对性地进行符合兴趣贴近实际的文献信息服务。(4)注意调整文献采购方针,适应不断求新求实的服务要求。对于老年读者,应该根据他们的特点辟出专门区域,配齐相应品种,适时开放阅读,同时关心老人生活,帮助解决他们身体、生活上面的不便,使他们的精神生活基本处在平和舒畅的状态。

七、推广阅读的措施和建立阅读网

在农村的人们逐渐文化觉醒的现在,阅读推广是一举而有百利的作为。过去我们搞过推广工作,但做得不深入,与人心没有贴紧。现在的推广工作,是为人推书。为人推书的前提是先知人,随时了解读者最新的和最广泛的需求,然后根据他们喜欢的接受方式设计我们的推广。一般的方式有:(1)张贴新书(含各种资源)介绍。把它能打动人们的几个特点做充满语言特色的生动介绍,一样会打动读者。推介内容的编写很关键,要写好就必须认真地看过书,另外还得向媒体学习,既要有广告的"煽情",也要有它的深刻之处,还应短小精悍有悬念。(2)设置推荐书专架。可以在专架上贴上为什么要推荐的点题广告词,让人一目了然,产生去翻书的兴趣。还应该用装饰美术的效果烘托精妙的内容,吸引读者的眼球。(3)特定场合放映推荐影像。"嘴说好看不如一看",放映时候再做一番广告式宣传,会形成连锁效应的。(4)闹市图书展览。将预计很受一般读者欢迎的书集中起来,在假日或节日的闹市设摊,让人们在目不暇接中形成特殊的关注。

(5)流动办借书证。流动办证,就把一些平时对图书馆需求不十分迫切的读者激发起来了,同时也是宣传图书馆的一个好途径。(6)人群聚集时的生动宣传。农村的这种机会过去是开会,后来会少了,这种聚集就相应减少了,但近年随着文化活动的开展,聚集机会又多起来了,这时候的宣传会有些作用。(7)利用各种组织和活动进行阅读推广。在一些组织和活动中,用一些看似随意的、生动的宣传让活动者留下深刻影响。(8)通过行政部门推广。行政部门在见到图书馆阅读推广的效应时,会配合图书馆做一些他们力所能及的工作。这种工作的效果会令我们意想不到。(9)通过学校推广。学校若能加入帮助推广的队伍,则将事半功倍,学生的阅读状态就会进一步改观。(10)向专业户推广科技书。在推广中,我们要像安徽太湖县图书馆一样,介绍的知识点完全对口于专业户的需要,推广工作就好做多了,而且这种推广具有较高的效益。

在阅读推广取得一定效益的时候,我们要进一步发展这项工作,努力建立乡镇阅读网。建阅读网也有下列方法:(1)通过细致工作,组合不同阅读倾向的读者成立各种读书会,适当开展活动。读书会作为乡镇馆业务推广的主要依靠对象,一定要对他们的作用非常重视。读书会必须有骨干,有几个真爱读书的人。这些人因为爱书,也爱图书馆,如果通过读书会,让他们在阅读中所产生的快乐和感受有交流的机会,他们会珍惜这个平台。凡读书人,都多多少少有一点“知遇报恩”的想法,所以只要信任他们,委以责任,他们是能够有所作为的。读书会的发展要依靠他们,通过他们用传帮带的形式逐步发展人员,不能心急。阅读本身是一个很细腻的心理过程,有自己的规律,乡镇馆的同志要参与读书会的活动,体会这种过程,从而更深入的理解爱书之人的心理状态,也不要用刻板的面孔去运作读书会,应先随性再引导。当读书会慢慢成气候了,站住脚了,我们阅读推广工作就有了扎实的基础了。(2)逐步建立阅读宣传志愿者队伍,让他们现身说法,感染和说动周围的人们参加阅读。如同前面参加读书会一样,他们会乐意参加阅读宣传的。这种潜力需要我们去开掘。(3)与学校精诚合作,开展校外和课外阅读。这点前面已述,暂不展开。(4)推动干部阅读也是一项重要任务。当今的干部文化底子不会差,因为太忙,对于读书是"有心而无欲",如果能抓住某个适当的契机,找到某个需要用阅读来解决问题的"支点",我们就可能"撬动地球",形成领导带头,全体跟上的局面,对于全镇的阅读局面形成,无疑是巨大而持久的作用。(5)在百姓中,最容易形成阅读氛围的就是"读报圈"。这以老年人为主,也可以扩展到中青年妇女。如果细心观察,有心营造,人员、场地、骨干、报源都不是问题。简单易行的办法持之恒久,将会出现预料之外的成果。(6)乡镇馆还可以与社会联手,采用多种方式鼓励阅读。比如年终与行政部门、企业、学校和其他社会单位联手举行阅读积极分子表彰大会,通过大会传播阅读好处和阅读"心经",就是一个办法。类似的各种联合方式都在实践里,需要大家去发现。

第三节　乡镇图书馆的电子文献服务

一、电子文献服务重点和阅读推广

对于电子文献服务,乡镇图书馆过去接触不多,近年因为国家大力推广文化信息资源共享工程,因此电子文献逐渐为农民所熟悉。这部分电子文献既包括有通过互联网使用的数据库,也包含了可以用DVD 机播放的音像资料。目前,乡镇图书馆自己购买电子文献的不多,基本上依靠共享工程,而共享工程中的数字化内容的增长日见迅速。

乡镇里对于电子文献感兴趣的人大约分为两部分。对于产业技术人员、专业户和一些担负实际工作的知识分子来说,他们经常要接触科学类文献内容;而其他的青年读者和中老年农民则愿意按自己的喜好欣赏影像资料。这两部分内容中后面部分的点播几率比较高,因为娱乐是人们生活所需,当然这部分内容量也比较大,基本可以满足群众需要。问题是在前一部分的内容,乡镇馆怎么样能搭好文献与读者之间的那座桥至为关键。首先在把握好共享工程中科学文献的种类和数量以后，就要在农村知识分子中积极宣传推广共享工程，能实心实意地帮助他们解决几个实际问题，就此扩大影响，拓展阵地。共享工程的意义在于使用，乡镇馆切忌那种"门面装好，读者寥寥"，只要硬件，不要软件的状态。我们的工作既要揭示读者需求，又需要揭示文献用处，因为电子文献平时看不到摸不着，只有你去宣传，别人才能知道。现在共享工程不断，发展它的资源越来越多元化，演艺、电影、讲座、农业科技以及其他文字或形象资料丰富多彩，因此，第二项非常主要的工作就是整理出共享工程的资源目录公诸于众，让大家任意选择。整理目录应该是图书馆的长处。如果可能。把目录的流传范围扩展得大一些就更好了。第三项工作是一些乡镇在做的，把共享工程内容拿到基层去放映，使其家喻户晓，人人皆知。现在的农村不是生产力极其落后的时期那样一年忙到头，有闲有忙，也就有观众，而且农民最看重实际，一旦产生吸引力，他们会不请自来。因此现场放映值得推广。

二、数字化阅读的注意事项

乡镇馆数字化阅读这一步跨出去并不容易，一些技术问题很可能会成为拦路虎。因此，规范使用计算机很有必要。乡镇馆要严格遵守共享工程基层服务点对硬件的使用与管理要求，一要指定专人进行关键性的操作，二要严格操作程序，谨防漏洞。还要与支中心确定计算机定期进行维护的办法，让硬件始终处于良好运行的状态。在人员使用上，乡镇馆对于技术保障工作务必要有明确的分工，技术人员必须实实在在的担起责任。如果有条件，尽量使用有计算机专业学历、在实践中磨练过的人员。数字化阅读的顺利开展一定程度上同样取决于人员素质，尤其是技术人员素质。

从人本精神出发，乡镇馆对于计算机的使用还要注意一点，那就是保护视力，尤其是对于青少年。一是限制他们的连续使用时间，二是咨询专业技术人员采用具体保护措施，三是做好阅读视力卫生的宣传工作。尽我们的能力,做好读者的视力保护工作。

三、辅导查阅,满足需求

用户培训历来是图书馆的一项日常性的工作。在数字化阅读开展后,用户培训已经被赋予全新的意义,在某种意义上说,这就是跨进新时代大门的起步训练。因此,乡镇图书馆要腾出一部分力量开展数字化阅读的用户培训,教给读者如何检索电子文献的要领和关键。这可以以办班的形式出现,也可以对个人辅导。实际上,在乡镇图书馆使用计算机的读者中,中学生或外来务工人员占相当大的一部分,因此可以为他们专门举办培训班。办班的同时,在平时的服务中也应该随时指导读者查阅。

读者在熟悉数字化阅读后,逐步会对乡镇馆这方面的服务提出进一步的要求。我们也要不断发现我们服务的不适应之处,采取改进措施。一般来说,有下列几点要引起我们的关注:(1)电子文献资源要不断扩展和丰富起来。(2)要开展代查工作,而且要越来越到位和越来越迅捷。(3)文档下载方便而快速。(4)文献检索的途径要越来越"短"。(5)最后一点,在建立相应固定的数字阅读的读者队伍后,要着意扩展从众效应,造成声势,以推动尽量多的"追随者"跨进新时代。只要坚持不懈,就会感动"上帝"。

第四节　乡镇图书馆的计算机网络服务

一、建设农村网络生活 主导农村网络建设

网络给社会生活带来的改变大家体会已经很深了。同样,这个改变正悄然发生在农村。5000多万的农村网民占的比例只有总人口的1/26,但是现在的增长速度却已经达到了每年数千万。这是因为网络给三农建设带来的好处让农民"平空"生出财富,改变了生存状态。比方要推销农产品,只要进入网络市场仔细搜寻,总会有收获。要购买

农业生产资料,你在网上搜索,也能"货比三家",作出合适的判断。甚至你可以在网上购物,网上付钱,都不用往外跑。网络对于生产力尚待提高的中国农村其效益显示的价值、显示的发展速度已经超过了城市。从另一个角度讲,网络与人的亲密接触使人一直处在现代生活和现代文明的熏陶中,这是一种自觉的无形的文化教育,可以让农民尽早脱离狭隘的眼光和思维。因此,在一定的条件下尽力推行农村的网络生活,对网络使用进行引导,是乡镇图书馆的远见卓识之举。当然,要使用网络,一定要建立网络环境。这就如同宁夏一样,必须由政府履行其建立公共基础设施的职能。而乡镇图书馆要尽自己的责任,也应不断向政府进言,督促政府履职。

网络是中性的,它包容了一切,既拥有正义和崇高,也裹挟着邪恶与卑劣。从农村网络使用的特殊情况出发,乡镇图书馆应该承担起农村网络生活的引导责任。乡镇馆对于网络使用的推广,态度要积极,行动要扎实,除了在乡镇馆内要尽量有规模地开通互联网,引导读者积极使用之外,还要提倡有条件的家庭或个人置备电脑,开通网络。在积极推动网络生活的规模化发展的同时,也要严格遵守和宣传国家的一系列政策法规,对于黄色的、非法的、反动的网站,除国家监视屏蔽之外,我们也要严密监视"漏网之鱼",尽可能把它们屏蔽掉,不让他们扰乱民心。不良网站变化多端,手法隐蔽,乡镇馆最需要的就是控制自己脚下的网络平台,不让非法事件在这里发生。同时也观察网民动态,注意流行热点,及时采用劝导和关注的方法阻止不良倾向。

二、开展上网的培训和指导

上网对于许多农民来说,是非常新鲜的,很多人看着有那么多"开关"的键盘就已经发怵,不敢摆弄了。因此农民上网,青年人动手能力强,一般不会有难处;对于中老年人来说,从观念、眼光开始到热情、兴趣,却都是一个很大的跨越。但是很多老年人深有体会,他们一旦学会网络,他们就没有孤独了,人都变得年轻了。这种文化教育的好工具能够带给人们新生活的乐趣,带来精神的健壮和情绪的释放,当然也是乡镇图书馆的追求了。所以，乡镇馆首要的一条就要开展上网的培训。这种培训应该树立全民普及上网的远景目标，然后分阶段进行实施，从少量、小部分人做起。要有计划地开办各个年龄段的上网培训班，从基础开始，从使用开始，把死记硬背与灵活道理结合起来，循序渐进，达到实在效果。在培训达到目的时，又要关心和辅导这些资历不深网民的网络生活，帮助他们开发网络生活的乐趣。比如家庭有人在外面打工，就让他们学会网络文字通信，甚至视频聊天、网络电话等手段，建立起现代化的通信联系。我们要让百姓知道，电脑就是工具，它像农具一样，学会使用并不难，而且越是经常使用，你的技术也越精，从而解除人们心头的惧怕，敢于迈出第一步。在不断扩大网民队伍的同时，也要告诉他们有关网络生活还可能产生的负面效应，使他们从一开始就注意避免。乡镇图书馆自身也要在普及网络使用的同时，更要积极开发网络的使用，充分运用多种网络工具去达到"效益最大化"，用实际效应去吸引新的网民。深圳尚景社区(村)2005年年底开办了两期"老年人电脑学习班"，学员年龄从60岁到80岁不等，在义务教师肖祝生的悉心指导下，48名老人经过半年多的学习，从电脑开机都不会到现在已掌握电脑撰写文章、网上聊天、网上收集信息、电脑绘图等知识。只有小学二年级文化的退休职工马德玲，没想到60岁还能学会电脑，更没想到在半个月内利用电脑写了32 000字的自传；80岁的孙茂兴夫妇与美国工作的儿子联系的方式也变了，告别了寄信和电话的"古老"方式，与儿子建立了视频电话，用QQ与儿子聊起了天。另外，尚景社区的老人们还建立了"华彩夕阳"网(http:/www. szlglcxx. com/lgsj/index. htm)，并已编辑三期"电脑作品选"小报。网络就是这样改变了老年人的生活。

三、十分关注网络安全和网络维护

网络需要经常维护，尤其近年来网络安全越来越受到威胁，网络正常运行的保障就显得十分重要。因此，需要在网络基础设施开始建设的时候与主持网络工程的单位联手，把安全保障的理念融入到设计中去,形成网络安全与网络使用的一体化管理。网络维护最缺人才,尤其在农村很难寻觅。这就需要我们坚定不移地培养自己的人才,努力要求他们精益求精。这方面的人才与共享工程维护人员应该形成一体化,同时,还应该眼光放远,储备更多的人才,因为由于网络的逐步普及,电脑进入了寻常百姓家,使用与维护几乎成了家家户户的课题,因应这种情势,乡镇馆开办的培训不但应有使用培训,还必须要有维护培训,让人们对于一些通常故障自己懂得解决的办法。这是一种扩大人才队伍的办法,因为我们必须坚信一点,激发人的智慧是一种最根本的教育。

网络病毒近年来已经泛滥成灾,如果使用不当,病毒泛滥将会成为顽症。因此要在乡镇馆的电脑上安装防火墙与杀毒软件,对于病毒蔓延的可能状态作出预案,并且严密监控,防止用户带来的病毒。一旦有病毒,就要立即启用预案。电脑和网络技术还在继续发展,信息技术正反两方面发展的钳制与反钳制斗争还会走向更高层次的阶段,因此为了保证网络的正常运行,乡镇馆还是要尽己所能积极"备战",跟上技术的发展,以制约各种妨碍网络正常发展的问题发生。

四、应对"僧多粥少"的办法

当我们积极推广网络生活取得一定效应的时候,我们就会发现,电脑不够用了。毕竟电脑是高价值高技术的物品,在当前的农村个人占有率还不会很高。这就会使得我们在网络推广中容易处于被动的地位。我们应该寻找社会资源解决这个问题。一是前面说过的"不求所有,但求所用",利用单位、团体的电脑错开使用时间,实行上网教学培训或者开放供个人使用。当然,这就必须加强管理,保证机器的"健康"和安全。二是引导社会网吧实行良性经营。对于社会网吧,国家也有严格的管理制度,乡镇馆要在贯彻制度的前提下,平等地与网吧达成良性开放的默契,除了它的市场行为受工商、物价部门管理外,在网络运行和网民上网等操作问题上取得它们积极配合,以在无形中扩展自己的场地。当然,我们不能要求网吧也进行公益服务,但可以要求它严格执行物价制度。三是有条件的地方提倡家庭上网。这在前面已经说过，是一种人们的自觉行为，而我们的责任就是多多加以引导。

第五节　乡镇图书馆的社会文化教育服务

一、社会文化教育的经费来源

社会文化教育服务是乡镇图书馆服务职能的延伸。许多要求农民阅读的内容如果转化为讲座、展览、讨论等形式来展开的话，受众就会增加很多。对于农民这样的受众群，如果能够将文字阅读思考与视觉形象、语言形象和氛围营造等形式综合起来，也就是让形象思维与逻辑思维相结合，会大大增加农民群众认知世界的能力。这个成熟的经验实际上也是针对所有文化熏陶相对薄弱的人群的。

社会文化教育服务的经费来源，完全可以因地制宜。一个最简单的途径就是谁是这场活动的主要策划者，就由谁出钱。比如是政府要求的，则由政府财力支持；是社会团体"主谋"的，就由他们承担费用。这些活动往往是大政策之下的多形式活动，有经费预算，可以不用担心。第二类活动是乡镇馆自己筹划的。经费既可以在本馆预算中安排，也可以视情况组织社会赞助，或者自办公助。这类活动要有全年或半年的计划，结合计划的制定，首先安排好活动经费的筹集预案。第三类活动是对于部分"小众"会产生直接经济效益的，如果没有活动经费的着落，可以在自愿的原则下由参加者付一定费用。当然，大众性的活动我们尽量还是能够筹集经费，坚持公益性原则。

对于筹款，许多人有畏难情绪。其实，这些同志低估了自己所从事工作的影响。一个具有真理性的事实是，只要我们高高举起公益性大旗，我们的服务得到了百姓的认可，我们就具有了社会影响力。现在无论是城市还是乡村，文化和文化人的"分量"在加重，无论是东部还是中西部，社会对文化的总体投入也在不断加大。在这种地位的变化中,只要我们持本坚守,"化缘"的空间会越来越大,办法途径会越来越多,公益文化的社会支持是根本不愁的,问题是需要我们转换思路,增强敏感,讲究方法,顾及支持方的利益。实践出真知,成功就在我们的坚持之中。

二、举办讲座活动

讲座活动现在很红火,全国一半以上的省、市公共图书馆都在开展这项活动,有的还已经成为一方土地的知名社会活动品牌。更为重要的是,由于讲座,许多馆的人气猛增,它反过来大大促进了阅读,促进了很多民众"泡图书馆"习惯的养成。因此,不能小觑讲座活动的能量。乡镇图书馆的环境条件更应该推广讲座活动这种形式,尤其是科普讲座,因为农民需要引导和教育的空间更大,他们心理的问题更多,而他们的文化起点又相对更低。

讲座的资源实际上各地都有。孔老夫子说:"三人行,必有我师焉。"一个地域,总有各种人才的汇合,才能成就地域的全面发展。这些人才所拥有的社会科学、自然科学的专业知识足以给农民群众以丰富的、全面的科学文化素养的熏陶。问题在于筹划。乡镇馆选择的讲座内容应该是在大文化的背景下自己地域范围里社会和人群所关心的紧迫问题和急切需要,从最感兴趣的主题着手,逐步扩大选题范围。这样能让群众很快对讲座发生兴趣。选择的演讲者人选也应该有2个要求,即一是专业积累丰富,水平较高;二是具有较好的演讲表达能力,能深入浅出,引人入胜。讲座的场所一般可以放在乡镇文化站的活动室或者学校教室、乡镇礼堂,甚至人们习惯的茶馆、场院等地。场所的选择以遵从人们的习惯最好。另外,讲座的听众也应根据不同的内容进行选择,换句话说,你也可以根据不同人群的需要选择不同的讲座主题,比如老年保健、果树栽培等。不过需要提醒的是,讲座要培养骨干,如果没有一批自觉接受知识传播的人,这些活动就会松散无序,有了骨干,就会带动其他听众产生从众效应,进而形成这个乡镇的听讲氛围,而造氛围就是培养百姓现代文化生活的习惯,不可等闲视之。在讲座进行过程中,我们为了得到讲座应有的效果,要极力鼓励听众与老师互动,让听众在现场提出问题,老师现场解答问题,把知识传授过程生动和活跃起来,这种互动会产生令人意想不到的效果。浙江台州的路桥区图书馆积极举办乡镇的"乡村人文大讲堂",让本区专家60多人组成讲师团,巡回各镇进行科学文化普及演讲,收到了意料之外的效果。自2008年5月底至9月中旬的3个半月中,金清镇的"东海岸讲坛"、螺洋街道"莲花山讲坛"、峰江街道"南村讲坛"、蓬街镇"滨海讲坛"、新桥镇"五凤楼讲坛"、横街镇"安宝讲坛"、路北街道"路北讲坛"、桐屿街道"绿心讲坛"累计共举行24场,听讲人数3027人;路南街道"方林讲坛"和路桥街道"月河讲坛"也即将开始。金清、螺洋、峰江、蓬街基本上做到一月一场。从内容看,24场讲座中涉及医疗保健知识方面的15场,历史文化方面3场,其他方面,还有宣传交通安全、和谐社会建设、十七大精神、防台风知识和急救知识等。

三、举办展览活动

展览是直白、清晰的形象化教育工具。乡镇图书馆把文明生活的形象语言经常用展览形式进行传播,是一种很可取的方法。展览一般人人都看过。简单的几张画片挂在橱窗里,也叫展览;把主事者要告诉人们的完整意思用形象化的图形或实物一件件连续地展示表达出来,就更是展览。展览是可以无处不在的,室内、围墙上、展览窗、搭架子放展板以及广告业中的"易拉宝"展架等,都可以成为展览的场所和平台。搞好展览的关键在于展览的设计,需要确定主题,寻找内容,设计形象,也就是清楚的回答"为什么搞这个展览","要表达哪些内容"和"用什么样的形式展示"这三个问题,在回答它们时,不能只拍设计者的脑袋,必须要紧密结合当地的实际环境和要求来确定设计,然后把文案转化为展品。这中间涉及到的展览内容可以是中心工作要求的,事关百姓生活的,促进生产发展的,提倡移风易俗的,反映时代进步的等。内容人家要不要看,是很有讲究的,群众关心的、感兴趣的自然就来看了。因此,从主题、内容、场所、形式、形象等方面了解民意其实很重要,因为这样才能把锣敲到点子上。从展览的形式说,可以隆重正规,也可以简易方便,全凭策划者想要达到的效果,这个效果的检验标准,是观众的数量和其热度的维持时间。那些内涵深厚喜闻乐见的展览,其效果肯定不会差。比如有实物、有说明、有数据的科普展览,百姓们应该会欢迎。

四、举办培训活动

在"三农"建设中,农村往往会感觉到最难解决的问题是人才问题。除了发达地区之外,从一般情况看,农村人才只有单向的流出,而非流进。"三农"建设需要大量人才。九九归一,只有自己培养人才才是唯一可行的路。乡镇图书馆在这方面应该承担义不容辞的责任。因为我们既指望不了学校完全涉足社会培训,又无法在乡镇各种机构设置中寻找到承担该项社会职能的部门。只有在乡镇政府的全力支持下,依靠广泛的社会资源,自力更生,担当起农村社会培训工作,对于缓解农村的人才荒才能起到应有的作用。

培训工作要有一个较长期的规划,一要调查乡镇范围内具备一定文化程度又不准备出外打工的中青年,同时调查这些人对农村各类事业的兴趣所在,把这些人纳入培训工作的视野。二要配合乡镇政府摸清本地各类人才的需求,明确人才培训工作的重点和计划。三是要从县内外寻找对口师资,了解师资的具体能力水准和适应性,储存这些师资名录以备后用。这三项必要任务在一定时期内完成后,就应该展开工作。工作进程中,也有三个问题需要注意。一是要关注教师的培训方法,既要通俗易懂,又要抓住要点,注重效率。乡镇馆的管理人员也要参与听课,感受培训过程,切磋培训教程,总结经验教训,不断提高教学水准。二是要千方百计地赢得社会的关注。社会资源现在越来越丰富,愿意支持农村发展的单位企业也越来越多,我们可以积极引导社会参与,取得社会资源的支持。也可以与社会资源联手,开发其他培训项目,反哺"本土"培训。三是在培训后学员的出路应该预先有所筹划,不要让这些颇有热情的人们最后希望落空,乡镇馆应该敦请政府早做打算,采取激励措施推动学习,落实他们的工作安排,只有提前做好"善后"工作,培训学习才能真正达到效果。

在农村人才培训之外,通常的农民文明生活培训、农业技术培训、就业技能培训和其他需要培训的项目还很多,乡镇图书馆应该视自己能力有计划的开展。责任在我们身上,工作在我们手上,培训就是打造农村美好的将来,乡镇图书馆一定要尽心竭力的完成历史使命。

五、活动是一种很好的服务形式

除了上述讲座、展览、培训等活动之外,我们还可以因地制宜开展各种各样的文化活动,这些活动都是阅读的补充,通过人们的各种感官激发思想形成文化感受积累起来,成为人们进步的有效因素,所谓"点点滴滴在心头"。农村里活动的成功与否关键在设计,设计的要点就是一要内容贴近人们的所需所求所熟悉的问题;二要形式活泼随和,让人产生兴趣,但不会让人拘谨和压抑;三要氛围平等相待,有亲和力。在这三个前提下,各地都应该大力创新活动的各种载体,让活动"灵动"起来。实际上,只要我们头脑里不框死活动理念,实践肯定会为我们创造大量的活动形式。

除了理念上的创新,培养活动骨干队伍也是我们的任务。在生活中,活跃着大批具备活动特长、文化悟性的人物,农村也如此。这些"草根"人物往往有专业能力,也有组织能力,平时可能不显山露水,可是关键时候登高一呼,人们会跟着走。这些人也许缺点不少,但他的那些长处应该让我们对他刮目相看,他既需要我们真诚相待,真心依靠,也需要我们悉心培养,扬长抑短。既帮助又提携他们并顾及他们的利益,拿不一定恰当的比喻说,这是"一本万利"的"买卖",我们不能不以为然。

搞活动就要注重效果。我们会看效果,领导也会看效果,可是两者对于效果很可能会有不同的价值观。中国的行政特点,比较注重看得见的东西,比较喜欢用数字说话,而看得见的东西和拿得出的数字所代表的又常常是现象,但图书馆着意搞的活动却常常出不了这种

"现象"，它的效应往往既是滞后的，又是长远的。这样的客观规律对于衡量活动成果是一个难点。因此如何在这样的成绩观下坚持我们"以人为本"的活动思路，如何与领导沟通协调，实事求是地讨论如何履行"把文化权利还给农民"的职责，是我们关注事业扎实发展的一个重要问题。

六、承担辅导责任

辅导，顾名思义是当老师或者师傅。在农村"三农"建设的大潮里，乡镇图书馆的管理和工作人员在文化堆里耳濡目染，逐步熟悉和了解了文化、教育、科技、经济、法律等全方位多层次的知识架构，在农民眼里，往往已经被看成为"万宝全书缺只角"的老师而受到尊重，也会经常被农民请教某个问题，帮助出个主意。因此，名不见经传的辅导工作（我们把此类工作姑且称为辅导工作）实际上在进行，只是我们还没有将它露出水面。而实质上，辅导工作就是一对一的知识传播，是一种面授的启示和教育，也是一种阅读的辅助手段。它对于知识贫乏、人才缺乏的农村，对于任何人的生活，都是极有需要的。

要承担起辅导工作的责任，唯一的要求是使我们自己通过阅读、学历教育、工作实践、调查研究、参观考察等方方面面的手段迅速提高自己的认知水平。没有任何捷径可走，只有刻苦学习，"先走一步"。乡镇馆工作人员要兴趣加需求，工作兼乐趣，全面吸收各种知识和经验，不断充实自己"杂家"的底蕴，从而逐步帮助农民解困释惑。这表面上看来是一种职业行为，实际上却是一种真正的乐趣，因为别人承认了你的价值。所以，做辅导工作的要害，全在于自己的知识储备。"华山一条路"，我们应该全力攀登。

辅导工作的面是很宽的。它和我们图书馆通常的参考咨询工作不一样，参考咨询是引导读者检索或代为检索，其服务范围一般在可涉及半径内的文献信息资源里，它所涉及的是已成为人类知识库里的客观的、显性的知识内容。而辅导工作的界线就不是那么清楚了，农民提问所想要的回答大多数是经过知识的综合后你自己的判断，也就是一种经过逻辑推理和判断,加上个人体验的隐性知识。这些问题上至天文地理,下到鸡毛蒜皮,问你十次,你只回答了两三次,而且准确率不高,你就在农民眼里自然消失了,因为他们的思维很直线、很务实。因此,凡有登门请教的,我们都要把它当作一次考试,要千方百计地准备好答案回应人家,努力让提问者满意,从而树立起对我们的信任和希望。

　　除了满足上述的农民需求之外,确实也有很多各方面专门工作的辅导,比方开展阅读推广,比方计算机的家庭使用,比方共享工程的节目搜索等,这些看似不起眼的小事细节做得好不好,往往会关系到大道理——人们对图书馆的信心和热情。辅导工作融化在人们的日常生活中,我们在自己做好这项工作的同时,也应该发挥图书馆周围骨干力量的作用,比方说中小学的教师、乡镇里的读书积极分子、乡镇业务干部等,让他们也同样承担起这份责任,这样,我们的服务就装上了翅膀。

第六章　村级图书馆的建设

第一节　村级图书馆的功能定位

村级图书馆是近年来才有的新生事物。"文革"前后除了一些条件比较特殊的村庄以外,没有村级图书馆生存的可能。而现在,从上到下都在关心这件事,文化工作者在推进村级图书馆(室)的建设,出版工作者也在全国各村级单位配备"农家书屋",各行业又赠书又捐钱。就此看来,建设村级图书馆(室)已逐步成为社会的共识,在这样的情况下,我们倒是应该冷静面对,吸取历史教训,研究村级图书馆(室)的定位,让它具备充分发挥作用的条件。

村级图书馆(室)是一个从无到有的文化场所,它的最大意义,就是在每个农民的身边都有了一个文化生活的平台。这对于中国农村来说,也是石破天惊的一件大事。把文化作为生活的一部分,农民们过去想都未想过,现在成了现实。而过去我们党和政府对农民的教育,都是"高台教化",你说我听,现在也人性化了,通过文化生活平台,以多种形式让你渐渐入耳入心。这是社会的一大进步,也是村级馆生存的真正意义。

凡是有文化生活的地方,总是人群爱去的地方。所以村级馆要努力成为社区人群的汇聚中心,只有人气集聚起来了,什么工作什么活动就都有了基础。实际上每个村也在习惯上有人群经常聚集的地方,不论是茶馆小店还是大树下,它们之所以成为中心点都有自己存在的理由,有约定俗成的村落文化惯性。村级馆要用自己的工作吸引村民,让村民觉得到了你这里就受益,中心就慢慢地转移过来了。这似乎是题外话,实际上却关系到你的可持续发展。

村级图书馆最根本的工作定位是普及村民的阅读。村级馆与乡镇馆、县市馆的工作侧重面有所不同，村级图书馆要做的事就是普及，就是努力将一些进步的、发展的事物通过知识传播的方式在一个村庄的范围内普及开来，我们的工作目标先是要努力做到"人人皆知"，目标再进一步就是"人人皆智"。所有的个性化和重点服务也是在普及服务的基础上进一步开展的。只有普及，才意味着人人平等。任何时候我们都不能忘了"人人皆知"的历史使命。只有把"人人皆知"作为我们的办馆目标，我们的一切措施围绕着它来进行，这就能使乡村图书馆的工作充满不竭的动力。

村级馆很重要的一个定位是成为少年儿童的阅读天地。长期的忽视使我们对青少年的阅读教育比较陌生，因此精力常常花在别处。但无论从青少年自身的可塑性，还是从国家的未来生存考虑，我们都应该将工作重点转移到青少年阅读教育上，尤其是村级图书馆——少年儿童生活圈内的文化平台，更应该不遗余力地推进这一工作，这也应该成为中国基层图书馆的一个战略抉择。

村级馆要真正成为村民的文化生活平台，就需要应对村民的各种文化需要。随着生活的提高，眼界的开阔，村民们已经不满足"日出而作，日落而息"的刻板生活了。他们所熟悉的现实生活与现代品质生活之间有不少沟沟坎坎需要跨过去，这就要借助文化的力量，借助图书馆的力量。在"乡镇图书馆的服务"这一章节中，我们讲到了一项很重要但很容易被忽略的辅导工作（笔者对这项工作的命名），这项工作对于村级图书馆来讲，就更是重要，因为同在一个小生活圈子里，村民们更会不"见外"，会有很多疑问和困惑向你提出，你就必须成为知晓天文地理的咨询窗口，满足村民的要求，这种互动带着亲和力和感情因素，是一种很好的凝聚人心的方法，也是一种很自然的学习和传播方式。但这项工作的关键还在我们自己的知识储备和经历积累，就看我们有没有资格成为这样的窗口。

村级图书馆还应该成为经济发展的科技借力，成为一座信息桥梁。尽管村级馆文献信息直接拥有量不高，但我们可以通过乡镇馆、县市馆、共享工程和有关涉工涉农部门再向外延伸科技信息的检索渠道，从而解决村庄里企业和专业户、农户的各种困惑，推动生产力的发展。村级馆要主动多和这些从事经济产业的人员联系，给他们搭桥铺路，做好文献信息的"中介"，这对于这些村民和整个村庄都是"功德无量"的事。村级馆也要在可能的条件下努力形成自己村庄所拥有的产业的文献信息保障，让从业人员多阅读专业资料，从根本上提高自己的业务水准。

村级馆表面看来都是劣势，一是小，二是普通村民文化程度低，三是条件差不正规，四是亲上加亲没法管理。但拨开云雾，实际上它的优势恰恰是人们不常注意的，那就是它处在一个不大的生活圈内，它的服务对象和服务条件一目了然，清清楚楚。由于它的服务圈同样不大，所有的服务需求都是基本可梳理、可预知的，因此工作相对容易筹划，也容易达到目的，一旦几件事做顺了，村民的从众效应来得很快，村级馆的地位容易巩固。前面的定位和几个服务重点如果执行比较准确，则村级图书馆在一个村的"三农"建设中将会发挥它无穷的能量，换回丰硕的成果。

村级图书馆的建设和发展在全国正在形成势头。"农家书屋"工程作为国家级建设工程的推出，已经把村级图书馆的建设前景描绘得一清二楚，而工程的进展速度也很快，江苏江阴市图书馆在村民中做了抽样调查，95%的村民认为"农家书屋"工程非常必要，非常欢迎；91%的人表示愿意去"农家书屋"看书借书；36%的人说经常去"农家书屋"看书借书。江阴市2008年底全市232个村全部建立了"农家书屋"，估计"农家书屋"工程在全国农村的全覆盖也就在三五年间。"农家书屋"甫一落成，便给农民带去了实际可观的效益，许多地方的传统种养业开始发展和变化，湖南津市市保河堤镇中南村依照书屋提供的科技致富信息进行实践，蘑菇年收入558万元，养鱼年收入260万元，养黄鳝年收入460万元，全村1795人人均收入达7000余元。津市新洲镇黄林堰村人口1480人，2007年利用书屋的科技资料科学种养，养猪收入146万元，柑橘收入150万元，光两项人均收入就有2000

元。这种案例在已建立"农家书屋"的地方比比皆是。但是,建立"农家书屋"是一个基础,而村级图书馆发展的图景,深圳市的一系列做法和欣欣向荣的现实都给了我们一个很好的展现。光龙岗一个区,截至2004年8月,就已建成万册以上的村级馆101个,总藏书量160万册,年接待读者100万人次。在市和区规范要求和政策激励下,各基层村委自觉建馆,效益建馆,质量建馆,环境建馆,完全抛弃了为应付达标的功利心态,而是为百姓自己文化需求的满足当家作主了一把。各村馆强化自身,拓展服务,始终把读者放在第一位。通借通还、家庭阅读、信息查询、专题活动、定题服务、网络生活、馆校联手、组织读者等全方位的施展功能,把图书馆作用在村级社区的范围内发挥到了极致。深圳之所以走在全国的前列,按深圳龙岗区图书馆张军营老师的说法,就是"乘风借势","乘风"一是乘建设"图书馆之城"之风,二是乘农村城市化之风;"借势"一是借经济发展之大势,二是借文化需求之大势。这4个方面造就了深圳市村级(社区)图书馆的大发展。随着国家经济的日益强大,地区差异的不断缩小,深圳的今天也昭示着全国大部分农村的明天。

第二节　村级图书馆的运行模式

一、运行模式的各种分类

村级图书馆的运行模式比乡镇图书馆来得更复杂,其根本原因在于乡镇有一级政府存在,承担着执行国家政策、满足民众要求的职责,乡镇馆的建立基本显示的是行政操作的力量,而很少民间的自发行为。村级图书馆情况就不一样了。村民组织是自治性质的,包容度和自主性都大得多,因此在公共文化服务推出之前,举办村级馆的模式就多种多样了。国家扶贫政策惠及的所在地区,其村级图书馆往往是国家财政主要支持,乡镇、村委助力,也就是各家承担部分责任,国家拿大头。在另一些地区,由村委主办,乡镇或市县贴补的情况也在多起来,这种模式当前基本是主流,性质属于公益性。还有的就象征性收点费用以减轻村委的支出,"以文补文",看上去是半公益的。而用市场方式去经营的也有,个人为主出资办起租书摊,有的点村委还补贴一点,这就有点改变性质了,这样的情况不多,因为村庄比不得乡镇,读者数不足,是很难赚钱的。现在,公共文化服务体系的建设正在推开,体现在村级文化建设方面的最大特征就是"农家书屋"工程的实施。"农家书屋"只是村级图书馆的另一种称谓而已,两者其实是一回事,只是因为"农家书屋"工程由新闻出版总署主持,因此称谓略有区别而已。"农家书屋"工程的实施彻底改变了农村基层图书馆事业的面貌,从过去最难的政策和资金层面把全国农村的村级图书馆建设的重大问题给解决了,也就是说,农民身边的阅读问题国家包揽解决了。这个工程目前正在推展,相当多的中西部地区的村庄已经建立了"农家书屋"。但除此之外,各地还涌现了几种比较新的村级图书馆的办馆模式。一是社会兴办,即由企业主办或社会捐资主办,本村小有资产的人愿意独立或联合捐资公益事业,直接为本村村民服务,回报乡亲。这种情况在经济发达地区并不鲜见。二是村居农民股份制举办。这种模式不是很多,纯属民间自发行动,它一般在相对贫穷,但颇有"耕读传家"风范的农村里出现。浙江文成县林店尾村的南林图书馆,就是这样办起来的,目前有 8000 多册书。但是,这种模式的可持续发展是很成问题的,如果政府能够接上去,把政府积极性和群众的积极性合起来,就是一个很好的范例了。当然,它一般还是在村庄里生存,乡镇范围中这样的模式就显得困难一些了。三是社会企事业单位对口支持兴办。近年来各地响应中央号召,动员全社会力量支持新农村建设。像湖北省,每个村都有具备实力的企事业单位对口支持,比如华中电力公司和湖北省文化厅就确定对口帮助荆州市华湘村。村图书馆除了馆舍之外,一应硬件都由对口帮扶单位解决。而当地图书馆就帮助对口单位将图书馆具体兴办起来,荆州市图书馆为此承担了许多工作。由于帮扶单位一定三年,三年后又有新的对口支持力量,因此村图书馆会始终受到关注,从而巩固和发展起来。四是个人出资举办。个人出资办馆的现象近年来多了起来,一些在乡或回乡的有志之士对农村的文化落后局面有切肤之痛,他们自筹资金,自己管理,燃起了农村文化发展的"星星之火"。湖北五峰土家族自治县渔洋关镇三房平村的王永红原是文化馆退休干部,2003 年开始用一栋两层的私有房为村民开办了图书室。现有藏书 1 万余册,其中少儿图书 1000 余册,自办科技小报《农家文摘》,每月 1 期,印发数百份。他各方挖掘资源,省吃俭用,努力增加藏书,竭尽全力为 3 个行政村和 2 个学校服务,已拥有持证读者 200 人,每周末还固定为中小学生开放。陕西富平县华朱乡锦川村 70 余岁的刘景成老人用自己多年来收藏的书报刊开办个人图书馆义务为大家服务已十多年,"有书大家看,有新知识大家学",赢得了众人的支持,读者日益增多,图书室已具相当规模。浙江温州市委党校校长李丁富退休了,在他的家乡衢州市衢江区的云溪乡办了一所云溪百姓书苑。杭州余杭区仁和镇云会 6 组 80 多岁的退休教师庞汝勋办儿童图书馆已经很多年了,自己投入已有一万多元。浙江省图书馆学会调查统计了 4 个地市,就有 17 个私人公益的"草根"图书馆,而 17 个馆有相当部分分布在欠发达地区(大部分在村里,少量的在镇里)。它们的特点是规模不大,形式就便,真心服务,"雪中送炭"。这些私人公益图书馆都是以最纯粹的书刊借阅为中心开展服务,它们不在乡镇生存是因为其规模和投入无法与乡镇的环境和要求相符。私人办馆的现象最近有了良性变化。近几年由于农村大环境的改变使农村中一些有识之士的文化意识觉醒,他们自愿出钱出力办公益文化,为家乡的发展打好文化基础,人们称之为"农村文化科技中心户"(亦称"文化中心户"),一些地区的政府就积极运用政策鼓励这种现象的发展和巩固。湖北鄂州市就按照"民办公助,一主多业"的思路,大力扶持农民自建"文化中心户",由农民自主经营,党委政府主导,文化部门指导,文明单位对口援建,税费减免等方式统一挂牌运行。2008 年鄂州市已建成 30 多家,这些文化中心户都以公益型文化活动为主,同时也可以经营一些其他项目,以社会效益来促进经济效益。在政府的力促下,这种现象将很快的在农村普遍起来。六是所在地企业与村委联办。这个做法是一个"双赢"的做法,皆大欢喜。深圳海王药业是外资企业,他们与所在地联办的图书馆就叫龙岗区坪地镇六联海王图书馆。广东佛山市南海区里水镇丰岗村图书馆是丰岗村与南海著名企业"志高空调"合办的。200平米馆舍藏书1万余册,村民与企业工人都可以到图书馆借阅图书。七是物业公司与城市化后的村级社区合办图书馆。这在东部城市化程度比较高的地区中比较常见,但因为它已经淡化了农村的含义,这里就不展开了。

二、模式、经费和性质

在上述的运行模式分析中,我们看到了变革中的现状,令人鼓舞。总分馆制有不少地区在尝试,但分馆一般都是办到乡镇一级为止,对于村级的图书馆服务,是不是就由"农家书屋"工程一劳永逸的解决了? 笔者的回答是:非也。从新闻出版总署拟定的《农家书屋工程建设管理暂行办法》中的第三十六条里,这个工程本身不具有的长效运行机制,而是借用与县乡图书馆或新华书店联动、与社会资源的对接以及进入市场来"以文补文"的三条途径来解决。坦率的说,目前这只是个"半拉子"工程。因此,也有的提出用流通车流动服务来解决村级图书馆的新书配置问题。国人善用行政概念来划分各种级别,连服务都要分级别,乡镇馆总要比村级馆大,其原因归根究底是乡镇级别高,习惯的理念再究深了,是不是居民户口的"镇民"就是要比农村户口的"村民"重要一些? 笔者在写这本书的时候,也只好"按葫芦画瓢",按行政级别写下来,因为这是现实。但是,公共文化服务本来就是要扭转这种现实的。一些国家的布点原则,完全是按人口的数量和密度来做出不同的安排,这样做是科学的、平等的、人性化的。实际上,图书馆服务与人们生活的距离越近,图书馆服务所发挥的效应也越大,这是一个客观规律。因此笔者盼望文化主管部门能改变习惯思维,用科学发展观去关注中国最基层的图书馆,把最基层人们文化生活的均衡和充分作为重点课题研究。

从上述村级图书馆的几种运行模式来看,如果从现实出发,还是县、乡镇、村三级共同出资办馆为最佳方案，至于谁多谁少，那就视各地情况而定。三家合力办馆，其形式到底是成为总分馆制中的分馆，还是独立形式，也要因地制宜。但对于我们的最终目的——全面建成城乡一体化的公共文化服务体系来说，村级图书馆的每一步建设，都要和这个总目标联系起来，都是在向总目标前进历程中的一步，国家最终是要全面承担公共文化服务的责任的，村级图书馆的建设就是要不断走近这一点，而不是借着"发展过程"的理由推诿这个责任，从所有现存的问题来看，这个问题最突出，因此解决它的紧迫性也最大。

第三节　村级图书馆的馆舍建设

村级图书馆设置的地点应该是村居中心的显著位置，是村民很愿意来转转的地方，是约定俗成的聚会场所的所在，这一点很要紧，对于村级馆开展各种活动至关重要；另一个要求是要设在村庄的高燥明亮处，尽量避开河边和山脚的潜在危险（水灾和泥石流），这样对于人和书以及电脑等都具备安全性。

从建筑要求看，一般村庄（行政村）的人口在 1000 人到 3000 人的幅度内，按照国家已经颁布的标准，建筑面积按每千人 50 平米来要求，村级馆一般应该在 50 平米左右或者更大一些，最好还能外加门口的一个场院或天井，或者与村的活动室连接在一起，以便开展活动。对于村级图书馆建筑标准的要求就是钢材、水泥、砖瓦以及木材构成的建筑物，而非临时用房，更不要用缺少安全性的破败旧屋。房屋应敞亮保暖，结构牢固合理，消防设施完备。

在家具的要求上，有条件达到规范化就应该争取，购买书架、刊架、报架和阅览桌椅，毕竟读者喜欢视野所及的规整和美化，图书馆也是村庄的一个"门面"，中国人还是比较讲究这一点的。如果条件暂时不允许，家具的配置新旧不论，有两点应该要达到：一是要符合借阅要求，例如书籍放置的方法要求是书本直立，书脊朝外；当期期刊的置放要求是封面展露;当日报纸的报头要显现。只要能达到这样的要求,家具就可使用。二是简洁牢固实用,尽量美观大方。村庄里尽可发挥创造力,自己设计既省钱又实用,符合基本要求的图书馆家具。笔者在德国乡村图书馆看到的几块纤维板一钉的刊架,照样没让德国人感到寒碜。

村级图书馆既是一个公众场合,当然也得有基础设施和应用设施。基础设施指的是水、电和保障安全设施,这是人人皆知的,不必展开。应用设施是工作台、照明设施、电脑布线、电脑和上网设施等,这些设施的配置,最好请专业人员或上级图书馆来协助解决,因为这些方面都有比较高的技术要求,而且在数字化的设施方面尽量要有长期的考虑,有些前瞻性的储备,这对于今后的发展会减少很多困难。

第四节　村级图书馆的队伍建设

一、对于工作人员的要求

村级馆服务范围虽然有限,但却固定,大家彼此很熟悉,正因为这样,国家对于村级行政单位的领导方式采用自治的形式,充分发挥民主来推出当家人。图书馆也是公共文化场所,同样是公益服务,它的管理人员也应该由村民推出村落人群中公认的文化程度最高,又公道正派的人。这种推举就赋予了被推举人一份强烈的责任心,打造了他做好工作的基础。这一举措十分重要,它既符合农村村落的实际情况,又强化了文化工作在农民心里的神圣和庄重,一举两得。当然,在推举的过程中,我们还是要强调一些基本条件的。这些基本条件如下:(1)应基本具备高中毕业学历;(2)热爱文化工作,愿意不断学习;(3)平时乐于助人,愿为大家尽心服务;(4)个人经历最好丰富一些。基本条件中为什么要提出"个人经历"的问题呢?实际上,前面我们已经议论到这一点,经历是人们正确认识世界的一把钥匙,一个人亲身参加社会发展的许多历程,就意味着他有可能比较跟得上时代的步伐，能够营造自己的工作空间，拿老百姓的话说，就是比较"老练"，比较"成熟"，当然，"老练"和"成熟"是一把双刃剑，但群众还是会有基本辨别能力的。浙江临安于潜镇百园村村民骆水红，因小时候身遇火灾而被截去两手的手指，高中毕业后就留村被选中当上了图书管理员。每次来新书，她都在小黑板上写上新书的名录，再给村民信箱发去消息，慢慢形成了一个新书效应，一个村里有110名村民办了借书证，占全村人口的20%，常常一天有七八个村民来借书。笔者询问她的工作动力，她说："我实在太喜欢图书馆了。"

随着新农村建设的发展，许多大学生也纷纷走向农村就业，这就给农村图书馆的发展注入了生机。笔者在浙江农村看到了许多大学生一面担当村主任助理，同时也兼管着村图书馆。他们迅速改变了村图书馆的面貌，一些村级图书馆开始有了勃勃生机。深圳宝安区西乡镇河西村图书馆多年来业务工作停滞不前，2003年该村一位毕业于深圳高等职业技术学院的女大学生接手图书馆工作，经过短期培训后马上熟悉了业务。她注意宣传图书馆，很快村民和外来务工人员纷纷上门，图书馆又热闹起来了。

二、对于志愿者的要求

村级图书馆最好不光只设一、两个工作人员，还应该有一批志愿者来参与工作。因为村级图书馆有这个条件，大家同住一个村，时常有闲空，而且各家的大事都会相帮，红白喜事不用通知就会有一大帮人前来助力，对于一批爱书者来说，帮衬图书馆干点什么，一般都是愿意的，有的还乐此不疲。而对村级馆而言，多了一批帮助推广阅读和开展活动的有生力量，还真是如虎添翼，能有不少作为。因此村级馆要具备动员志愿者、使用志愿者的理念和能力。实际上，村级馆的志愿者活动更重要的意义在于扩大村级馆与村民的"文化共振效应"，以形成广泛的、活跃的、主动的学习氛围。

对于志愿者的人数，笔者认为多多益善，当然前提是他们自愿。其他的条件也应该有一些，比方说在愿为众人服务的前提下，有吃苦耐劳和持之以恒的准备;最好具备高中学历;热爱学习,热爱书刊或熟悉网络等。志愿者的条件不能苛刻,但也不能没有,可以灵活掌握。深圳市的社区(村)图书馆就有很多志愿者在服务,深圳布吉街道四季花城图书馆就是由 6 名退休人员负责管理的,其中有几名还具有图书馆专业高级职称呢。深圳大学附中的 7 名青少年义工在"2006 年尚景社区青少年网络夏令营"活动中,不但为孩子们上网搜索图书、查找资料起到了很好的辅导作用,而且为引导青少年健康上网、上健康网,营造良好的网络环境,促使孩子们提高自我防范意识和自律能力起到了很好的示范作用。由于吸纳了老、中、青、少等各个不同年龄段的志愿者参与社区(村)图书馆工作,不仅缓解了村、社区图书馆人手不足的问题,而且使读者活动更有针对性、时代性、趣味性和层次性,因为他们既是活动的组织者、策划者,又是活动的参与者、受益者,而且因为年龄不同,可以更好的针对各种年龄层次的需要开展活动。

第五节　村级图书馆的资源建设

一、文献资源的建设

村级图书馆的文献资源来源目前总体上还应该立足于购买,或者通过社会支持的系统工程如"农家书屋"来进行全面的置备。按公共文化服务的要求,村级馆文献的来源应该全部由国家提供,显然这份"应该"目前在全国要普遍实行是做不到的,但是在总分馆制的建设逐渐扩大的过程中,国家"买单"的数量在增加,社会的各种支持途径也在扩展,因此在不远的将来,村级馆文献资源问题就将彻底解决。但从目前的状态来看,我们还是应该多方筹集,打下村级馆的文献基础。购买是一条途径(经费如前所说可以多方筹集),图书馆之间资源共享、互相交换也是途径,另外也可以试行自助图书馆,就是号召村民提供个人拥有的书,做好标签,在村内流通,让大家共享。但是在文献资源总体紧缺的基础上,我们更应该紧紧依靠上级图书馆,努力与乡镇、县市图书馆保持密切联系,尽力从他们身上"分一杯羹",尤其是在数字资源上,先与乡镇馆和县市馆联手协同做好基础设施,从共享工程的实施开始,进一步扩大各种载体的资源,尽最大努力使图书馆最基础的服务资源厚实起来,从现在的形势看,只要村级馆目标明确,积极主动,也可以达到"左右逢源"的境界。

二、经费资源的可靠来源

村级图书馆的经费资源在前面讲运行模式的内容里已经有所涉及。我国举国体制的一大长处就是一个中心工作或政策能引起全国各界的关注。农村文化建设也是如此。从政府到社会,呼声和行动层出不穷,村级图书馆应该具有这方面的敏感性,不失时机的抓住机遇,主动做好配合工作,争取多渠道的社会支持,从而实实在在地奠定自己的物质基础。在争取财力支持中,要尽量将一次性支持换作长期性的支持,细水长流才能可持续发展。对于现有的经费来源,要千方百计的巩固它,不论是上级来的,还是村里自己的,都要让它们转化成固定的、有序的、规律性的拨款,而不是相反。这种转化也非常重要,就是能给图书馆的经费"套上笼头",形成各方面的认同。在一些产业比较发达的村庄里,通过村级馆一定的服务表现和细致工作,取得村里一些企业主和专业户的认同和经费支持也是一种途径,当然,前提是要为他们提供有效的服务。

我们不主张用市场方式去获得经费,一旦这样做了,就会立刻在村民的眼中把自己的形象扭曲了,你的服务再好,在别人眼里都是"赚钱"。因为我们本来就是为了公众得益而代表国家为他们服务的,而一旦我们用"赚"的方式去补贴自己的费用不足,就等于把自己的"本"给卖了,不"赚"反赔了。因此市场方式并不是可取之策,尤其是当前处在人们对图书馆的初始认识阶段时更是如此。

三、社会资源的开发

传统图书馆是一个封闭式的实体,对于与社会的联系并不重视。

但是这些年社会把图书馆变了个样,许多图书馆把社会资源已经当成除了国家之外的第二"靠山"。村级馆也应该如此,在国家对于村级馆的支持还没有完全到位之际,我们一定要将另一只眼睛关注社会。首先,就应该关注我们的所有读者,也就是同一个村的村民。他们本身就是一个巨大的资源库。因为我们是为他们服务的,因此我们面临的困难或者要想做的事,完全可以从他们身上去产生智慧和寻找解决办法。他们中间有许多有识之士,每一个村民辐射开去又进一步会扩大影响。这个资源不能不用。浙江桐庐县江南镇环溪村村民基本上属于周姓家族。据家谱记载,他们是宋代理学家周敦颐的后人,传承至今,村里"耕读传家"的风气一直很盛。前些年,从村里走出去在县政协当干部的周保尔回家时看到破旧的周家祠堂就打起了主意,要用祖辈的精神底蕴开导村民。2003 年全村族人捐款修复了周子祠堂"爱莲堂"(周敦颐的后人都沿用他《爱莲说》的文章名作祠堂名),周保尔决计运用环溪周族在外人士的社会力量,在祠堂内开办图书馆,既有继承族魂的强烈象征意义,又有充分发挥文明教化的实际作用。2006年 5 月,"爱莲书社"热热闹闹的成立了。社会力量的使用是"爱莲书社"经营的最大长处,他们与其他的村级图书馆不同,从一开始就将可持续发展纳入他们最主要的讨论内容。他们成立了书社理事会,由在县里工作的环溪的族人和环溪村委领导及年高德劭的长辈组成。凡书社大小事情都在理事会上讨论。理事会从两个途径来解决书社的可持续发展问题,一是运用县里工作的人们各种程度的社会影响和作用募款集书,直接支持书社建设;二是扩展"爱莲堂"的影响力,以"爱莲堂"为平台,举办各种规模的文化活动,由理事会成员去运作组合社会资源来举办。由此,环溪村的文化活动越来越红火,并且在县内形成了强大的文化辐射力,远至杭州市的一些单位都闻风而来,遑论县内的单位和个人。桐庐县图书馆一直关注"爱莲书社"的发展,将这里作为他们的一个主要流动点,提供了两千册书,并将从 2009 年起实行书的轮换。在周保尔等有心人的经营下,"爱莲书社"不但解决了自身的可持续发展,而且搭起了全村文化活动的平台,在全村营造起浓厚的文化氛围。现在的"爱莲书社",已经成为村民的骄傲,平均每天到这里来借阅书刊的有60—80人次,村里的环境卫生开始改善了,和谐气氛增强了,村民中的现代文明培训工程也即将开始。更让人惊奇的是党员远程教育点也设在这里,与村民祭祀和缅怀先祖的庄重场所奇妙地共生共存在一起。环溪村的文化建设实践给我们一种震撼。笔者认为,它的经验有好几条:(1)在现实环境下,要提升村民的文化建设积极性,一定要有充满本土色彩的激励元素。周氏家族弘扬周敦颐"开理学之先"的学蕴和精神,倡导先祖"出淤泥而不染,濯清涟而不妖"的品格,让全体族人从内心油然而生一种强烈的自豪和认同,这种认同给文化传播腾出了心灵空间,如同用钥匙打开了空屋的那扇紧闭的大门。这是环溪村成功的前提。(2)农村的文化建设一定要有文化先行者的引导。像周保尔这样具备文化自觉的干部是何等之珍贵!他们懂乡情,懂现实,更懂得人。而这样的人,只要我们领导者真正眼睛向下,就会发现在我们的周围有很多,问题在于如何去调动他们。这是环溪村成功的关键。(3)充分运用社会资源,是农村文化建设切实可行的一条出路。"爱莲书社"理事会有章程,而且还是具备法人资格的社会组织(桐庐县民政局予以正式登记),因此他们具备完全的民事能力。他们当中的每一个成员都是一个资源节点,由于他们在县城处在各个社会层次中间,因此这些节点一串联,他们潜在的资源就是整个县城!而他们生生不息的动力源自于对乡土的根不舍不弃的留恋和对建设家乡的美好憧憬,这是环溪村成功的源泉。(4)扬弃传统,旧貌新容,一个传统文化与现代文明无缝链接的典型。宗族问题是中国新农村建设中的一个重大问题,解决此问题至今没有切实可行的良策善举。周保尔们和环溪村人却高高举起宗族的大旗,将经过提炼的先辈的精神写在大旗上,宗族大旗一呼百应,他们用似乎"另类"但却管用的方法引导村民改变自己,这种在人文领域中解放思想,改革求实的精神难道不是我们各级领导者的一面镜子吗?所幸的是,桐庐县委明确支持这种发端于民间的创新,因此我们可以解释把党员远程教育点安置在周族祠堂"爱莲堂"里的举动了。这是环溪村成功的内核。

环溪村的经验告诉我们，农村文化建设不但要开发社会资源，更应该关注那些无形的文化资源，这些资源是启动文化建设的诱发剂和原动力。但是这些资源需要我们去发现、去改造、去组合。本书对这一点不展开，留待各位有心人思考和洞察。

我们如果再进一步分析社会资源，可以看到所有爱书的人都应该是图书馆的忠实拥护者，他们这一个群体更能贴近图书馆，真心地依靠他们，我们也会得到很多帮助。至于笔者在上面反复讲到的乡镇、县市图书馆和各级政府、领导以及其他的社会力量，更是我们要盯紧的社会资源。他们既是我们的领导层次，又是掌握资源可以解决困难之人，我们在自己努力的前提下，在他们面前有机会就应该大声讲出自己的困难，讲出自己的愿望和想法，实际上，各级领导非常愿意听见直接来自基层的声音，无非是平时他不容易听到而已。我们要抓住社会资源，就要多创造这样的机会。最后一个资源，那就是媒体。当然，我们并不是提倡滥用媒体，好出风头，但是一旦有重要的问题无法解决，关键性好点子、好主意受到人为的阻隔，找媒体就不失为一个好办法。

四、地方文化资源的挖掘

地方文化在很长的时间里处于被漠视、被压制的状态，更在国家一些特殊的历史阶段中受到过冲击。近年来社会前进的步幅特别大，地方文化就面临着两方面的补充要求：对于过去的缺损需要复原，对于新的文化元素需要补充。在这两个因素的支持下，我们应该重新对地方文化进行梳理，而地方文献就是地方文化的根脉，我们需要着手的是整理地方文献资料。

地方文献资料中首当其冲的就是村志或村史。对于任何一个人类群居的地域，它从无到有的发展过程等于在一定程度上参与编织了人类精神发育的摇篮，是人类用艰苦努力与自然抗争的结果。因此任何地方都存在着一部可歌可泣的发展史。而每个村的发展历史上都有一些"浪花"，都有一些叱咤风云的"头领"人物和波澜起伏的历史阶段,更有它发展的黄金时段、重要特色和巅峰状态。我们需要慎重对待历史上的每一个基本元素,还历史以公正的面貌。村志和村史的编写应该将既变化又传承的地域特色和多少代延续生存的精神力量融进文字中,从而作为一个村的历史文化遗产传承下去。更重要的是,这部历史对于今后一代代成长起来的年轻人来说,就是他们开始精神发育的原点,所以村级馆必须将此一任务担在自己的肩上,邀请村里的有识之士共同参与这一工作,早早开始积累史料依据,遍访村民,尤其是许多老人,请他们讲旧事,讲故事,从中寻找重要线索,同时收集实证,将有代表性的史证集中起来综合分析,从搭框架开始,一步步充实、完善,逐步形成有分量的村史正稿。此一工作是每个村级馆都应该进行的文化遗产的首要保护,是一个村的"村谱"。

除了村史,协助村委建设物质文化遗存,也是村级馆的一项造福子孙的重要工作。中国原本就是一个农业国,许多村庄保留着国家千百年漫长发展过程中的经济、政治、文化、社会和自然环境等各方面的历史脚印,那些重要文化遗迹、历史陈迹、作坊旧院、古阁大宅甚至百年古木等弥足珍贵的历史是我们责无旁贷的保护对象,其中列入文物保护名录的更是我们要时时守护的地方。另外,我们还应关注村里的具有特殊历史意义的地方,挖掘历史,陈述古今,编写各种地方文化资料,赋予它们以现代的文化活力。

非物质文化遗产是近年来文化部门下大力气抢救挖掘的体现中国传统文化的历史证物。动员村民挖掘和保护本地的非物质文化遗产,也是村级馆执行国家工程,护卫本地文化的重要举措。要重视村里老人的回忆和技艺,注意流传较久的传说,收集当地的民间艺术,善于捕捉这方面的蛛丝马迹,一旦有线索就要与当地文化主管部门联系,通过国家的力量来进行挖掘工作。非物质文化遗产因为大部分是口口相传,因此往往难以找寻记录,这就更需要我们的"水磨功夫"了。

收集和整理当代地方文献资料,就更是我们图书馆的分内事。对于地方文献人们往往有一种错误的认识,认为它就是"老三篇":地方志、家谱和地方史料。其实地方文献真是包罗万象,可以涵盖成"上至天文地理,下至鸡毛蒜皮",笔者认为,举凡本村本土的、有社会自然参考价值的文献都可以称为地方文献。它既可以是历史的存留,也可以是时代的记录,没有时间限制。因此,不光是村庄里林林总总的历史记录需要收集,就是当今"正在发生的历史",也是我们要注意收集的对象。前面说过的村史,促使我们对历史材料的全面收集,而我们日常要关注的,就是现实生活中的"村庄文献",比方经济统计、企业发展、种养业绩、村容照片、民间生态、文化遗存等方面的资料,只要它对于反映村庄和人的变化有用,都应该收存,而且在收集到一定的阶段后要进行整理。还可以采用记村庄的大事记的方式进行文献收集和历史记录,在记录大事的同时,也留下相应的资料。收集"村庄文献",实际上是为后代留下这一代人的历史足迹。积累日久,效应就会显现。

最后一点,村级馆要联合社会力量整理保存特别有价值的地方文化。许多村庄"藏龙卧虎",在不同的历史时期有过不寻常的经历,从而也营造出富有特色的村落文化,但是长期来没有系统全面的整理。村级馆要不吝惜力量,配合村委做好几件事。一是要让这些文化形式去陈腐,出新容,开掘它们的生命力,在保留本色的基础上使它们具备时代特点;二是要寻找亮点,进行"包装"打扮,让它们具有感官冲击力;三是给它们留有可继续发展的余地。如果村级馆不具备这样做的实力,那就应该物色社会力量来做好这些事。

第七章　村级图书馆的服务

第一节　村级图书馆的日常阅读服务

一、在室阅读服务

村级图书馆的在室阅读服务要遵循一个宗旨,就是从村民进门开始,就要营造温馨热情的氛围。这个要求是从它与村民的关系出发而提出来的。它的所有读者都生活在周围,人们希望在劳碌之余有闲暇就近到一个舒适的公众场合边休息边进行社会交往,这是任何一个生活圈内的人们的普遍心理。这就是图书馆经常谈论的"第二起居室"。于是村级图书馆和社区图书馆便成了所有图书馆中最具备这个条件的,因为读者离它们最近。环境有的时候比什么都重要,人们愿意到一个地方去,往往首先凭感官的直觉进行判断。因此要美化环境,用装饰艺术烘托出既文化,又温馨的气氛。一个环境就让人看到你是否真诚待人。环境的第二个条件是让人坐得舒适,阅读时的坐姿让人感觉书和眼睛距离正好,人也放松。设置家具的时候就要考虑到这一点。浙江宁波市鄞州区龙观乡后隆村图书室专门开辟"优生优育"专题阅览室,引导农民计划生育。他们把图书室的墙面刷成粉红色,人性化的布局,温馨宜人的环境,吸引了不少村民前来阅读书刊,农闲时候经常可以看到村民们安静地坐在图书室里阅读的场面。

进门的读者常常分为无目的阅读和有目的阅读的两种。前者比较随意,基本是休闲式阅读,但后者却会向管理者提出自己的需求。村级馆的工作人员是否能力实时回复,就取决于工作人员对知识的敏感程度和对读者提问题的把握。敏感程度是你对知识的熟悉程度能否使你从人家一提问题就迅速作出知识类型和文献的判断。对读者问题的把握意味着你平时对读者经常提的问题做过概括和分析,可以给读者以满足需求的指向。当然,这是一个渐进过程,不可能一开始就做得很好,但是对于图书馆工作人员来说,对知识和文献的熟悉乃至把握,就是一个终身学习的问题。

对于好书好刊的推荐也是在室阅读和下面讲到的外借阅读的服务内容之一,我们必须记住,对阅读的导向性把握是我们神圣的职责。要根据不同时期的时代精神和社会主流,经常选择一些效益好、可读性强的好书好刊向读者推荐,推荐的方式也要多种多样,能让读者入耳入心,真正接受。这方面的工作青少年应该是我们的主要对象。

二、图书外借服务

图书外借的前提是图书整序。村级馆规模一般较小,如果已经进入乡镇或县市大范围的文献资源共享圈子里面,则由大馆统一负责图书的整序工作,村级馆可以单纯应对外借了。但是现在大部分村级馆还未正式进入公共文化服务体系里,因此就有一个因地制宜做好图书整序工作的问题。因为我们最终要进入国家构建的大体系里面,现在的图书整序就可以从简进行。从简的方法一是应用流水号的方法排序,二是粗分大类后用英文字母标记,在同一类中再按数字排序。村级馆的藏书量一般也就在千把册左右,如果粗分,也不会很复杂。

图书外借要建立读者借书的记录档案。传统图书馆用的是卡片,但村级馆因为读者分布范围小,不流动,而且互相非常熟悉,就可以采用用本子记录的方式建立外借档案。笔者在浙江省内的一些基层小馆里经常看到这种做法,比较切实可行。至于图书借出去是否还需要押金,如果从一个村村民的淳朴关系来看,不收押金,以每个人的诚信做抵押是最好了,这样也从另一个角度体现了公益性,不过如果觉得不能一下子放开,村民的觉悟还不足以从容应对公益性服务,那收一些押金也是可以的。

在外借服务中,要进行读者的阅读统计,了解他们的真实需求。在统计和分析中正确把握读者的阅读走向,从而为图书的添购和好书的推荐确定依据。这也是改善服务的一项重要工作。

三、报刊阅读服务

单纯从服务来看,报刊阅读在村级图书馆里所占的份量要超出图书外借。看报读刊的人一般都有每天阅读的习惯,而且基本都在馆内阅读。报刊在图书馆界称为连续出版物,中断了一期也是残缺不全。所以报刊的整序要求就是要保持连续性与完整性。从村级图书馆说,报刊的种类本来就少,因此订合订本就是报刊的整理排序。一般讲,报纸是每月或每半月收全了订一次,刊物是一年或半年集齐了订一次。在合订之前,只能在馆内阅读,合订之后才允许出借。因此可以外借的报刊基本上是以前的报刊,我们称之为"过报刊"。过报刊的借阅与图书一样,也可以纳入图书序列里一样处理。

报刊的订阅,要与图书一样不断观察读者需求的变化,根据需求的变化有所调整。另外因为报刊发行这些年一直有不小的变动,不稳定性增加反而使选择余地更加扩大,村级馆要密切注意这些变动,尽量选择适合农村发展方向的那些报刊订阅。报刊合订本的保存与剔除的年限,各地自行决定,一般刊物合订本保留时间可以长一些,可以补充图书的不足,而报纸合订本想长也长不了,纸张很快就脆化了。

四、增强阅读服务的吸引力

凡是服务工作,被服务者一定是"上帝",阅读服务也不例外。阅读并不是天生受农民欢迎的生活内容,农民对它很陌生,我们看到的很多门可罗雀的乡镇图书馆就是生活的真实。所以,增强阅读服务的吸引力是我们全体图书馆人要千方百计下功夫的一件要事。在村级图书馆,首先就要经常听取读者的意见和建议,因为人头都熟,一般都会"知无不言言无不尽",听了不久就要有反馈,千万不要让人说你"有官架子"。当然这些意见的吸取也不能以个别人意志代替大多数人的意志,还是要有民意的全面反映。

通过图书馆的骨干力量来广泛带动农民群众享受一些活跃的阅

读方式,促进村民对阅读发生兴趣也是一种办法。前面讲到的"读书会"等形式都是可以达到这个目的的。农民务实,"人信我信",愿意接受人际口传身授互相感染的形式,而且这种方式要比教诲和宣传强一百倍。村级馆倒是要在这方面做好组织工作。

村级馆根据群众对阅读的"觉醒"程度,不断调整书刊构成以适应各层次村民的需要,这也是增强吸引力的务实措施。读者只要"觉醒",需求就会大幅增加,各个层次都会发生变化,我们也要因应变化,适时调整书刊布局,以满足需要。这个过程,也是增加吸引力的过程。

举办村民和读者感兴趣的中小型活动,开展与阅读有关的文化教育,更是吸引阅读的好办法。这一点将在下面专节论述。

第二节　村级图书馆对少年儿童的阅读服务

一、与村小学阅读活动的合作

村级馆对少年儿童的阅读服务应该是全方位的。村级馆与少年儿童在所有类型的图书馆中距离最短,联系最密切,理应成为少儿的生活场所之一。前苏联教育家克鲁普斯卡娅说过,在儿童时代所读的书,几乎一生不忘,并影响着儿童的继续发展。因此,村级馆必须将对少儿的服务放在各种服务中的第一位,用极大的精力去组织对少儿的服务。

少年儿童在进入学龄后一般都上小学。村级馆要开展工作就应该与本村的学校或者附近的中心校取得联系,洽商学生的阅读教育问题。两者可以有这样的分工,即校内的阅读由学校主要负责,校外的阅读由村级图书馆主要负责,但两者密切合作,互通信息,互相配合,而且双方要共同制定总体目标和阶段性目标。每一个阶段都要互相交流检查,改进不足。这种分工合作能够形成合力,让少儿的有效阅读时间得到保证。在两者的合作中,可以协商确定各年级学生必读书目,由学校作为学生应该完成的任务布置下去,同时双方协同配置这些书籍,由学校按照课程的松紧有节奏地组织学生阅读。村级馆在协助学校开展学生阅读中,可以适当组织开展与阅读相关的系列活动,比如猜书谜、知识竞赛等,既配合了学校,又提升了学生阅读的兴趣。有一个故事启示我们在阅读推广中,我们如何与学校合作提升孩子的素质。留美博士黄痊愈8岁的儿子矿矿在美国读小学二年级时,只能写几个长句子接头的"文章"。但是老师布置给他一个关于蓝鲸的研究任务,要求论文至少要"谈"五个问题,并要写满两页纸。矿矿要妈妈带他去图书馆查找有关资料,跑了几个图书馆借来十几本有文字说明的儿童图画书。通过阅读,矿矿知道了许多有关蓝鲸的知识,并很快完成了任务。论文有3页,第一页是封面,上面画着一条张牙摆尾的蓝鲸,封面左下方写着作者的姓名,其余内容分4个小题目:(1)介绍;(2)蓝鲸吃什么;(3)蓝鲸怎么吃东西;(4)蓝鲸的非凡之处。矿矿在写"论文"时经历了成人的研究过程,收集资料、阅读、找观点、组织文章,每一步都靠自己思考,筛选材料,决定研究方向。七年级时,矿矿《老鼠有决策能力吗?》的论文在全美同年级科学研究展览会上展出并获动物研究一等奖。这种"研究式"学习在国内尽管比较超前,但它理念先进、学习扎实、开发智慧的教育方法在农村不是没有实践的可能性,它最大限度的将图书馆与教育有机的结合在一起了。

　　村级馆与学校的合作还有一个重要方面就是对于大量的农村留守儿童的关怀。席卷全国的"打工潮"撇下了许多孩子留在家乡与老人们一起生活。在一些农村劳动力输出的大省,留守儿童在当地未成年人总数中所占比例高达18%至22%,他们的父母能够在1至2年内回家的仅占38%,他们所接受的亲情关怀有很大的缺陷。像福建莆田白沙中心小学,有留守儿童700多人,占学生总数的7成多;长乐、连江等地不少家长出国打工,甚至出现了整个村大部分是留守儿童的情形。由于长期的亲子沟通中断,亲情缺乏,多数留守儿童心理存有障碍,出现了胆怯、懦弱、孤僻、任性、偏执和抑郁等不良心理现象,有的就会被引诱犯罪。据南京市检察院和市法院调查显示,犯罪的留守儿童中,32.2%与祖父母生活在一起,4.1%与亲戚一同生活,0.9%被寄养在他人家里;留守儿童的学习成绩处于中下等;出现心理问题的占57.14%。这些留守儿童的疏导、安抚和一些最基本的亲情关怀需要全社会来给予,这里很重要的一环就是"图书馆关怀"。村级馆应该抓住学校生活与个人生活(吃饭、睡觉和必要家务)之间的空当,积极推广和引导阅读,让他们从书本上获得更多的慰藉,用尽可能关注细节的亲情让他们"释怀",提升他们积极的情绪,以形成一个良好的心态。

二、与家庭教育的配合

村级馆除了与学校配合开展少儿阅读之外,还应该加强与家长的联系。要了解学生的一般生活规律,在保证他们完成学校的各种学业任务和家庭的农活、家务外,可以向家长提出建议,请家长配合,充分利用在家的一些时间段劝导学生阅读。对于一些文化较低的家长,村级馆应该帮助筹划指导阅读的办法,请家长协助推行。这些工作很细致也很繁琐,但是"百年树人"的功夫花下去,对于村级馆来说,尤其显得重要。因为村民都有强烈的改变自己生活、改变儿女命运的要求,加上村庄与城市社区不一样,是一个历经数代以至十几代人一起生活的共同体,村级馆一旦被人认可,就会成为共同体中的一员,命运相连,因此我们所要做的工作,就是命运相连的一部分。我们每个阶段安排几个学生的家庭阅读问题,一年当中不也就解决了一大半了吗?这是需要一点"愚公移山"精神的。家庭阅读开展起来后,村级馆也应不时地从家长处了解学生阅读的效果,询问进一步的需要,从而积累少儿阅读工作的经验教训,帮助家长解决问题。

三、与少年儿童的互动

村级馆从外围做好了前两者的工作,也还要与小学生们直接开展课余阅读的互动。这种互动的最佳时间是每天下午三点放学后。学校与村馆的合作中,应该明确学校要鼓励学生放学后到图书馆去,去认识图书馆、熟悉图书馆。而村级馆在学生放学前后就要腾出一块地方,准备迎接小学生,让他们到馆阅读,自由选择读物,或者上网,或者参加活动,直至五点后的晚饭时间。这两个多小时的时间实际上一直是学校和家长头痛的"三点后现象"(学生无人管理的"真空"时间),如果村级馆的引导最后形成了孩子们的习惯,"真空"时间不真空了,肯定会受到学校和家长的热烈欢迎。这一个时间段里,除了学生的自由阅读之外,村级馆就要有的放矢组织开展与阅读相关的系列活动,比如猜书谜、知识竞赛、有奖读书征文比赛等,让学生对阅读产生更加浓厚的兴趣,当然也可以安排必要的时间进行集体游戏,让孩子们的童心好好地抒发一番。同时,村级馆还要关注阅读积极分子,积极培养骨干,也要组织不同兴趣的阅读小组,鼓励孩子们发展兴趣,深化阅读。还可以采用一些孩子们感兴趣的活动形式激励阅读,比如组织私人图书互相交换等。还可以实行"阅读有礼"的方法(如读完一本书,给一朵小花,集够一定数量的小花就可以换一份礼物。这适合低龄儿童)。总之,村级馆在少儿阅读工作中是可以大有作为的,笔者只是挂一漏万,提供部分建议而已。

四、绝不忽视低幼儿童

从科学规律上看,婴幼儿时期没有自主意识,但是这时候用感官形象刺激孩子的兴趣,并持之以恒,往往能得到导向的成功。所谓的"神童"就是这样培养出来的。笔者在德国维尔茨堡市图书馆评选婴幼儿"读书宝宝"的活动中得到了启发。把二三十个婴儿放在地上,任他们乱爬,一大堆正面是画、反面是单词的纸片随意的撒在前后左右,让他们自己去看去拿,在规定的时间里,就看哪个拿得最多,哪个就是当次的"读书宝宝"。这个游戏,结果并不重要也不一定正确,但是过程里的意味是科学的,是有道理的。所以,培养阅读习惯同样如此,村级馆首先要对这方面的知识有所全面了解,逐步对近在身边的一些有婴幼儿的家庭用富有亲和力的方式展开宣传,让他们相信科学规律,相信儿童早期诱导教育的重要性。村级馆在此同时也要相应添置低幼读物供村民使用,辅导家长学会引导儿童、培养良好习惯的方法。如果有条件,我们也可以学习德国同行的方法,举行类似于"读书宝宝"的婴幼儿识字活动,其目的是激励家长的积极性,让尽可能多的人参与这项活动,尽可能多的人重视儿童早期教育。婴幼儿教育过去闻所未闻,我们一旦开展,就要有计划的渗透式地铺开和普及,面上是为孩子设计未来,实质却是教育和引导大人,尤其是年轻的父母亲们,我们是用孩子的阅读养成去促进家长的阅读自觉。如果工作奏效,我们可以自豪的说,农村的孩子就再也不会从一开始就输给城市的孩子,新一代的农民也一样可以与别人共同攀登时代的制高点。

第三节　村级图书馆的产业服务

一、围绕本地产业开展文献资源建设

当前,农业发展的地方特色越来越鲜明,各地都因地制宜地制定自己的产业发展规划,在适应当地的自然环境条件下,努力采用新品种新技术。农业之外的其他产业也红红火火,发展迅速。在这样的条件下,村级图书馆就需要把自己的一只眼睛盯住本村的产业发展,相关文献的配置比例中也应该腾出一块置备产业文献,具体以村委制定的产业发展规划为导向来确定。浙江宁海县西部山区图书室就经常配置小水果、高山蔬菜种植和畜牧养殖技术等书籍,很受村民的欢迎;东部沿海的农村图书室则置备海水养殖和大棚西瓜栽培技术的书籍,流通量最大,借阅册次最高,平均每天达 30 次。村级馆要对本村的产业进行研究和深入了解,经常进行文献搜索,尤其是网上搜索,尽可能根据需要置备文献,注意其内容的适用和新鲜,以及时提供村委和企业、专业户使用。在持续不断的产业服务中,要有心去构建产业信息的一个全面而综合的检索系统,这将对本村产业的可持续发展起到持久的、关键的影响。

二、进行各类产业知识的培训

村级图书馆从开始建立,就要从本行业的业务出发,较快地摸清

乡镇和县市的有关产业科技信息机构和专家的分布情况。当本村的村级产业开始发展的时候,村级馆应该不失时机,取得村委的支持,及时在产业和专家之间搭起桥梁,开展各类产业知识的培训。针对这些年基层对真假农业生产资料的良莠不分,可以开办农业生产资料知识讲座;针对农业或其他产业新技术和新方法的层出不穷,为了提高生产效益,不妨举办产业(农业)技能培训;有的地方特色农业发展快,如栽果养鳖,种药产花等,就得多方请"神",开办特色农业讲座;对于一些新品种的推广,就更要进行专题培训了。总之,村级馆要在村委的支持下努力去拓展专业培训的领域,以图推进村级产业。此外,我们还有一大有利条件,就是可以经常放映共享工程中的农业科技教育的资料,让村民得到更多的形象直观的教育。即使这些资料有部分是不适宜当地推广的,我们也要放映,因为许多科学道理都是可以触类旁通的,这种放映就是激发智慧、激发联想的,实际上,人的潜能需要人们用各种方法去开掘和引导,村级馆同样承担着这样的任务。

培训工作不是一个简单的工程,因为我们所面对的是没有规划和修饰过的原生态的生活共同体,人们的眼光、理念、素质和文化程度彼此都有不小的距离,要整齐划一地接受培训看来是一件非常困难的事。如何想法让他们都能享受到现代文明的阳光,这是一件需要长期努力但展现着美好前景的事,它需要热情、智慧和耐心。

三、开展以知识传播为中心的村民互动

在为产业的服务中村级馆还可以开展"土生土长"的知识传播,既节约了经费又使这种传播具有强大的亲和力。比方我们可以请村民中的能人传播经验,让他们当老师。只要工作做得恰当,他们一般不会拒绝,而且这样做对他们是有很大好处的,也许就是一个产业联合体的开端。对村民来说,老师在身边,随时可以请教,又方便又实在。其次,我们可以不拘一格降人才,推广村外流传或村民中涌现的新方法新思想,当然,首先我们自己不能看走眼。这种新方法新思想往往是很有"泥土味"的,很容易引起村民的共鸣,因此推广起来也不吃力,

实践性很强。另外,我们还应该配合村委会宣传国家和政府的有关产业政策,政策的宣传过程是让村民明确一些搞产业的底线,比如环保的要求等,同时也能让村民比较利弊,斟酌进退。村级图书馆还应该关心村民对于产业的选择,我们可以向村民建议去了解很多产业,但是这必须源于我们自己对于这些产业和本村的自然、社会条件有一个相对完整的了解,在充分的比较之后才可以建议,在向村民建议时也应该把利和弊都讲明。但是我们千万不能大包大揽,着力推荐某一个产业,我们只能建议村民去了解,提供路径,最后拍板还是在村民自己。所有这些,都对我们村级图书馆的工作提出了挑战。

第四节　村级图书馆的老年人服务

一、老年人的日常报刊阅读

村级图书馆服务对象的主要群体,除了少年儿童之外,现在恐怕就是老年人群体。全国农村的青壮年劳动力大都已出外打工,剩下老年人在家支撑。一般有些文化的老年人都有每天看报刊的习惯,因此村级馆就要关注这个群体。

要对老年人提供他们所习惯和喜欢的报刊品种,了解他们的愿望,观察他们的喜好,然后确定可以长期订阅的报刊,这是首要的一点。村级馆要设置专门的老年阅读区域,同时把他们与其他群体集中来馆的时间错开,比如小学生来的时间,这样就可以保证他们安静阅读,享受愉悦。而这恰恰是老年人很看重的一点。对于老年人来阅读,村级馆一定要恭敬对待,关心备至,让他们感到温暖。有些老年人还很喜欢看书,我们也要多多的关注,满足他们的要求。

在一般满足老年人的阅读愿望之后,我们还应该让有能力的老人去扩展阅读队伍,用"传帮带"把村里的老年人尽量带起来。现在的农村有许多这样的热心老人,只要委以他们一定的托付,他们就会把这当作神圣的任务去完成。我们对他们委托,实际真是尊重了他们的这种精神。

二、老年健康知识服务

老年人保健的报刊,村级馆是不能不订的。农村历来对于"保健"这个词很"陌生",农民的经济状况使得他们许多人平时不看病,对于健康的知识了解最少,我们要向老年人主动推荐保健读物,尤其是针对性较强,符合农村阅读习惯的一些保健普及读物。如果有条件,我们就争取开办老年健康讲座,请乡镇医院的医生或村庄周围很有心得的"寿星"来宣讲生活中的食品保健、劳动保健、养生方法等。这样做会得到老年人的欢迎。中国人对于健康的知识素养,在世界上排名靠后,而中国农民在这方面的知识程度更是一片空白。村级馆要想方设法扭转这一局面,就要从老年人保健开始入手,逐步开展农村保健科普宣传。这里有许多工作要做,对于农村大量的生活陋习都要进行分析,要集中向农民宣传健康的生活方式。村级馆在向老年人传播健康知识的同时,通过他们的"接受—提高—醒悟"的认识过程,请他们中的一些有能力的人配合村级馆,将生活陋习的表现进行综合整理,形成一套富有实际意义的宣传资料进行长期不懈的宣传。老年人中的有识之士还是很多的,相信村级馆在做好动员的前提下,会达到目的的。

三、活跃老年人的文化知识活动

老年人平时的生活比较枯燥,他们也有心要让生活增加一些乐趣,但是无力去左右环境。所以活跃老年人文化知识活动的责任也应该落在村级图书馆的身上。笔者前些时候到浙江温岭坞根镇茅陶村做随访,那里有一位可敬的退休小学校长在管理村图书馆,他在村里开办了浙江省老年电视大学的一个班,每周两三次课,种花养草,保健养生,各种课程引起了这些"留守老人"的极大兴趣,每次上课出勤率都很高。老年人没有压力的学习,给他们的晚年生活注入了快乐和希望。这种事例相信不会是单独的,一些村级馆都在实际生活中发挥着很大的作用。我们还可以在那些爱书的文化老人中组织读书会,让他们适时交流读书心得,互相推荐好书;可以在那些活跃的老人中间组织老年文化沙龙,琴棋书画,吹拉弹唱,各尽其兴;更可以让年轻时的能工巧匠组织起兴趣小组,切磋技艺,攻关夺隘,搞些小发明。总之,如同茅陶村一样,对于农村老年人晚年的精神生活,村级图书馆是应该承担起责任的。

四、为老年人解孤寂服务

农村还有一些比较孤寂的老人,他们的家境与别人不一样,缺少关爱,因此他们的性格就比较封闭,很少与人交往。这类现象在生活中并不少见。那么同样,村级馆也应该对这些孤老进行文化抚慰和人文关怀。他们中还识字的人,我们可以把适合他看的画册或书主动送上门,如果不识字的,则动员老人看共享工程的文艺资源。当然最好同时也有对于他们的生活上的关怀,双管齐下,老人们也慢慢会打开心扉,与人交流,孤独也会逐步消失。我们的服务以人为本,因此也要学会与各种各样的人打交道。心理抚慰的方式是多种多样的,这些技巧方法也应该是我们学习的内容。

第五节 村级图书馆的阅读普及工程

一、阅读普及工程是我们的主要工作

村级图书馆的一个很重要的任务就是矢志不渝、持之以恒地推进阅读普及工程。已经开展多年的全民阅读运动重点都在城市里,因为这项工作历来农村无平台可以承载,无系统可以支撑。全民阅读不"全民"在过去就是一种常态。现在公共文化服务已经"沉"到了最底层,村级图书馆有了基本条件让村民享受免费阅读的文化权利,问题就在于村民要不要享受这个权利,进不进图书馆。这样,从某种角度说,村级馆的基本任务就是让村民跨进图书馆,接受阅读熏陶。万事

开头难,这个任务是非常艰巨的,需要"矢志不渝、持之以恒",但是不等于说它就困难到与过去一样无法开展,因为社会在进步,一次奥运会就把中国民众的思想理念推进了 20 年,这种改变的速度有时是很快的。中国农民的智慧不比别人低,一旦他们看到了现代文明的曙光,觉醒也是很可期待的。问题最后还是集中在我们的工作,我们要用"钢铁的意志,水磨的工夫"去迎接这个挑战。只有每个村的大部分村民们愿意"泡"图书馆了,我们才能骄傲的向世界宣布,中国人已经进入阅读时代了。

二、了解各层次人群可接受的阅读方式

村民中各层次的人群总体上对阅读是陌生的。它在农村一直来就不是主流生活方式。因此各层次对于阅读的可接受方式就是需要深入了解的一个问题。一些人比较容易进入读书状态(有些是偶尔的,不经常的),但肯定有相当部分的人一开始拒绝接受,而且动员他们的工作相对困难。村级馆所面对的就是全部村民,需要动员的工作对象数字不会增加,而只有减少(当然是在不断做工作的前提下),所以图书馆的同志一定不能气馁,先需要定下心来,与村内的读书积极分子一起开展摸底调查,抽样分析,看看怎么样才能打动他们。大家一起讨论,想出办法,梳理和确定各层次人群对于阅读的可接受方式,比方是从网络着手或是从共享工程的影像着手,还是从看小人书着手,都要对如何"投其所好"进行细致的研究。也可以确定一些比较典型的村民作为试点,在他们身上取得经验,逐步去推广。这一步骤十分重要。我们不可能把所有村民都感化成阅读积极分子,许多中老年人的固有性格也不可能在一般的情况下扭转。但是,无论如何我们都要往前看,只要我们的工作成果显示,愿意读书的人在增加,那我们就可以得意和自豪,毕竟这是亘古未有的事啊。

在动员阅读的同时,我们也要做到"知己知彼",摸清各层次村民在平时生活中的兴趣热点,他们的闲暇时间如何支配。农民的空余时间究竟干什么? 这个问题已经越来越被各界重视起来。文明之外的

垃圾过去在农村藏污纳垢,其原因也是因为农村有空间。应该说,如今绝大部分农民的劳动强度已"今非昔比",笔者曾在黑龙江富锦市农村插队务农,据说曾经的农忙时"早上3点起床,晚上9点睡觉"的日子早已过去,农业耕作早已机械化了,其他地方也一样在进步,因此农民的空闲时间比过去多得多。当然,如今的农民也"头脑活络"多了,他们不做主业也会在其他方面"讨生活",这是好的一面,但也会有相当部分泡在类似麻将扑克等类的"方阵"中不能自拔,稍不留神就"擦枪走火",酿成家庭风波。因此我们应该熟悉村民的业余生活,与村里的有生力量一起,以"真心真情真诚"的力量,用村民入耳入心的方式动员和引导他们接纳现代文明,使他们的精神生活充实起来,振奋起来。

三、制定持之以恒开展阅读普及工程的计划

在一步步走向摸清情况的过程中,我们要取得村委的支持,将阅读普及工程纳入全村文化工作计划,而且位置要放得重一些,因为这是文化工作的基本面。在我们"投其所好"的研究取得一定成果时,就要实事求是地确定近阶段或一两年的工作定位和阶段性目标,认真设计阅读普及的工作方式。比方说我们既可以动员家长对自己孩子的阅读进行督促和帮助,不也可以动员孩子反过来对家长的阅读进行督促推动?而且说不定这样的效果会出奇的好。类似这样的方法我们都可以从实践中总结出来,因势利导地分别采用。制定计划的过程中我们也应该广泛征求爱读书人的意见,他们对推广阅读的实践体会往往会对计划的形成增添许多可操作性。征求意见的过程也是我们对阅读普及认识的深化过程。另外要关注的是,阅读推广和普及既然是全村的历史性的行动,就一定要让多人和多种力量参与这个计划的实施。这里就需要有村委会的实质支持以至领导参与,领导动起来,村民的力量也容易发动起来了。

四、做好扫盲服务

这个问题的提出可能对大部分村庄来说已经不是问题了,但是如

果我们细究一下说是达到了百分百无文盲的目标,可能相当部分的村庄还不能拍胸脯。在公共文化服务的实施中,难道我们可以让文盲现象在我们面前存在吗? 如果三五年后我们还不能全部将文盲现象消除,那就是我们村庄的耻辱。扫盲工作也要预先掌握情况,要遍数人头,摸清底细,分出不同程度的全盲或半盲人群。然后应该选用适宜的扫盲课本资料(如果没有则可以与人合作或自己编)。村级馆要确定有专人或委托专人担任全村的扫盲总教师,业余时间投入这项工作。笔者还突发奇想,可以让每一个扫盲对象家的小学生(没有小学生的另配)担任专门老师,他们的认真负责程度恐怕不会亚于我们大人,有时候还可能有过之而无不及。当然,村级馆还可以采用多种和风细雨的方式促进扫盲活动,但是有专人盯着肯定是一个值得提倡的办法。扫盲工作困难肯定很多,克服困难的一种做法就是采用激励方式推动目标的尽快达到。自然,采用激励方式同样要取得村委会的鼎力支持。村级馆需要“未雨绸缪”,在工作开展以前自己早作准备。

五、因应普及阅读的文献资源建设

在最基层普及阅读,文献资源配备是一个重要问题。这个问题似乎业界还没有深入的研究,找不到有参考价值的成熟方法。村级馆就需要打破常规,配备多种形式、内容深浅不一的文献资源,有些资源可能市场上很少踪影了,比方说小人书、扫盲读物等。一些图文并茂的阅读资源在阅读普及中尤其应该得到重视。笔者有深刻体会,过去读小学的时候,街上很多小书摊,一些孩子课余时间就迷上了小人书,一坐就是两个小时,后来他们如数家珍地把历史讲得头头是道,其源盖出于此。笔者最近在杭州郊县跑了几个基层馆,发现只要历史比较长的乡村馆都有小人书的储备(当然,这些书现在“靠边”了),说明了这在农村是一个比较可行的阅读普及方式。阅读应该不拘一格,村级馆要大胆实践,努力创建适合本地地情的阅读普及的模式,把文献资源搞活,把阅读活动搞活。我们平时还要随时关注人们对于阅读的需求变化,逐步提升人们的阅读档次。人们一旦对阅读发生了兴趣,对于阅读对象就会开始选择,这种变化最值得关注,说明他们已经进步了。我们对于文献资源配置的变化和调整,依据的就是这些变化。

六、充分运用社会资源推动普及阅读的工作

在建设新农村的过程中,村级图书馆必须大造声势,用各种方法宣传和提倡用阅读占领农民的空余时间。宣传声势也是很需要的,一定的舆论压力也会使人们进入预定氛围,进入规定情境的。这种宣传氛围就需要联手村委、学校、单位等社会力量共同来营造。同时,我们也应该取得村办企业和团体的各种有效支持,尤其是对文献资源配置的支持,出书出资来巩固阅读普及的发展。再者,在普及阅读的计划中要尽量使用志愿者力量,前面已经说到了小学生和爱书人,还可以包括其他的热心人,大家互相帮助,脱贫脱盲共致富。农村普及阅读的工作也会引起政府、媒体及其他社会力量的注意,我们也要借助他们的力量,扩展社会对我们的支持,媒体的报道常常是一石千浪,会得到一种意料之外的结果,我们不去刻意追求,但也要在实际工作中争取媒体的支持。

第六节　村级图书馆的社会文化教育活动

一、社会文化教育活动是阅读的延伸

在乡镇馆的篇幅里讲了很多关于开展活动的要求,为什么要如此强调活动?其原因在于农村图书馆的民众自觉阅读还处在一个处女地开垦的阶段,按我们过去就阅读讲阅读的做法,是"阳春白雪",无人搭理,图书馆没有人气,也没有生气。而农民既务实,也执著,一件事物没有看到直接的效益他是不会参与的。阅读文字是用来启迪思维的,农民过去没有接触文字联系思维的习惯,即使念过一些书,也是灌输式教育下的被动行为,经过纯体力劳动的打磨,还没露头的文化嫩芽又凋谢了,因此农民对于直白的阅读教育的接受程度比较差。与前

面讲到阅读普及一样,要根据每个人的可接受方式来进行曲线式的推进,这种推进的最佳方式就是开展带知识性的文化活动。因为阅读是静态的、单向的、文字视觉形象直接进入逻辑思维的,而活动是动态的、互动交流的、多感官感觉的、由多种形象思维综合延伸到逻辑思维的。农民群众在接受活动方式的同时,也就轻松自然的接受了活动的内容,而如果活动内容中对于事物的诠释印证了他们日常生活所熟悉和认同的"道理"的话,则他们更会真心实意的把活动内容奉为新的"道理"的。

二、主题的可适性

活动当然要有主题,而村民活动的主题特点与他们自身一样就是必须务实。因此村级馆每个阶段必须要了解不同人群和不同年龄的人各有哪些感兴趣的问题,这些问题对于多数人来讲是不是有共鸣。从实践中发现,有针对性的活动的效益远远大于一般活动的。有些人还可能因为某次活动的启发而解决了个人或家庭的一些大问题。因为针对性和实践性强,活动还能引发从众效应,参与面不断拓宽,活动形式的"口碑"也会更好,以至成为老百姓口中的"品牌"。不过,在形成活动的有效发展进程中,主题的选择面也要逐渐宽泛起来,因为村民的视野在逐步打开,文化眼光在提升,他们渴望了解和学习的东西也越来越多,拓宽主题面,同时也不断向自主阅读引导延伸,也就是适应实践需求的同时进一步引导实践,就会慢慢取得比较完美的结果。

三、形式的多样性

农村开展活动其形式很重要。活动形式必须多样化,这样就能保持它的新鲜感,保持村民对于参与活动的探索和了解的动力。前面我们也已讲过,讲座、展览、培训、兴趣活动、主题聊天、知识竞赛、技能传授、现场表演以至艺术沙龙等,不一而足的形式可供选择的很多。浙江宁波鄞州区横溪镇梅山村成立了村民读书会,有本村会员110余人,周边村30余会员每周日晚上到村图书室交流读书体会介绍学习经验,间或聘请区、镇农科人员讲课,选用图书馆的科技书刊做课本,间或播放农科片和远程教育节目,村民们都学得津津有味。在形式多样的基础上,活动形式要喜闻乐见,它的气氛一定要活跃,大家也都知道"突出政治"的年代农民一听学习文件就打瞌睡,说教式的活动在农民中是最没有市场的。在我们所要进行的文化活动中,是不能有板着面孔说话的内容的,即使是严肃的话题,也需要转化成活泼生动的形式在祥和的气氛中给每个人送去温暖的风。严峻、刻板和抽象应该远离文化活动。另外,活动形式也要因地制宜,可以集中,也可以分散,要多利用约定俗成的活动场所,如村头大树下、场院、村活动室、村委会门口的小空地等,十来个人不算少,百多个人不嫌多,不搞形式,讲究实效。当然,活动的形式与内容还是要呼应起来,不能脱节,两者不能"搭错车"。

四、内容的互动性

在设计活动的过程中,我们要牢牢记住一定要让活动的内容具有参与性。图书馆界现在搞一次讲座,到后期主持人要大家提问题,常常是鸦雀无声,不知道是不是中国的知识分子都有一种习惯于灌输式教育,习惯于"被教会"的状态,而不善于独立思考? 可是就笔者所知,中国的农民可不尽如此,他们喜欢内容的生动活跃,喜欢自己的积极参与,他们没有知识分子的面子观念,懂就是懂,不懂就是不懂,这就是他们的可爱之处。实际上,一些互动,就是知识结构的解析过程,缺了这个过程,知识还是原包装,而没有被全面深刻的理解。互动确实有很多好处,除了对内容的理解,还能让互动双方建立一种良好的沟通,这无论对于哪一方面都有莫大的好处,尤其对于农民,打开了他们的社会视野,提升了他们的自主平等的意识。村级馆在活动的设计中,应该要求主持人或教师在活动中设置几个知识的核心点进行互动,同时围绕这些点做好生动的引导预案,这些预案尽量结合当地农民熟悉的事物来进行发挥引导,效果肯定会好。浙江鄞州区石矸塘西村图书室每周一上午都会举行讲座或座谈会,读者齐聚一堂座谈的内容包罗万象,都是安全、健康、国际时事等农村读者平时感兴趣的题目,一批老年读者每到周一上午便会不约而同聚到图书室,或听取主讲人高谈阔论,或围绕主题畅所欲言,气氛十分热烈。

五、对象的多元性

村级馆所面对的村民群体各类人员都有,不同群体有不同的关注点,比如中青年关注产业出路,妇女想了解生活时尚,老年人希望过好晚年生活等,这样的多元需求使得我们的社会文化教育的空间非常大。我们就得按照各个群体的特点选择活动内容和活动形式,老年人喜欢平和聊天的形式,中青年希望现场演示,各有各喜爱的方式,这就是我们安排活动的实际导向。在活动过程中我们也要随时观察活动对象的接受程度,听取他们的意见,适时调整内容和形式。另外,在同一群体中,理解能力和文化层次也有不同的差距,我们可以在他们中间选择一两个具备出色能力的人物充当辅导员的角色,帮助后进人员进步。在总体活动的安排中,村级馆面对这样的多元化的群体也要具备灵活应变的能力,世界上的最大难题就是处理人际关系,在一个成分复杂的群体面前,我们怎么样能带领他们中的每一个人向前进,是公共文化服务的职责所在,但同样没有一个现成和完整的答案,全靠实践中的勇敢探索,图书馆人按理是应该做得到的。

六、操作的持久性

我们开展的文化活动其实是社会教育形式,因为是教育,所以需要重复,需要循序渐进,需要形成系列。在刚开展活动时,为了加大声势,我们需要多方出击,需要给大家一个强烈的新鲜感,需要一种震撼力。当这把火点起来后,随着由热转稳,老百姓由新鲜转为兴趣,活动所应取得的效应,就应该重在持久了。这时候我们要不失时机地从现状出发,从阶段性目标着眼,制定活动计划。计划要体现两个特点,一是要把教育引向深入,比方养殖业的技术培训,就要进行一个阶段的、全面的、系统性的培训,而不是一阵轰动效应就过去了。各种活动都要预先设定它们的效果来决定它们的方式和过程,决定是否继续深入,是否成系列教育的问题。浙江奉化县江口街道竺家村图书室不定期组织村民接受远程电化教育,组织村民收看有关形势、农用科技知识、医学卫生知识等讲座,慢慢就形成了习惯。二是将活动引向深化,引向自觉阅读。结合活动介绍一些书,既作为教材,又作为实践指导。书的量不够可以把重点内容进行复制后发放。只要村级馆能够克服重重困难,真正坚持下来,就可以改变习俗,改变民风。如同京剧《沙家浜》里的郭建光一样,坚持不坚持,往往就取决于在一两个关头的相持、一两个困难前的坚持之中,只要你挺过来了,接下去就是一马平川了。我们图书馆人应该精神不倒,意志坚强。

第七节　村级图书馆的信息检索

一、信息检索至关重要

信息检索对任何一个图书馆都是很重要的一项工作,也是图书馆立足于社会的一个重要基石。在村庄里,信息检索有它自己的特点:(1)需求一目了然。(2)检索途径相对固定。(3)对于有需求的人员可以逐渐帮助他们学会自主检索,学会信息化技术操作。(4)效益明显,作用直接。千方百计地开展村级馆的信息检索,是让农民一步跨进信息社会的最佳途径。

农业现代化对绝大多数的农村来说,还是一个目标,它们正处在走向这个目标的过程中。而这个过程就离不开大量知识信息的需求。如果村级馆承担起知识信息的提供,又能够加上农技部门的实践指导,两者珠联璧合,产业信息化就首先进入成熟阶段了。其次,农产品的销售和市场行情对于农民来说也是件涉及根本利益的大事。村级馆通过网络,通过共享工程进行实时市场反馈和远期市场预测,就能够使村民从种到收到储到卖,心里都有谱,从而保护了村民的利益。其三,村民的日常生活中一些问题通过网络检索,也能得到个大致的答案,如生病的病情、孩子考学校的选择等,网络就是"万宝全书"。其四,从改变生存方式到提高生活品质,网络和一些数据库能够提供很多信息,同时,网络也能使生活追求越来越丰富,越来越多样化。其五,在开展文化教育中,如果我们的判断和编写能力强一些,我们甚至完全可以依靠检索整理出很多选题。其六,村办企业和私营企业对信息更是有大量的需求。

二、置备各种有效手段

信息检索工作依靠的是信息检索途径,村级图书馆在检索途径的建设上要花力气。首先是要开通因特网,这就关系到村里的网络通信基础设施的建设,共享工程也在这方面花了很多力气,双管齐下,农村有了一点基础设施,但各地还应通过各种途径要求当地政府做好这件事。有报道称,地处大西北、经济不是很强的宁夏回族自治区在全区所有的2000多个村庄都已经建好了网络通信基础设施,是全国第一个普及网络设施的省区。这就可以看出,宁夏执政者的眼光何其远也。一旦基础设施完备了,就给村民们打开了一条通往世界的宽广大道。其二,文献的置备上村级馆除了普及读物以外,还要注意以下几个方面:一是一些通用工具书和与村庄里主要产业有关的工具书。二是有一定数量的相关产业的专业书。其三,要与县馆或乡镇馆达成代理信息检索协议,当然如果是总分馆制的关系就更好办了,凡是在村级馆无法查到的东西,由乡镇馆或县市馆提供答案。其四,与外馆约定联网使用电子文献数据库,有条件就自备或半自备这些数据库(只购买少量用户的使用权)。其五,村级馆设立电子邮箱,可以与各级图书馆联系,进行信息检索,甚至可以面向世界求助。其六,根据本村特点,置备或链接某些特殊的文献信息资源以满足特定需要。

三、大力宣传,主动服务

村级图书馆要大张旗鼓地宣传馆里的信息检索服务,可以编写生动活泼的小故事、小案例在村民集聚的时候宣讲,也可以做一个书面介绍广告贴在馆屋的墙上,因为都在本村,所以积极宣传肯定会有效果。但是要让村民真正信服,就得确定试点对象,积极主动帮扶。比如某个专业户,你确定他一个生产季由你全程跟踪服务,你提供他各方面信息,他替你在外面宣传,在农村,这样的效果最好。当然,前提不能提供错误的信息,因此最好请个老师适当咨询指导一下。一个对象成功了,十个、百个对象就会争着要来,这时肯定会忙不过来,因此在帮他们检索信息的同时,应教会他们逐步自主操作,使现代农民逐步提升自己的信息能力,这才是我们真正的目标。总之,在农村宣传一件好事一定要和它的实际好处(成功案例)结合起来,效果立时会显现。还有一个办法就是通过传帮带来激起连锁效应。但大多数的时候这两种办法是混杂在一起的。

四、让信息检索逐渐成为村民的自觉行动

信息检索的试点和宣传取得效果后,群众中就会逐步产生了解和使用电脑的愿望,因此村级馆要把举办电脑上网培训班作为一项重要的工作纳入计划,在培训班内教会村民检索信息。实际上在农村有很多人对电脑有兴趣,对电脑的好处也有所耳闻。有些人还有实际需要,比方有些家庭里有人在国外谋生,要想经常联系,又不能产生太多的花费,就得使用电脑。办起培训班,就满足了方方面面的需要,打开了整个村面向世界的大门。要办培训班,电脑肯定不能少于十台,但一般村级馆能有两三台就不错了。解决的办法,一是通过共享工程和党员远程教育等中央工程的配置,要求当地政府有所投入;二是动员村里的单位、企业、学校,短期借用他们的电脑进行培训;三是积极加入国家实施的农村特惠电器销售的行列,通过社会赞助,购买价廉物美的电脑。不过,村级馆从中长期目标看,还是应该按人口比例进行电脑配置,一次性投入是有些压力,但抓先机,创效益,好处真还在后面呢。村民们一旦意识到电脑与自己的切身利益关系密切,而且使用它可以直接参加市场竞争,他们就可能会自行配置电脑。对村民这种信息化的自觉,村级馆要积极鼓励,做好咨询,帮助他们选型安装。在

此同时，自己要到上级馆深造信息检索技术和电脑的深度利用，为推进村内信息化工作的深入发展做好准备。

第八节　村级图书馆的地方文化普及教育

一、必须开展地方文化教育

中国的国情是由各地的地情构成的。一个地方的地情实际上是地方大文化的一种综合，是一个地方的人民在当地的自然、社会环境中长期维持生存、交流互动而形成的认识、规则、习俗、伦理、追求积累起来形成的一个综合体。它有很独特的生存发展的体验，有很鲜明的地域特色，有很深厚的人文底蕴，有很清晰的族居群体的烙印，同时也承载着个体的青春生长历程中丰富的情感积淀。因此，地方文化的核心意识，如伦理、习俗、规则等常成为一个人一生的"精神依恋"，是人生的情与理交融的精神基石。但是同一个地方走出来的人，对于地方文化的认知却有很大差别，这种差别往往也决定了他们不同的人生归宿，拿老百姓的话说，就是"有魂"与"没魂"之别。地方文化完全是中国民族传统文化的一部分，而它对于每一个出生或成长在当地的人来说，别具一番亲切和感情，特别容易理解和接受。因此每一个村级图书馆都应该将地方文化的发扬光大作为自己的核心任务，贯穿文化教育的始终，垒砖叠瓦地建设村民的"精神家园"。

二、在公众场合宣传发放地方文化资料

为了让村民人人皆知村庄历史，我们要在村民大会上宣传和发放村庄历史的简明应知资料，宣讲村史，或者开办村史讲座，用讲故事的方法，生动讲述先人艰苦卓绝创业的过程，同时也在各种人群集中的地方引导话题，通过聊天，通过议论，将村史"种"进村民的心里。村史一旦编完，就应该造声势，扩影响，向社会（村外）有关途径发放资料，提升本村的文化品位。这不是"作秀"，是一种文化宣示，是值得提倡

的一种风气。

三、与学校配合集中进行地方文化教育

地方文化历史的宣传对象主要是中小学生。他们的未来具不具备文化底蕴,现在的教育是关键。我们第一步就要将地方文化资料转换成学生容易接受的乡土教材,最好还能配以图文,人手一册,随时阅读。我们可以和学校一起来准备。第二步就与学校联合开设地方文化课,结合具体环境对学生进行循序渐进的乡土教育。课程不宜多,但宜精,要抓住要点讲透。同时,在馆内设置地方文化角,集中展示有关资料和实物,让学生留下深刻影响。在校内或是图书馆内可以举办地方文化知识竞赛,用激励手段促进学生更多了解地方文化。所有这些宣传,其目的就是要让我们的后代爱乡爱土,会热爱家乡的人才会爱祖国,有亲和力的乡土文化够他受用一辈子。笔者阅读了台湾台中图书馆出版的《乡镇图书馆工作二十讲》,其中很多篇幅都讲到如何进行乡土文化的教育。台湾同行对此看得很重,认为这是图书馆文化传播中的一个重要项目。台湾云林科技大学文化资产维护系陈三郎先生认为,对一个社区要朝永续方向发展,地方文化、产业及其精神内涵等的探讨是非常重要的。"地理、景观、人文、历史、建筑、产业、宗教民俗信仰等,这些都是属于社区资源的范畴","地方耆老是地方的宝,找他们挖宝,可以发现很多地方历史文化的资料"。

四、请村中老人宣讲地方文化

陈三郎先生的观点笔者十分同意。对老人在地方文化传播中的作用村级图书馆应该十分重视。我们可以请他们对村民进行教育,都是在一个村长大,讲村中旧事肯定涉及各家各户,这种亲切感是无与伦比的,而且更重要的是让后人们全面地了解前辈,理解这片土地的沧桑巨变,从而使他们在对身边事物的深刻洞悉基础上让思维和感情来一个飞跃。老人们也应该对中小学生开展教育,尽管老小隔代,但是孩子们会愿意"听妈妈讲那过去的事情",因为说的都是自己的生活

圈子里的事,孩子们会产生一种亲切而崇高的感受,会在他们心中留下不会磨灭的烙印。老人们更应该对自己的子女言传身教,让子女们在老人人物轶事的絮叨下,成为传承村庄文化的有心人。

五、让孩子回家向家长宣传

村级图书馆对孩子在文化传播上的作用要有一种别样的认识。中国人对孩子的宠爱已经成为一种独特的文化现象。我们恰恰可以利用这种文化现象来发挥孩子的特殊作用。我们可以联合学校给学生布置全家一起做的地方文化"作业",要孩子与家长一起学习和熟悉地方文化情况,请家长和孩子都签名,让孩子与家长互相监督。这样就形成了村民的"自觉性强制学习"的习惯,这是一种愉快的"强制",无奈的"自觉"。实际上我们在这里就利用了一家三口普遍存在的"爸爸怕妈妈,妈妈怕儿子,儿子怕爸爸"的"三角逻辑"。但是,因为这不是处理人际关系,而是共同学习,这种做法完全可以被人善意的接受。

第九节　村级图书馆的个性化服务和特殊服务

一、针对特别需求的服务

对于特别需求服务应对能力的加强是村级图书馆的一个课题。如果平时各种方式的服务我们都比较到位,那么特别需求服务的应对能力我们是要具备的,因为这种服务实质上也是各种方式服务的总和,而且,满足特别需求尤其能显示出图书馆的作用和能力,我们当然要努力为之。特别需求服务一般是指不通过常规地点、常规时间和常规途径提出要求,超出常规数量、常规范围和常规程序的知识信息服务。一般就村级图书馆来说,这类服务要求由于资源受限、条件不足而比较少见。但是如果我们的信誉高了,这类服务反而可能找上门来,尤其是本村搞产业的村民。要应对这种特殊服务,一是有求必应,不要拒绝,用积极的态度应对;二是要练好基本功,冷静清楚了解需求,脑子迅速反应;三是要与外界各方面有信息资源的"户头"建立尽可能广泛的联系,在脑子里形成有序分类的"户头"目录。四是平时要设计快速服务程序和途径,到"战时"使用。

二、针对残障人士的服务

对于村民中的残障人士,我们更是要倍加关怀。残障人士常常是自卑感伴随自己的一生,有的人还羞于出头露面,不愿见人,与健全人的交流相对较少。我们应该确定残障人士服务对象,经常上门送关怀。定期给他们送书,了解他们的需求。上门不上门,看似一件小事,对于这些敏感的心来说却是一件看不看得起他的大事。而且如果我们在十年中事事都称他的心,但就是一次怠慢了他,都可能会前功尽弃。我们不要怪罪他们,这是因为他们的敏感多疑是长期社会环境的主客观歧视所造成的,他们对人不相信的程度远远超出相信的程度。因此,我们始终要把对残障人士的服务放在对正常人服务的位置之上,把残障人士提出的需求当作"最高指示"去执行,尽全力满足他们。摸清他们的兴趣和愿望以后,还要进一步引导他们,让他们融入到健全人里面,与健全人多多交流,努力使他们摆脱自卑心理,与健全人一样的"阳光"起来。在为他们服务的过程中,有一点非常重要。就是要着重解决其就业生存中的知识需求。就业对残障人士而言比正常人重要,一是他们的择业受到的限制太大了,二是他们的就业就相当于救人一样,同时也救了一个不幸的家庭。因此村级馆对他们的负责,可能需要更多的人文关怀。对于视力障碍的人士,我们要在可能的情况下,通过文献资源共享,提供盲人专用文献为他们服务。对于一些因多种原因缺乏阅读能力的残障人士,我们也要千方百计动员他们参加文化活动,享受大家都有的文化权利。

三、针对精神障碍人士的服务

精神障碍人士农村并不少见,他们也理应成为我们的服务对象。

他们和残障人士相反,只有思维和感情的障碍。我们的态度就是耐心耐心再耐心。在搞清楚他们的病因和思维敏感点以后,我们在其正常时期要了解他们的阅读兴趣,摸准他们日常喜好,尽量动员他们参加一些群体活动,比方收看共享工程的文艺节目,文化活动不让他缺位,同时在任何场合都回避触及他们的敏感点。我们也可以在有心人中找一些愿意经常与他们沟通的志愿者,让他们成为朋友,用潺潺溪流般的人类之爱去慢慢消除他们心中的"块垒"。所有的这些工作,都首先要让精神障碍人士感觉到大家人格的平等,这是最重要的亲和力。有了这个感觉,他才会慢慢打开心扉,开始与人交流。我们不失时机地提供合适的读物让他从书中得到安慰,再有志愿者的开导工作,时间长了,大家的爱就会在他心中起作用,成为医治他的心病的一剂良药。

第八章　流动图书馆的建设和服务

第一节　流动图书馆的生存理由

一、流动图书馆的历史

自图书馆这个现代文明发展的新事物20世纪初正式进入中国，人们对于它的公益性服务的理解逐步加深，服务方式和服务范围、服务内容等都在不断发生变化。大约20世纪20年代，一些图书推广工作已经在各地悄然兴起。至1930年，除了规范的公立图书馆全国有1527所之外，国民政府教育部的统计数字显示，还有1461所其他类型图书馆，这中间包括了一定数量的图书流通部。光浙江省立图书馆就因为陈训慈馆长鼎力推动图书馆的社会平民服务而在杭州市设立了十几处图书流通部和民众阅报处，甚至在钱塘江的客轮上也有一处。同时，阅读推广部主任刘澡等还设计了搬动轻便、启闭快速的流动书架和流动书箱在全省推广。应该说，20世纪二三十年代是流动图书馆的发端时期。抗战爆发后，因为形势的严酷，图书馆事业一直就没有复兴的机会。

1949年后，国家振兴经济，发展文教，图书馆事业得到了重新发展的大好时机。五六十年代国家号召送书上山下乡，一些重要图书馆都购置了农民可以看的书籍，书担上肩直送城乡，流动图书馆遍地开花，如浙江图书馆，1957年的阅读人数是1956年的近两倍，达到47万多人，应该说大部分都是流动图书馆的读者。

时光荏苒，改革开放后国家经济长足发展。借鉴国外公共图书馆的服务模式，为流动图书馆专门设计的流通车(汽车)20世纪80年代初问世。武汉图书馆于1984年率先开通了全国第一家汽车图书馆，好评如潮。1991年广州全国"汽车图书馆"经验交流会要求全国各地公共图书馆进行推广。许多图书馆以车为服务平台,开展流动图书馆服务。经过10余年发展,大馆小馆的周围已经遍布了流通点,一个图书馆有10多个的,20几个的,辽宁图书馆甚至有40多个。这些流通点城乡都有,流通方式也慢慢变得多种多样,但相当分量的服务还是在城里或郊区,因种种条件限制,无法深入远郊农村。应该说,流动图书馆的工作这几年取得了相当的成效,但是从全国的角度看,还是需要百尺竿头,更进一步。不过流动图书馆办得非常出色的也有。湖北当阳市图书馆从1987年12月购置了"流动图书车",办起了"汽车图书馆",此后不论天晴下雨,寒冬酷暑,坚持每月定时定点为全市10个镇32个服务点送书,送科技信息。20年来,汽车图书馆累计行程31万公里,更换了3台流通车,为农民送书、送信息130万件次,接待读者12万多人次,无偿举办各类农业技术讲座80次,培训农民3万多人次。农民朋友亲切地称之为"科技播种车"和"信息发射台"。广东东莞市在实行总分馆制的配套服务中也建立了图书流动车巡回服务的项目,从2005年开始定点、定时、定线路服务,新图书流动车可载书3500本,配置有电视、音响、空调、饮水机等设备,服务项目包括现场为读者办理借书证、图书借还、预约借书、书刊阅览,精品书目推荐、解答读者咨询等。图书流动车还将不断拓宽服务范围,增加服务项目,如随车办展览、举办培训、咨询辅导、开展读书活动等。

二、流动图书馆的生存理由

明眼人乍一看,总觉得流动图书馆现在不合时宜,因为它文献量少,又不长呆在一个地方,好像作用不大。但是综观全局,从我们的整体现实条件出发,按公共文化服务的标准衡量,流动图书馆不但不能撤去,反而要在一个阶段相对的强化它。也就是说,它在一些地方是现实与目标之间沟通的惟一一座桥梁。它的生存理由是:(1)从理论上讲,只要是公共文化服务,它应该惠及每一个人。因此图书馆的触角更应该向我们过去还未到达的地方伸出去,不管这个地方偏僻得是不是"难于上青天"。(2)农村许多地区还刚解决温饱,暂时没有经济能力解决文化设施问题,需要外力支持。(3)由于文化总是滞后于经济,群众主动的需求暂时没有露出水面,领导干部则以"群众无需求"为借口不建设施,等于留了一个"死角",政府则必须担起担子,因此暂时要采用折中办法。(4)广大乡村的一些地方地形地貌复杂,人口分布散落,经济比较单薄,因此设点的选择很难。上述4点理由也许不能完全说明问题,但很多人一直认为流动图书馆是一个过渡形式,早晚是要去掉的,现在他们发现,他们认为的"过渡"是越"过"越长,他们认为的"早晚"是越来越"晚"。其原因在于一旦把公共服务作为政策来认真地审视一下农村现状,才能让人知道,现实是多么残酷。

三、流动图书馆的好处

流动图书馆的优点是显而易见的。它简易灵动,财力人力和设施都比较节省。它的固定花费是书和车。即使装备3个图书馆的文献量,跑9个点,你都赚了6个馆。车是一次性花费,财政力量可以办到,它平时的保养费如果拿来平均一摊,则微乎其微。人力就是固定的两三个人,只是一个微型馆的工作人员数。设施除了需要一个专门的书库之外,没有更多要求。其次,流动图书馆覆盖面大,服务人口多。一般一辆车一天跑足了,可以去3—4个点,少的也有2个点,一周下来可跑10—12个点。假设每个点的间隔周期是两周的话,则覆盖面的点可达20余个,服务人口就在几万到几十万之间。再则,流动图书馆是一种天然的资源共享的形式,一定量的书可为大于常规幅员多少倍地域的读者服务。在所有的图书馆类型中,它是文献利用最大化的典范,它始终符合图书馆文献利用的两个基本条件:"文献展现给读者"和"文献被读者借阅"。最后一点,流动图书馆密集服务,效率较高。因为只有固定的时间进行服务,所以大量的服务需求集中在一段很短的时间里,读者多,借阅量大,换手率高。

四、流动图书馆的缺点

流动图书馆服务的缺陷也在实践中暴露无遗。流动图书馆文献服务数量有严重限制,很难满足各种需求。因为文献在一次性的展示中数量很有限,读者只能在中间挑选,显然很多选择是不能完全符合心愿的"将就选择",尤其对于特定指向需求的满足,更是望尘莫及。因此,它呈现的状态是"读者特别集中,但是满意率特别低"的两头大的局面。其次,流动图书馆使得读者往往无法处于正常阅读环境。凡图书馆,一般都有着宁静温馨的的氛围,这是人们喜欢图书馆的一大理由,而流动图书馆一般没有这种氛围(除了设点的流动图书馆),读者的阅与借都是"快餐式"的。故而在流动图书馆借书,读者往往也是迫不得已而为之。在历史上看,流动图书馆服务形式也比较单一,一般衡量它的效率效益也就是在有限时间内能多几个读者借还书籍了。综上所述,流动图书馆总体上属于图书馆服务的功利性应对,因为条件限制,它一直来服务的深化程度有限。只是一个初级阶段的公共文化服务形式。

五、流动图书馆现状和前景分析

我国的图书馆事业由于基层图书馆发展水平与发达国家相比距离太大,因此总体水平还处在低层次。这样的现状下,流动图书馆依然还是一个相对重要的公共文化服务形式,因为它能够在一定程度上实现国民文化权利的享受。目前应从实际出发,适度发展流动图书馆,让许多暂时没有条件进行乡村文化设施建设的地方能够及时覆盖公共文化服务。如果一个县市置备一辆流通车(即流动图书馆),开展对本县市欠发达地区的服务,一般来讲,已经可以实现全县市的公共图书馆服务的覆盖了。这个做法,一般县市馆应该是可以做得到的(这个判断的假设条件是固定的乡村图书馆数字在当地达到50%以上)。笔者从长远的前景出发,同意界内一些同志的看法,认为流动图书馆是一种过渡形式,只不过这种过渡需要较长的一段时间,我们还是要先发展再转化。在发展流动图书馆的同时,应从大局着眼不断加强各类地区固定图书馆的建设,让公共图书馆服务的网点不断巩固、规范、壮大,从而有力地提高公共文化服务质量,实现老百姓心里的

"图书馆梦想"。

第二节　流通车的选择和配置

一、专门流通车的选型

图书馆的专业流通车应该按照流动的图书馆进行设计,读者可以在车上(有时包括车的周围)无障碍进行借阅活动。这种车一般应大小适中,车内应该容纳 800—2000 本书(包括刊物),不能太少。国内一般采用中巴至大巴之间的各种车型。选择大小的关键是适应当地各点之间的路况和地形,在适应路况条件的前提下,尽量求大,但也不要因为求大而给自己出难题。第二,讲究车的内在质量,要求行驶平稳,震动较小,发动机和运行体系质量要可靠,有过硬的行驶记录。这一点上,厂家的品牌和声誉十分重要,它同样是一项必须参考的条件。因为流通车毕竟不是一般车,每天都在重载运行。第三,车的内在空间设计合理,可利用空间大。这是流通车用来服务的内在质量,关系到文献装载量和读者的空间自由度。第四,车门略大,底盘不高,有利于人员上下。第五,如有条件,尽量在选定车型后,在厂家进行专业化改造。笔者在德国参观人家经过专门改装的流通车。在一辆单层的"奔驰"大巴上,他们最合理的改装,就是把边沿车窗全部封死,改为长车体的天窗(部分还可以开闭),再在车顶和车壁交合处设置柔和光线的灯具,使得采光非常通透,又不是直射书上。而书架全部连接设置在车体的四周,面向读者,因此它所占用的空间又很小,但容书量却很大,可以倍量于我们国内的流通车,同时更重要的是把车中央的大量空间留给读者了。如果可能,笔者建议有关部门吸取国外经验进行全国范围内流通车的专门化制造,以跟上形势的发展,提供全国图书馆界以最经济合理的车型选择。

二、流通车设施配置

流通车的设施配备中书架是比较主要的,应该铆定在车上,防止在来回途中颠簸。书架上的书由于本身的重量和在车上的重心比较高，更容易引起大的晃动，就需要在出行前相应固定它们的位置，避免造成途中书籍的散落。其二，要有服务台的设置，无非是一桌一椅。如果车的空间比较大，就固定设置在车里的车门口，如空间不大，就是一个活动的台子，车一停，把台子搭好放到车门下用。车上还应该设置一两个储物柜，可以多一些服务的便利，因为随着时间的积累，服务中会增加某些"额外"的事情和项目。另外，车内最好有空调，尽量把环境创造得舒适些。

流通借阅的手续，在国外专门化的流动图书馆里一般已经采用计算机管理系统了，但是在国内，一下子要达到设置专门化的计算机系统是不可能的。因此也只有采用传统的借书证加书籍卡片方式或读者个人档案加登记记录方式来留下借阅信息。采用这些方式有一个前提，流动图书馆的书刊应该自成单独体系，不能与馆藏书刊混杂，因为大多数县市馆已经或正在进入计算机管理的状态，混杂一起无法管理和统计。

三、流动图书馆的人员配置

参加流动图书馆工作的人员要求相对应该比较高。由于成年累月在外面跑，体力、心智、耐力和性格都须经受长期而严酷的考验，与其他同行并不处在一条起跑线上。因此选择人员是做好这项工作的关键。这些人员的选择标准一般应该是工作热情高，服务态度好，能吃苦耐劳，身体条件好，而且具有应变能力和工作上的耐心。在人员选择过程中，不光有这些品质，还应该考虑选中的两三个人的组合是不是恰当，能不能协作好，这一条也极其重要。对于承担这种艰苦工作的同志，要同时考虑好待遇和激励措施。出车的个人补贴必须有，这是一；他们的休息时间要比其他同志多一些，这是二；完成一定指标的奖励要丰厚一些，这是三；一些劳动保护福利待遇要在同等条件下稍高一些，这是四。主办馆的领导人适当的时候应该参与实际工作，一是以实际行动给工作人员以抚慰，二是缓解人员力量之不足，三是及时了解基层的需求变化与改进工作的意见。另外,我们在流通点上也可以适当选择一些志愿者协助我们的服务工作,以解决我们自身的人力不足的矛盾。

四、流动图书馆的管理制度选择

流动图书馆因为是松散型的服务,规章制度的把握是一个难点,控之过严与失之过宽都要给流动性服务造成很大的困惑,因此一定要在反复调研的基础上根据当地的时空条件制定规章制度。另外,流动性服务肯定会产生大于常规性服务的损耗,要把这些损耗的可能放进规章制度的可容忍度里。流动图书馆在巡回服务中一定要严格遵守按时到点服务的承诺,一般对于后一次服务的改期或停止都要在前一次服务时预先告知,否则,就不能停止服务。承诺是庄严的,这就迫使我们平时对于人员和车况有充分的了解,也有应对百变的准备。对于我们制定的制度,要在读者领证和借阅时强化宣传,让他们尽量自觉接受制度的管理。对一些遵守制度的读者典型,可以通过当地的一些部门进行表彰宣传,以激励起更大的效应。

第三节   流动服务点的建设

一、流动服务点的设置

流动服务点是另一种流动图书馆的形式,它也分做两种形式:一种是县市馆没有流通车,只是把书刊打包送到服务点来,服务点设置一个接纳场地,现场开包当场借阅,开放半天后再行打包当天运回。这实际是没有流通车的流动图书馆,但我们还是称它为流动服务点。另一种方式是固定的流动图书馆。它的形式是当地出场地、家具和管理人员,也就是设置好图书馆馆舍,但书刊由县市图书馆提供,一段时间后替换一部分。图书馆的日常管理由当地负责,县市馆只担负书刊的输送和出纳。这种方式的好处就是图书馆有形固定,服务时间和内容基本上得到保证,培育了当地使用图书馆的习惯,为今后总分馆制的实行在铺平道路。这种方式若干年以前就有,现在也很多,许多县市馆都以这种方式实行资源的调度和共享。就地域来说,它们就是固定的基层图书馆,就县市馆来说,它们却是流动服务点。沈阳市图书馆通过建立这样的流通站,参与乡镇图书馆的建设,发挥了很好的作用。他们在2004年就已与47个乡镇合作建立了图书流通站,文献数量多者5000册,少者300多册。他们不仅借阅书刊,而且还出借光盘,甚至根据各地区的不同特点,建立了大棚蔬菜种植光盘流通站、经济动物养殖光盘流通站和果树栽培管理光盘流通站,受到基层的热烈欢迎。

对流动服务点有三个基本要求。一是当地需要提供15—30 ㎡的空房间以安置书刊;二是有可以安放三五百本能够显示书脊的图书的简易设施,不论是柜子、架子,还是特意制作的搁板,总之能让书刊与读者零距离接触的设施就行;三是有可以做记录的桌椅。而对于后一种固定式服务,如果这个借阅平台不是与当地图书馆合在一起,则还有一个重要的条件,就是要设定相对固定的管理员,而且要向县市馆约定一周内有几个开放的时间段,否则,它的设置就没有意义。

对于书刊运输工具的配置也要落实。不外是县市馆或服务点提供运输工具,如果两者都有困难,则寻找社会单位的协助。这一点,全国各地都应该不难。还需要强调的一点是在后面的固定式服务的模式里,书刊的出纳手续双方一定要有一个契约,服务责任、读者责任、损耗责任、交接流程都应该有具体的规定。

二、对流动服务点人员的要求

流动服务点的设置是在欠发达状况下图书馆因地制宜因陋就简的服务方式。这种方式意味着服务人员的管理难度和管理弹性很大。正因为如此,对服务人员的要求就不能降低,因为在大部分情况下,是要靠服务人员的自律才能做好工作的。流动服务点的两种服务方式中的第一种方式的服务人员应该以主办单位的人员为主,第二种方式的服务人员应为当地人员。主办单位选择人员的条件应与流通车人员相同,再加上一个条件,即对本地村民文化状况和阅读需求要比较了解。主办单位同样也应该向当地提出对于人员的要求,并相应有所验证。所有这些服务人员都应该相对固定,不要轻易更换,以便他们进一步熟悉农村,逐渐掌握农村服务工作。

三、对流动服务点的管理制度要求

对流动服务点的制度要求和责任要求与流通车管理制度来比要相对严格,因为这些点都是固定的,都由当地的主管机构参与确定或提出要求,配合主办单位做好公共文化服务同样也是他们的责任。因此在设置流动服务点之前,主办单位必须得到申请单位遵守制度的承诺,也就是说制度要求必须成为申请设置流动服务点的前提保证。因为一般情况下,没有当地的配合是无法在当地让一个农民陌生的事物落脚生根的。当然,主办单位自己也必须信守承诺,首先严格自律,坚决执行制度,不能"三天打鱼,两天晒网"。

第四节 流动服务的文献建设

一、流动服务的文献应该自成体系

流动服务是图书馆正规服务的补充,两者在服务内容上没有什么差别,可是服务条件迥异。馆内服务已经大量使用计算机系统,管理方法先进,而流动服务的条件使得它无法使用同一系统。这样,势必只能分为两个文献体系,使用两种方法分别管理,统一运作的可能就不复存在。当然,在一些发达地区,人们正在尝试建立总分馆制,统一流动服务和正规服务的管理体系,这样就更促进文献资源的共建共享。但就大部分地区来看,统一的体系在近期还是很难实现的。流动服务建立独立运行机制的关键,是要有自己单独的书库和文献资源、运输工具和借阅出纳的方法系统,再加上体现管理的一套规章制度。

当然,服务人员是其中的第一要素。这几个要素一旦具备,流动服务就可以正常运转了。对于县市图书馆来说,"两制"只会促进阅读量的增加、阅读面的扩展、效率的提高、服务的深化,而且总体上看互不干扰。

二、流动服务的文献建设

因为自成体系,所以流动服务的资源经费额度在馆内每年应该单列,并留出可能增加的空间。而更因为我们有流动图书馆,县市馆在向政府申请年度经费时,把"一馆两制"的详细情况,尤其是基层的反馈要汇报够,促使政府每年递增文献购置经费。经费下达后的资源采购,也需要根据对流动服务中了解到的读者需求来分层次按需求配书,而不是与"大库"配书交织在一起。是否流动服务部门独立采购,则各馆自行决定。流动服务还要根据读者需求的提升和变化、自己主客体条件的改善来逐步增加文献的多样性和适应性。如有可能,共享工程的流动放映也可以随流动图书馆或流动服务点下乡服务。流动服务的内容过去只有书籍借阅,可不可能把新出的刊物也带下乡? 刊物是只阅不借,还是可阅可借? 这些问题都需要基层的同志探索创新,突破"瓶颈"。

三、流动服务书库的制度保障

既然流动图书馆自成体系,流动服务书库就是独立存在的,因此需要单独建立书库管理和文献出纳的规范制度。尤其是文献出纳制度,必须取得基层服务点的认同,厘清责任,明确是非。县市馆与基层点容易产生的矛盾常常是赔偿和处罚的界线问题,这种图书馆的"民事纠纷"就需要双方明智通达的态度,在制度上尽量订得细一点,努力做到有章可循,但在实际处理中碰到无章可循的问题时却宽松一点,积极协商化解。

县市馆一般面积都不大,尤其是前些年建的图书馆更是如此。流动图书馆的书库要独立存在,要占地盘往往是一个难题,这就需要我们从实际出发,灵活设计书库形式和筹划书库位置,力争既不减少读者服务的面积,又圆满解决流动服务的储书问题。

四、流动服务与总分馆制的关系

图书馆流动服务从历史到现在,一直是充当正规服务的补充,它作为配角的本色不会改变,但这个配角的实际作用往往鲜为人知。一个正规图书馆再大,其基本辐射力也超不过百十公里,而更多的人群都是就近寻找阅读服务,我国的基层图书馆网点数量与理想中的要求距离很远,流动服务一直以来就是一个很不错的补充。客观的说,无论它的覆盖面还是服务对象,都可能要超出它的主办者——正规图书馆的辐射面,其作用在现时的中国绝对不能小觑。现在全国公共图书馆事业正在转向以总分馆制为代表的现代图书馆服务中去,流动服务既可以成为总分馆制的一种形式(流动分馆),也可以是一种补充(分馆派出成为更基层服务的形式)。在网点(分馆)布设还不多的情况下,流动图书馆可以增添现代服务元素,改造传统服务方式,从而尽情挥洒它的能量和作用。

第五节　流动车服务的特点

一、流通车服务的基本特点概括

过去一般来讲,流动车服务在图书馆工作中比较单纯。它以借阅为惟一的服务载体,不开展其他图书馆服务项目,这是一个基本特点;第二个基本特点是借阅无图书馆环境;第三个基本特点是它是一种定时、集中的快餐式借阅模式。这三个特点说明,一直来流动车服务的实质是以最简单的方式向去不了图书馆的人送去书。它的好处就是关照了我们可以关照的读者,大大提升了文献的辐射面。而流动点服务介于流动车服务与固定服务之间。在当前我们急于扩展公共文化服务面的时候,流动服务的方式我们不但要借用,而且还应该发展。我们要认真看待流动服务的发展。

二、在短暂的接触中了解读者

尽管流动服务方式简单,但是我们已经走过了"只见物,不见人"的年代,流动服务中的读者是值得关注的。社会的发展促使许多人在从事各种各样的学习,还有许多人在不知不觉中吸收着新鲜事物。这些人群提醒着图书馆人,我们不能再守着过去为读者服务的水平了,读者进步很大,图书馆也要迅速赶上。流动服务也不是那么简单了。那么,我们要做的第一步就是建立读者档案。这个档案不光应该有他们的个人信息,而且最好还要有他们的阅读需求爱好。这是图书馆的一种"原始积累",便于我们分析社会阅读走向,把握我们的服务态势。建立读者档案的同时,我们还要与读者中的骨干建立"热线"联系,把他们设定为联络员,请他们为我们的服务出谋划策。这种与读者的互动,应该在每一个点都有。

三、按需求动态配置馆藏

现在做流动服务,要紧紧的盯住读者,适时做好工作日志,把读者关注的有关内容纳入进去。在综合读者需求以后,以此为标杆来采配资源。因为流动服务所带的文献量有限得很,因此我们的文献配置的指向性要特别加强。而要强化这种指向性,只有问计于读者。我们必须在服务过程中与读者直接交流,请他们用纸条的方式写下需要的文献或者是文献类型的要求,也可以委托某些读者代为摸底,最后将这些需求转化为动态的文献配置。这种动态调节的灵活性如何掌握好,还是要看我们对读者状况把握的深浅了。

四、关注个性化服务

我们现在理解服务就要从"众多的个性化服务构成一般性服务"这句话来理解。也就是说,个性化服务是基础。读者在接受流动服务时的心态就是"等了多少天才来一次,希望自己能称心如意借到想要的东西"。因此,尽可能满足每一个读者的心愿是我们的追求。每一次到点服务,对读者的熟悉使我们事先为他们要做尽可能多的准备,对前一次服务中任何一个人提出来的个人要求,我们都应该有回答。只要坚持做好这一点,我们的服务就是成功的。当然,我们在满足要求的同时,也不要忘记我们引导阅读的责任,推荐好书,介绍作者等,尽量要做到位。

五、尽可能缩短服务间隔时间

流动服务的时间、频率要科学调度安排。要掌握读者的阅读频率,书看得快的人和书看得慢的人当中相隔的天数要掌握,从而可以得到一个服务频率的有效数据,再根据全局的需要,统筹安排到点服务的时间。对于一次借书的数量,也要根据各方面的条件和读者一般的看书速度来确定,如果资源可以满足需要,就不妨增加每次的借阅数量。事物总是在向前发展的,我们的工作也要精益求精,通过科学调度,我们要努力缩短服务间隔时间,让农民们得到更多的文化实惠。

六、扩大流动借阅的宣传

图书馆的流动服务也要宣传。首先,我们做好服务本身是一种行为宣传,在一些服务细节上,我们要记住村民的嘱托,给他们一个完整的答复,即使要求没有得到满足,淳朴的性格也会让他们心存感激。这种给人以温暖的细节很有用,效果很好。其次,在流动中,我们每到一处要搞点响动出来,营造一些气氛,用各种方式扩大宣传范围,让村民知晓,让大人小孩都出来看热闹,再尝试着现场做一些宣传,同时也开放办证,办证范围不要有歧视性限制。坚持如此操作,读者队伍就会有变化的。

第六节　流动服务的深化

一、流动服务也须深化

流动服务的深化,意味着过去我们以书为本,只围绕着书想问题,没有真正明确图书馆工作的目标。而现在,我们明确图书馆工作以读者为本,一切围绕着读者做文章,书作为载体是为读者的成长和提高服务的。服务主体的明确使得流动服务目的就是要扩大读者队伍,调动读者的积极性。

流动服务工作人员首先要与读者交朋友,"为读者找书,为书找读者",尽力为读者与书之间搭起畅通的桥梁,除了借还书之外,记录读者需求就成了我们的一项主要工作。农村读者的一半以上的需求就是寻求发展,改变生存状态,流动服务就不但要在文献配置上做文章,也要加强这方面的服务手段。湖北当阳市汽车图书馆为方便农民下载资料,在流动服务的开始几年每次下乡都把复印机带在车上,农民需要什么资料,他们就及时帮助复印。其次,尽管我们服务的时间短,但还是应该尽可能设计开展小型的读者活动,每次能有一个中心内容,而且尽量要让内容和形式有互动,使读者和村民活跃和兴奋起来。笔者记得在德国参观他们的流通大巴士时,主人讲述他们的流动服务碰到小学开学之际,就带着乐器到学校演奏,吸引了大批学生,新生就蜂拥着要办借书证,效果奇佳。我们开展读者活动,还不光存着这样的企望,更要紧的就是感情和气氛的交流,要让文化生活成为大家的生活内容之一。再者,我们要在流动服务中抽一点时间让一些"资深"读者组织起来,在平时自己可以开展活动,同时不断扩展影响,吸引越来越多的读者参加文化活动,让流动服务播下文化种子,发芽生长。

二、确定骨干帮助开展图书串换工作和发展读者

在我们的服务中,要对读者群做一段时间的观察,选择一些有责

任心和一定威信,认真读书,爱护图书的"资深"读者作为主办图书馆在当地的联络员,我们帮助他们策划好在流动服务间隙主动开展图书串换的办法,把串换阅读开展起来。这等于是一个无形的常驻的图书馆,在流动服务轮空的时候照样运作,无论对哪一方面来说都有极大的好处。而其根本的好处就是在没有物理形态图书馆的地方在强化着阅读养成的实践。这种氛围的持续发酵就会形成以读书骨干为中心的不断扩大的读者圈。

三、创造条件推动开办村图书室

当我们把流动服务的深化工作做到一定程度的时候,根据各方面的观察,认为条件比较成熟时,我们就要建议村委开办村图书室。这个条件并不完全是物质条件,更主要的就是人气条件,也就是村民们的"图书馆意识"树立起来了。他们会拥护这个举动。在此之前我们每次进点都应该与村委会有沟通,"细雨润物"地做他们的工作,让他们看到实践的效果。一旦村委会通过了,我们就应该首先帮助他们落实文献资源的来源。如果可能,县市图书馆也在这里继续设流通点,定期提供一定数量的文献,村委也每年拿出部分经费购置文献,争取多渠道解决文献资源。我们还需要派人帮助进行设计安排,物色人员,同时尽量联络社会力量进行支持,让大家的心血结出成果。当然,事关长远,我们必须考虑周全,工作到位,做一个成一个。

第七节　流动服务的延伸

一、对少年儿童宣传和辅导阅读

本书通篇对少年儿童阅读给予了百般的关注。流动图书馆也一样,无论走到哪里,时刻不能忘记小读者。在流动服务点的配书中,一定要有相当数量的少儿阅读文献。这是一个原则问题。到点服务时,也要主动与当地学校联系接洽,两家联手安排小学生的阅读时间和空间,采取到点服务时每个人都来借还书,不来点时由学校帮助,互相换书看。如果有条件,也可以由学校建立小图书室,由流动服务部门提供资源,数月一换。总之,也要形成流动服务模式下小读者的阅读操作方式。还可以开展征文,知识竞赛等活动,激励他们的阅读,强化阅读氛围,这些工作都应该与学校一起做。

二、举办小型的文化教育活动

流动服务一般在一个点的活动可以排上半天。除了借还书之外,很重要的一点是取得村委支持,适当开展小型文化教育活动。前面已反复阐述了活动对于村民的意义和活动对于阅读的帮助。村民是乐于参加活动的,关键是活动主题必须是村民在知识兴趣方面最关注的重点。每次活动前要与村委联系交底,并协商人员、内容、做法和希望达到的效果。活动的层次、人群、形式都要服从主题需要。一般半天中连借阅加活动,时间是比较紧凑的,但是留下了文化的身影,燃起了人们心中的希望。持之以恒开展活动是对阅读普及的最大推动。当然还有些汽车图书馆不在服务时间里同时举办活动,而是在充分调查以后,专程进行有针对性的活动。湖北当阳市育溪镇光明村是一个养猪大村,1999年仅养猪就创产值300万元,但许多专业户急需母猪饲养新技术,该市汽车图书馆在了解情况后,一方面主动联系畜牧专家,无偿为该村80余人举办了3期"母猪饲养管理新技术培训班",同时又精选有关科技信息53条,辑成通俗实用的《科技信息—养猪专辑》送到农民手中。2005年该村养猪总产值达到1200万元。

三、选择文化信息资源共享工程的内容公众放映

共享工程不断在扩展基层点,对图书馆流动服务所到的村里,如果能单独建设工程点最好,如果暂时无条件,则由图书馆置备设备在流动服务中放映也是完全可以的。放映的内容根据村委建议和村民需要选择,放映场地可以随遇而安,择善而从。这种放映能引起村民极大的兴趣,要使这种做法形成规律一以贯之持续下去。同时也与村

委不断协商,筹划设点的基础工作,慢慢将这一设想得以实现。

四、与相关部门联手满足村民的文化及其他需要

流动服务点一般都处在经济文化双薄弱的状况中,因为它远离经济文化中心,得不到现代文明的辐射,而且自然条件相对比较差,生活也可能仅仅在温饱的门槛上,文化就更是无从谈起。因此如何改变当地这种贫弱的局面,成了全社会的一个大课题。通过流动服务,图书馆对一些点有了比较深入的了解后,我们就要体现我们的"文化自觉",主动想方设法提供对这些流动点的文化工作和教育工作的支持,同时可以根据实际情况形成方案,向县市的相关主管部门提出强化当地各方面建设的建议,并与这些部门联手,无论是经济建设、政治建设还是社会建设,抑或是我们的本业文化建设,只要能发挥一点作用的地方,我们都要积极配合,全力投入,义无反顾,在推进全局发展的大合唱中,发出我们自己的合拍的音符。我们自己也要设立一些扶持重点,从实际出发提出我们的工作创意,精心构思,努力实践,为早日改变这一方土地的贫穷面貌从最基础做起,从最底层做起。

第八节　传统方式的流动服务

一、传统方式的流动服务的可贵

说起传统方式流动服务,就想起20世纪30年代浙江图书馆自创的人力流动服务的书箱和书架(照片刊登在2000年中华书局出版的《浙江图书馆志》上),当年的图书馆人鞠躬尽瘁,为平民百姓开蒙求知甘愿爬山涉水,感动着我们这些后人。今天,我们也应该踏着这些前人的脚印,再一次去越岭跨海,为那里的人们送去人文科技之光。所谓传统方式的流动服务,针对的是汽车和公路难以到达的地域,比方深山、海岛。那里的人们同样应该享受文化权利。因为无法利用机械化运输工具,相应地域的图书馆同行们还是应该义无反顾,挑起书

箱,艰苦跋涉,为生活在"天涯海角"的同类带去他们的权利。同时,我们要与电信部门及其他相关部门联手,利用社会化的许多便利条件,开展远程信息服务,包括共享工程。但是,有了现代化手段,不等于我们就可以把传统阅读方面的服务给取消了。传统方式的流动服务是我们必须做的一项工作,尽管实现起来困难实在很大。

采用这类服务的服务点必须认真调查后进行排队。一般设点的标准是以机械交通无法到达,规模有 10 户以上的自然村落为佳。设点方法可以每隔半月或一月,主办单位派人专程将一部分书刊送过去,在那里寻找一个有文化的人代为管理,每月去换一批书。也可以主动联系当地学校,将服务点设在学校,依托学校做好当地服务工作。这种流动服务点的工作更艰苦,但也在我们的职责范围内。

二、流动方式服务人员的选择

对主办单位派出的传统方式流动服务人员的要求,首要一条就是身强力壮,特别能吃苦。没有这一条,无法完成任务。其次是态度热情,能主动熟悉读者。因为我们所要去地方读者数量不多,了解他们的需求也比较容易做到,开展针对性服务更有条件。越是偏僻的地方,人们就越珍惜外界对他们雪中送炭的情意。因此,抓住这些地方读者的动态,一定意义上对我们显得十分重要。

第九节 流动服务的主办单位

一、市地图书馆主办流动服务

许多市地图书馆都有流通车,流动服务也很早就开始了。由于市地图书馆的服务面很大,因此它流动服务的对象没有专门的指向,一般都为特定单位。无论是工厂、学校、部队甚至外资企业,都可能是它确定的点,这种点一般都是由特定条件决定的。相对来说,部队在流动服务中占比较主要的位置,这也与我国长期推行的"拥军爱民"有关。当然,也有些市地馆的流通车服务的指向比较明确,确定时间到社区服务方便群众,明确流动服务的对象是本市的社区居民。这种流动服务的意义实际是一种宣传图书馆服务的举措,启发民众的"图书馆意识"进一步的觉醒。

二、县市图书馆主办流动服务

县市图书馆搞流动服务的目标就比较明确。如果当地乡镇图书馆网点很少,这个地方流动服务的指向就是没有设图书馆点的乡镇;如果乡镇都已布点,则目标就会转向村庄,一般是距离乡镇比较远、条件较差的村庄。应该说,县市图书馆的流动服务是所有流动服务中的主体,因为这种覆盖隶属关系明确,车程当天来回,平时联系紧密,再加上领导的关注重视。因此,县市馆流动服务性质是填补公共文化服务体系网络的地域空白。这是县市馆责无旁贷的义务。

三、乡镇图书馆主办流动服务

开展流动服务的乡镇图书馆比较少,因为本身也没有很强的实力。但在经济发展比较快,面积又较大的乡镇里,乡镇图书馆主办流动服务的情况也在增加。一些已经实行总分馆制的地区开始要求分馆再往下辐射服务,如浙江嘉兴市。乡镇图书馆流动服务对象一般为没有图书室的本镇(乡)所属村落,属填补地域空白,有的是为了更进一步强化村级馆的实力。一般乡镇馆的"下沉"服务,已经完全去除了各种象征意义,取而代之的是村民们真正的需求。

四、村图书室的多点服务

农村的一个行政村往往包含了几个自然村。一些比较有规模的村级图书馆有时也会延伸服务,将一部分文献资源送到行政村中距离较远、规模尚可的自然村落,一段时间后将文献再轮换一下。这也与乡镇馆的"下沉"服务一样,没有任何象征意义,而是落实和细化了人们对于公共文化服务体系平等权利的实现。

第九章　农村的图书馆服务需求分析

第一节　为什么要分析服务需求

提出这个命题似乎很滑稽。一般人都认为,农村有图书馆让人看书就很好了,哪有那么多的"需求",更用不着什么"分析"。是的,从表象看,农村看书的人是少而又少,甚至有人认为农村图书馆起了又倒,倒了又起,兔子尾巴长不了,瞎折腾。可是,我们很多睁开眼睛看世界的人已经很明白,经济发展以后,国力的差距实质上是素质的差距,也就是人的差距。农村更是如此。没有接受现代文明的人连对自己作为一个"人"的生存权利、人格力量都不明白,很多人只知道逆来顺受,只知道官大一级压死人,或者鼻子下面那一点小利益。过去用"一片红"的方法想把农民一下子改造过来,事与愿违,"乌托邦"没有用。而今天,党和国家遵循现代文明的发展道路,以公共文化服务体系为平台,以自然的、自主的方式来让农民逐渐接受现代文明,浸润现代文明,而图书馆是这个体系的中心。追根究底,图书馆是伴随人类文明史的开端应运而生的,它为传承人类文明而建,也是人类为自己构建的精神力量家园和知识力量源泉。它存在的本质核心是为了人的发展,我们既不能"虚化"也不能"物化"这个核心。从这个本质核心出发,毋须多疑,农村图书馆就是为农民的全面发展、整体提高而存在的,舍此无它。有这样的认识基础,我们才能讨论"农村的图书馆服务需求"这个命题。

首先,农民的全面发展,是指农民对于包括自身的物质世界和精神世界的适应和驾驭的认识能力,这关系到文明建设的各个方面,它所涉及的强健自己认识方面"体质"的需求广泛得很,实际上这些需求与城市的、各行各业的所有人本质上是一样的,因为都是一样的人,都具备人的正常思维的生理结构和潜在的社会适应能力,都可以成为一个大写的"人"。其次,人的精神需求都是在与物质世界打交道的基础上才产生的,没有物质文明的发展哪来的精神?没有"小康"哪来"追求"?精神需求是在对物质文明认识的深化过程中产生的,因此人们首先的和大量的认识需求是在与自然界、与生产力、与物质世界互动方面的,因为人先得吃饱饭,穿暖衣,再谈其他。对物质世界认识能力的提高是农民目前对农村图书馆的主要实质诉求。其三,农民的文明意识和农村的文明建设现状从整体上说起点较低,但是我们长远的建设目标却是人的全面发展。因此"一低一高"当中的空间就必须成为我们对农村的图书馆需求的整体把握,成为把国情和目标融为一体的战略性思维,我们须以此筹划我们阶段性的文献服务工作。我们既不能操之过急,也不能一成不变,要由低到高,一步一个脚印地踏实工作。

笔者把农民对于文化素养的提升、认识能力的提高都归类于"对图书馆服务的需求",原因一是对图书馆工作的本质理解;二是揭示农村图书馆作为农村社会服务机构的功能定位及其巨大的潜在作用;三是明确农村图书馆的职责和服务范围(内容和对象)。这里都已包含了农村公共文化服务体系的要求和图书馆服务功能的延伸。笔者特别要指出的是,我们不能把"需求"两字单纯看做具体农民个体或某个群体现实条件下的具体选择,这里的"需求"指的是现实存在的需求加上"潜在"的、"可能"的、"长远"的需求。后三者我们同样要看到,要有备无患,不能因为显性需求的体现有时间差就舍弃准备了。这些需求如同长在一棵藤上的西瓜,互相关联和影响,无非成熟期不同而已。

在阐述完研究农村图书馆需求的意义和笔者对此的认识之后,我们也不妨分析一下农村的现实状况。湖北鄂州市大学图书馆的尹文君老师告诉我们:"事实上,各乡镇都设有成人教育中心校、农技推广站、多种经营指导站、兽医站等,肩负着全乡镇的成人教育、农业、多种经营、畜牧、养殖业的技术指导,但是他们只是一事一宜的应付性地指导;虽然农民根据各自从事的生产经营项目也购买一些技术资料,但是总体上看来都比较单一或少而不全,缺乏综合性和系统性。乡镇图书馆植根于农村,面向农村,为人民群众的生产、生活储存了大量的图书科技资料,在一定程度上满足了人们对科技文化知识的需要,这是其他部门所不能代替的。许多农民通过借阅图书馆的科技资料,学习掌握了各种种养技术,大力发展多种经营,促进了乡镇经济的发展和收入水平的提高。"国内农村的各种社会服务机构并不是纯公益性机构,没有上级机构的要求,一般不会主动、无偿地去筹划指导发展,同时,要它们做到在本书中列举的那些乡村图书馆的那种热情关注和个性化服务,可能性也不大。总之,在农村各个社会服务机构里,乡村图书馆具有不可比拟的优越性。

第二节　农业服务的需求

一、农业政策介绍

乡村图书馆对于农业政策介绍有三个方面的必备文献信息。一是长期农业发展方针宣传资料。这就是国家对于农业的一些长期政策和我国农业基本发展概况的信息,这些信息比较宏观全面。但对于农民开阔眼界十分有效。二是每年一号文件的解读。从 2004 年以来,每年依然都有一号文件,这是当年的国家政策,对于这些政策的解读会帮助农民打好自己当年的"算盘"。三是地方农业发展的长短期任务要求。这对于农民的需要更为现实。地方一般都是因地制宜地落实中央的政策,制定符合当地农业实际的发展政策,农民更为关心当地政府对于农民的许多政策,因为这关系到他们的切身利益。

二、农业新产业介绍

随着农业的改造和产业提升的加快,新型农业和适合农村的其他新产业发展势头越来越猛。一些有前景的产业在不同区域常常出现连锁发展的势头。农民群众在耳濡目染下也对新产业发生了浓重的兴趣,因此要向他们积极提供相关资料:(1)引进新作物和农林牧渔新品种的种养业资料。这是农民的本业,基本规律与他熟悉的劳作方式相同,但也有新的挑战,农民是比较喜欢这类易学好懂的资料的。一些优质粮食种植、特种水产品养殖、反季节蔬菜种植、落叶果树栽培等都可能成为热点。与之配套的水果、蔬菜保鲜、储藏、加工技术等也会有相当的需求。(2)与本地传统产业不同但适合本地发展的产业介绍。这种产业有一点要求,就是产业的原料本地比较丰富,或者本地可以种植,比方一些草编、柳编等。笔者曾闻陕西某县的几个村专做农村小孩的虎头鞋,外销也不错。(3)旅游服务业的引进。开发本地自然环境,办起城里人最喜欢的农家餐饮,这是当前全国农村最风靡的农家乐产业。当然,地理环境比较重要,临近城边或靠近景区都是可发展地区。有的地方远离城市,但本身环境很有条件,也很适宜开发旅游。(4)其他产业模式的推荐。现在有许多地方正在开发或者成为开发区,周边的农村就可以开辟与之有联系的辅助产业。那些宜林宜牧宜果宜渔等地区,那些有矿山、有大工程的地区,都有自己独特的有利条件。即使纯农业地区还会有许多发展其他产业的条件。

三、农业新品种、新技术、新方法介绍

许多传统产业的新技术和新方法都能以有限的投入产生很大的效益来,对这些纯专业化的方法技术也应该多方寻觅,向农民介绍这些资料和提供实际考察的方法。一种是传统种养业的新品种和新技术。对于城郊农村或条件具备的其他地方,可以发展观光农业、特色农业和生态农业。各地已都有了很多的成功典型。这些完全不同于传统农业、全方位采用新品种、新技术和新方法的农业能产生很大的效益。如果有条件,一定要引导农民去学习和引进。而对于前述条件不具备的地方,则应单纯引用一些成型的科技成果。如前些年引进的波尔山羊,很受农民欢迎。类似这样的优异品种,尤其是比较适宜当地条件的品种应该尽力想法获得。第二是一些特色产业的新技术。

这类技术农民闻所未闻,就需要由资料介绍而进一步促进互动,把技术消化吸收。第三是改变观念的方法和技术的介绍。就是老产业中原来熟悉的生产方式更改成新的方式,这种做法大概也要通过从资料到实践的方法去获得成功。要农民很快接受新品种、新技术、新方法不是一个容易的过程,因为他们的科学文化素养有待提高,对新东西的全盘接受需要消化,更重要的是,他们习惯于"眼见为实",新事物诞生的过程需要在他们面前全程展现,看到了令人信服的结果,他们才会坚定不移地照样去做。所以,要推广新东西,只有资料没有用,还需要农业科技人员指导。江苏邳州市就有这样的教训。前几年,邳州市农村大力推广种山楂,说是能脱贫致富,一些农民由于政府推广,便把粮田拿来种上山楂,不懂科学种植,结果山楂又瘦又小。于是来年山楂全部砍掉,又种上了粮食。前两年又推广种银杏,结果不少农户不仅粮食作物减产严重,银杏也没种好。这当中,倒有一些能人脱颖而出,如铁富镇宋庄村农民王克栋种银杏致富了。这些人就是农村里具有一定科学文化知识的人。这个例子说明我们不能光凭热情去推广新事物,而是一定要"知己知彼",运用科学方法,做好正反典型引导,重视产业变革的全过程。辽宁长海县小长山乡图书馆从 1986 年起一直坚持为国家科技"星火计划"服务,他们为养鸡专业户提供《养鸡学》《笼养鸡》等图书,使这些农户当年就脱去了"救济户"的帽子;他们将《冷库制冷技术》一书提供给冷冻加工厂,使这家厂创出当年收益的奇迹。这个被辽宁省命名为"省标准乡镇图书馆"的模范馆数年来为制冷、贝类繁殖、养貂、工程建筑等方面的课题,提供了大量的书刊资料,进行全程跟踪服务,取得了累累硕果。

四、农业生产资料介绍

农业生产资料市场这些年比较乱,出现了假冒伪劣、鱼龙混杂的局面。因此,给农民群众做好引导,尤其是对伪劣产品如何判断等重要信息应该及时传达给农民群众。据笔者观察,需要介绍下列 4 方面的文献信息:(1)合乎标准的农业生产资料产品介绍。我们要从主渠道去获得品牌产品和合格产品的信息,向农民大张旗鼓的宣传,进一步配合农技部门做好推荐工作。(2)农业生产资料正确使用的方法介绍。许多农民对一些效益高的新产品不会使用,就应该送资料给他们看,请老师向他们详细介绍。(3)农业生产资料市场信息介绍。这应该是对当地生产资料市场的商品的全面介绍,但要突出对正伪产品的鉴别信息,尤其要对伪品的特征、危害作出详细介绍。(4)农业机械的介绍推荐和市场信息。我国大部分农村地区无法使用大型农业机械,近些年小型农机非常走红,生产效率大大提高。农机也是生产资料,农机的适用性和效率是首选条件。另外现在新型农机层出不穷,对它们的介绍也是一项主要内容。

五、农田保障措施介绍

农田保障措施这些年没有受到应有的重视,但这恰恰是农田的基础建设,轻视这个问题将会贻害无穷。可以关注两方面的信息资料:(1)适宜当地使用的水利设施资料。要通过资料的介绍,极力提醒农村的主政者关注农田基础建设,进一步改善农田建设和水利设施的状况。接受当地水利部门的指导,给农民发放有关水利保护的要求的资料。2009 年年初全国冬小麦产区的大面积干旱暴露了这些地区农田水利建设的极度不足,一个明摆着的教训使我们在这一点上不得不清醒。(2)针对当地主要农作物的植保措施介绍。农作物的植保措施也是长期受人轻视的,我们同样要提醒各方面的充分关注,并与当地农技部门取得联系,介绍应该采取的措施。

六、农产品加工业介绍

农产品加工业在农村是有发展前景的,因为农产品加工是农民增值增收的有效途径,现阶段农民普遍缺乏这方面的知识,致使农副产品加工业始终停留在较为粗放、原始的水平上。加工过的农副产品绝大部分属于食品的范畴,国家《食品安全法》刚刚出台,食品安全标准体系正在进一步完善,因此农民必须改变加工业的粗放状态,尽可能地学习科学知识,努力使农副产品加工业成为"绿色产业",从而大大提高效益。所以农产品加工业发展的指导显得很重要。农民需要的是三类资料:一是食品加工和其他加工业的标准规范文献。这是进入市场的门槛,需要严格按标准去加工。这种文献尽量要完整地提供,不能缺漏。据说国家对于食品安全的一整套标准体系即将出台。二是农产品加工的范例推荐介绍。农民比较相信实际,看到好的事例,自然影响深刻。三是农产品加工业本身的技术资料。这是需要直接参照,循例使用的。这些资料必须实用可靠。

七、农产品市场信息介绍

农产品的市场销售对于农民来说绝对是一件天大的事,我们不能掉以轻心。我们须要提供的信息及其检索途径有下列几方面:(1)尽可能帮助进入网上农产品市场。目前网上农产品市场非常红火,国内外购销途径四通八达,我们要尽可能让农民学会上网营销。(2)集中提供能收集到的各地农产品市场信息。这是我们的另一个职责。这如同"二次文献"一样,我们综合了信息,等于让农民在短时间内走了一遍全国市场,省力又省心。关键是我们要很负责地做好此事,千万不要出现很大的差误。(3)提供农民有关市场营销的书刊资料,让他们逐步学会营销。营销是一门专业,应该不断让农民学习营销,学懂一些专业知识。只有他们自己学会营销,才会知道市场当中"水"的深浅,也才能逐步走向驾驭市场的高境界。

八、农业服务信息介绍

为农服务是各县市的主要工作,因而也设置了很多为农部门,提出过很多惠农政策。我们也要将所有的这类信息提供给农民。本地各为农部门的政策、服务、市场等方面的管理和服务资料,特别是一些优惠政策,应该毫无保留地传达给农民,而且要常备着这些书面资料给农民看。此外还有宏观市场中适合本地农业发展的各种信息,我们要整理出来,给农民们备查。这种参照往往能激发出农民中视野开阔的人的灵感,它们的重要性还真不能忽略。再有一点,我们对于就便可取的方方面面的农业服务信息要注意综合后提供给农民,做到详略得当,主次分明,阅读方便。另外我们在各方面的文献信息中发现的有利于农民发展的内容,也应该综合后对农民提供。

九、农业发展前景介绍

农民群众随着社会的发展,认识能力和视野有了极大的提高。所以我们要积极向农民提供很多现代信息。一是国内外现代农业的发展水平的介绍。可以适当订些这样的刊物,并做成文摘给农民使用,不断开阔农民的眼界。二是提供各地农业现代化的典型介绍资料,让农民有可以比较的参照物。三是本地政府推进现代农业的规划和举措的图文资料,这更是应该大力宣传的,力求要做到家喻户晓。

十、林业、渔业、畜牧业的相关信息

林业渔业畜牧业都有它自己的发展条件和发展规律。要按照前面讲述的各项发展要求,结合各业自身的规律,与前面介绍的农业一样地提供各种产业文献信息的服务。在为林业、渔业、畜牧业的长期服务中,一定要注意区分它们和农业的区别,突出它们自身的特点。同时配合相关技术部门的生产实践服务,尽力做好文献信息的保障。

十一、相关网络信息检索服务

在上述为农村产业服务中,现代化手段越来越显示出它的巨大优势。因此要积极创造条件,尽量使用现代化手段,尽可能多地获取网络的有效信息。信息越准确越迅速,其作用就越大。我们要借助共享工程尽快建设网络快速检索通道。共享工程的基层均衡布局正在全国深入展开,农村的网络通信设施也在迅速扩展空间,农村上网在普遍意义上说,已经基本具备可能性了。农村图书馆应该积极要求与共享工程同步建设上网设施,早一天建成,早一天得益,当然,服务人员也要掌握上网技术。在具备上网条件后,应该在上述各项服务中尽可能使用网络检索。同时不放弃建立印刷型文献信息馆藏的努力,双管齐下,主动应对。在我们为农民服务的同时,我们更要从长远目标出发,不失时机地逐步增强农民使用计算机和网络检索的能力,变被动为主动。实际上,这同样是素质提高,而且是很重要的信息素质的提高。

第三节　农村服务的需求

一、新农村建设方针和政策介绍

社会主义新农村建设正在全国蓬勃展开。对于"新农村"的理解,各地之间差距较大。农民对于新农村建设是否有很高的热情,在于他们有没有把这件事当作切身利益。因此,对于新农村建设的目的和具体内容以及与自己的关系等问题,都需要真正让他们明确起来。我们可以推出三项宣传措施:(1)国家新农村建设20字方针的宣传。"生产发展,生活宽裕,乡风文明,村容整洁,管理民主"的方针有很丰富的内涵,内涵的相关宣传资料都应该广为散发。让农民真正了解中央的意图。(2)按《中共中央国务院关于推进社会主义新农村建设的若干意见》的部署,让本地政府建设新农村的具体政策和举措家喻户晓。本地政府的具体政策是与老百姓利益密切相关的,我们更要让群众全面了解。有条件的话,要向当地政府反映百姓的意见建议,同时向农民宣讲政府的一些利民的措施,让双方互动起来。这就尽了我们最大的责任。(3)印制散发有关从当地实际出发建设新农村的宣传资料,当然典型也要选择,要排除"政绩秀"。农民一般相信典型介绍,因为这是实践的结晶。

二、新农村规划方案介绍

新农村规划方案是农民非常关注的东西,因此我们应该让它和村民零距离接触。首先要介绍有关正确实施新农村规划的资料信息,就是制定规划的原则、方法和对一些敏感问题的处理方针,让农民清楚规划应该具备的脉络。这种透明很有必要,让大家对自己家园的建设有了一份心理和思想准备。其次,我们也要为本地乡村制定新农村规划提供参考文献信息的帮助。这是提供给决策者的,应该既有别人的样本,也有技术、艺术上的指导。再则,规划完成后,可以在图书馆(室)展示当地(包括县和乡村)的新农村规划方案。最终结果要让大家来评判。

三、农村政权组织和村民民主建设介绍

对于农村基层民主建设,需要我们多方面地向农民群众进行宣传。我们应该向农民提供《中华人民共和国村民组织法》等法规资料,供大家学习法律,随着民主进程的深入推进,农民学习法律、掌握法律武器的愿望会越来越强烈。我们也需要向农民提供村民自治组织的产生、建设、权限、换届等方面的文献资料,让村民们熟悉民主建设的程序,明白自己在民主建设中可以出的力和做的事。另外,我们也要提供村民关于遵守法规,珍惜和享受法定的民主权利的学习材料,让村民既能自主又能自律,实践政治文明所要求于民众的一切。

四、农村社会建设各个方面先进适用的经验介绍

新农村建设是中国农村社会建设的主轴,延续至今已经出现了大量的先进典型,我们对于农民的引导方式,最好的办法就是典型引路。这些典型可以是贯彻中央二十字方针的经验介绍,这类介绍比较全面,对于农民从实际出发理解中央精神很有裨益;也可以是对于农村义务教育、新型农村合作医疗、农村低保制度等方面的先进经验的介绍,那些因地制宜实施新型农村福利制度的经验必定会给各地带来实际的效应。

五、农村文明生活常识介绍

农村生活品质的提升,也是一种文明进步。我国的大部分农村地

区还保留着传统的,以至落后的生活方式,极大地阻滞了农村社会的进步。要改变这种生活方式就需要宣传文明生活。我们需要着重在4个方面向农民宣传灌输文明生活方式:(1)起居交往文明习惯的常识。这是良好习惯和阳光生活的内在要求。(2)衣食住行防病治病的常识。这是保健养生和科学生活的内在要求。(3)诚信厚道尊老爱幼的常识。这是健全人格和和谐生活的内在要求。(4)勤于学习勇于上进的常识。这是进取精神和品质生活的内在要求。

六、农村家庭建设优秀案例介绍

家庭对于人的意义非常巨大,中国农村又特别重视家庭,这是中国文化的突出优点。我们要在新农村建设中不断强化这一优点。一是大力宣传保持中国农村家庭模式完整性的意义。以各种方式去提倡和谐家庭的好处。二是积极推荐家庭新风尚的优秀案例,组织此类现身说法的活动,促进家庭细胞充满活力。

七、农村文化教育活动的开展

农村文化教育活动的重要性已经在前面多处提及。这些活动既贴近农民的喜好,又是一个引导农民走向文明的很好的平台。文化活动不只是文艺活动,它更是寓教于乐、寓教于"行"的社会教育工程和文化教育工程,开展活动必须要持之以恒,而且健康发展,活动还必须贴近实际,符合需求。这种教育的好处是潜形于声(听觉)色(视觉)之中,顿悟于往来前后。其教化效果往往比较明显。

八、农村自然和文化遗产的保存

这是我们过去很少提及的工作,但是它和图书馆保存文化遗产的基本职能完全吻合。我们必须认真参与农村自然和文化遗产保存的工作。我们要搞清自然和文化遗产的来龙去脉,掌握它的"底牌";收集资料和实证材料,整理和形成自然文化遗产的档案;协助做好保存自然和文化遗产的报备及一切后续工作。在这一点上,图书馆无论从哪一方面讲,都担有责任,我们须积极主动地参与这项工作。

第四节 农民服务的需求

一、为农民的生存需求服务

事实上,从改革开放开始,中国农民的生存方式已经有了千百种选择,亿万种出路。由于社会发展所形成的过程性差异,这种选择将一直伴随社会进程。乡村图书馆就应该将这一问题列入农民需求中的首要需求。改变自己的境遇,选择最适合自己的生存方式,确实是农民最关心的问题。在这个问题前面,我们在清晰把握国家发展形势的前提下,去伪存真,给农民兄弟提供全面而准确的就业用工信息,提供各种职业岗位的优劣比较、各种产业的发展前景。只要持续的、到位的不断努力,就会赢得农民的信任。

对于农民在生存问题上的另一个大的需求,就是他们正在从事的产业的提升问题。产业提升包含了它的生产环境、产量质量、技术工艺、市场购销以及与之相关的各种手段方法的改进等因素。因为这些提升直接关系到他们利益的增长,也是他们生存手段的强化,所以我们当然应该高度关注,把它放在我们服务的主位上面。因为对产业我们在前面已经做了阐述,这里就不作展开了。

还有其他的许多农民对于生存的知识诉求,如安全、交往乃至与外地家人联络等细节,我们都应该视作亲人的需求而提供相关的文献信息帮助。

二、为农民的生活品质需求服务

国家这几年对于改变农村面貌的投入可谓大矣,总体上说农民的生活近年来普遍有了不小的提高。当人们已经衣食温饱的时候,必然希望能让生活品质得到进一步的提高。我们对于这些要求也需要顺其意愿,不断推进。

农民最怕的是生病,过去常常是一场病灾能使一家子断了生路。由于他们经济拮据,又不懂科学,就往往"小病不当病,大病要了命","一拖二看三挺"成了他们对付疾病的办法。笔者在网上寻找农民致贫的主要原因时,因病、因主要劳动力的丧失成了第一位的原因。浙江临安市农村的低收入家庭中51%是因病致贫。尽管国家在农村公共卫生保障体系投入大量精力,这种现象的减少已成定局,但这种现象还比较普遍,究其原因,一是农民的手头还是不宽裕,二是农民的科学生活和科学保健知识的极端贫乏。前者要靠经济发展,与我们的关系比较间接,而后者就有直接关系了。生活和健康关系最紧密,而两者都需要科学知识的灌输和熏陶。健康生活的知识传播我们责无旁贷,要从饮食起居、个人习惯、环境卫生、防病治病、破除迷信、体育锻炼等要点全面向农民展开科学普及工作,自己不懂的先学习,学懂以后去普及。要与农村的国办医疗单位联手开展保健宣传和疾病预防,与村委一起进行改变陋习的群众工作。这项工作实际上是让农民保持强健体魄、彻底告别穷困、走向文明社会的重大举措。

在健康之外,如何让农民真正提高生活品质,真正理解幸福和文明的含义,确实是要花费一番功夫的。提高生活品质,就要和无限享受物质生活,一味追求金钱、满足欲望的生活状态严格区分。在长期的穷日子之后,许多人会有"矫枉过正"的生活要求。农村也出现过许多丑恶现象,我们就需要向农民介绍文明生活、和谐家庭、节俭持家、尊老爱幼、良好习惯、积极进取、人际交往等现代文明的内容,同时也向农民展示现代生活的方方面面、物质生活的正当追求,并且积极创造条件,引导农民的自我教育。在这些工作中,如同前面我们反复强调的,不要有说教的成分,最好的办法是现身说法。

温饱之后的农民需要精神家园。我们更要注意的就是提供他们文化的养分。我们在前面所说的许多举措实际也是围绕着这个题目的。比方说地方文化的根,我们要把它梳理出来"种"进农民的心里去,通过长期的工作,让他们对这个文化的根产生依恋。比方中国的传统文化正在被重新认识,我们要把其中符合现代社会法则的积极因素向农民灌输,从而结合沉淀在他们日常生活中的道德伦理,形成一地的文化道德传统。比方一些经济较发达的农村,市场贸易上已经与国际社会挂上了钩,我们就可以从贸易规则着手,厘清现代社会中人际交往法则和商业道德规范,用案例和实践拓展农民的现代观念和国际视野,树立现代文化意识。文化是看不见摸不着的补养品,它使人精神焕发,动力无限,亟需要我们以自己的感悟因人、因地、因时、因事而抓住契机,传播文化,提升农民群众的"底气"。

三、为农民的个体发展要求服务

"每个人自由而全面的发展是一切人发展的条件"。这是马克思和恩格斯对于人的发展的论断。创造条件让每个人得到自己的发展同样也是现代社会自身发展的条件。因此我们从图书馆的核心价值出发,需要把帮助和推动农民的个体发展作为农村特别重要的需求。

人的发展最基础的条件是具备文化基础,舍此别无他路。我们已经从扫盲开始,配合学历教育,要求农村的图书馆服务开展阅读普及和社会教育,打牢每个个体的文化基础。这种文化的提高,是累积式、渐变式、渗透式的。这里没有跨越、没有突变、没有飞速,有的是点点滴滴的努力、日复一日的重复和说不完道不尽的艰苦。但是,我们得到的是一种永恒、无限的效益和人的创造能力绝对值的增加。

文化提高的结果是人的认识能力的提高,但认识还须转变为改造社会、改变生活的能力,因此个体发展的另一步是技能的提升,也就是强化解决实际问题的能力。这就需要我们提供社会应用的种种文献信息保障,提供职业技能的社会教育,提供因应个体需要的特殊学习。当农民"挣钱吃饭"的能力有了扎实的基础后,他才会认真考虑自己的进一步发展。

大批农民出外打工,是他们弃土离乡、转换职业的自我否定,有了一次否定,就可能产生第二次、第三次。这种不断的否定,就是社会进步的节奏。我们需要对农民职业的转变或者他们对职业内涵的深入理解进行帮助,因为这是农民肯定自身价值、认识自己的社会定位、要求发展自己的愿望的表达,对于这些创业者我们要以极大的热情扶助他们,提供他们在实践中学习的一些必备条件,如文献信息、进修机会、指导单位等,成为他们自我发展的"助推器"。既是自我发展,必然是个性化服务,方方面面我们都要尽量关注到。

当人们生活保障、社会地位、安定环境等要素都达到了令人满足的程度后,他们自身萌发的"文化自觉"就会急切的要求充实知识涵养,提高认识层次,深入了解世界。我们对于这个层次的人们要悉心关怀,真诚交流,与他们互动起来。在提供尽可能周到的服务的同时也向公众推介他们的成功历程,树立农民关注自身发展的楷模。

四、农村读者的阅读指向

就笔者的大致了解,农村读者阅读指向相对集中在下列类型:

打工就业和个体发展的各种文献信息。就业发展是当前农村的社会现实和农民的首要问题。我们要给农民的打工就业提供正确的选择,就需要提供各地对用工的需求信息和选择工种的有关知识,同时重视此类文献信息的可靠性。

扫盲读物。扫盲读物虽只在某些地区十分需要,但对大部分农村地区来说也应该是必备的,因为真正文盲的绝迹还需若干年。这些读物一般是图文并茂的大字类读物。

浅显易懂的图文资料。这些也是给具有初识文化的中老年人阅读的,如果能慢慢形成习惯,农村的"赌风"将会大大地弱下去,空气会变得清新起来。也可以增备一些"小人书"。

适用普及的文学读物和科普文献。这类文献潜在需求量很大,它们会随着新农村建设的强化越来越热俏。无非是我们要根据读者需求,挑选适宜的读物充实书架。

实用工具书和产业文献。这些工具书和产业文献一般能解答农村日常生产生活中的常见问题,我们应该让农民学会自己寻找问题答案的途径。

科普和产业方面的图像资料。图像资料农民会欢迎的,可以通过形象和行为说明一些科学道理和实现方法,这些图像资料实质上是在为文献做诠释。

艺术类影像资料。这类资料应该以共享工程提供的文化信息资源为主要来源,另外也可以补充本地农民喜闻乐见的本地艺术资料,还需要了解青年人,提供满足青年人需求的影像资料。

由于下一章是专门分析农村各类读者的,因此本节不作展开,点到即止。

第五节　工业和服务业的需求

一、推介适合当地举办的工业或其他产业

当前农村各种各样的经营户比较多,有办企业的,有种养专门品种的,还有搞商贸、搞运输的等。工业和服务业在农村这个广袤土地上发展速度很快,这就产生了巨大的农业之外的需求。按照地域服务的要求,我们也应该承担起满足农村工业和服务业需求的任务。

农民个体生存方式的多维发展,是中国农村的巨大进步,但是这种生存方式的选择,完全是一种自在的行为,缺少科学的审视。所以我们应该"春江水暖鸭先知",努力搞清楚当地具备发展工业和服务行业的各种有利、不利条件,从而向农民群众介绍一些适宜发展的产业。我们尽量要积累足够多的产业信息和各地发展的现状介绍,让农民的选择有丰富的参照对象。

二、当地的行业概况和市场信息及产品动向信息

我们需要不断向企业和相应专业户提供所属产业的宏观发展概况,供企业作为发展战略参考。这种产业走向往往代表着行业在中国的前景,是不能不重视的,企业也能因此而强化自己的发展战略思考。第二是要向企业和相应专业户充分传达产业的大范围市场信息,使企业掌握主动,进退有序。上述两种大范围的信息检索和整理就考验着

我们的能力。为了促进企业更好地掌控市场,我们还应该及时向企业反馈同类产品的动向信息情报,这一点,我们通过努力是能够做得到的。

三、当地各种产业的技术资料和技术培训材料

为企业和相应专业户的服务,不但要有宏观服务,也应该有具体的服务。向企业提供产业发展的技术资料,提供最新的产业技术培训材料,也是我们通过努力可以做到的事情。这两点都是一般企业不太具备的东西,但是却能真正提高企业的技术和管理水平。能为企业努力排忧解难,也会使我们得到社会的全心全意的支持。

四、企业各工种技术的学习资料

由于产业的多向发展,因此各行业的从业人员越来越多,一些通用的工种基本技术学习资料会成为热门的阅读品类,我们不但要常备各工种的学习资料,而且需要不断增加和更新这类学习资料,以满足学习者的需求。浙江温岭横峰镇制鞋业发达,横峰镇图书馆就大量置备了鞋样品种资料和技术学习的普及资料,深受当地务工人员的欢迎。

五、网络信息检索和相应电子文献检索

产业发展现在已经离不开网络信息和电子文献,要以最快速度取得最新信息,就只有这"华山一条路"了。我们也需要"看菜吃饭",努力熟悉网络信息、电子文献的检索途径,把代查作为一项日常工作。在企业尚不具备自主检索设施的时候,我们为它们的服务要尽量全面、到位,努力让它们在信息检索中获得效益。

六、帮助建立自主信息检索设施

代查毕竟是被动的。许多企业都自备电脑,开通网络,自主检索。我们也要帮助企业建立自主信息检索设施,让它们具备自主检索信息

的能力,并提供多种检索途径。对于我们的电子文献资源和共享工程的有关资源,在不妨碍公众使用和不违反知识产权的前提下也应该与企业共享。

第六节　文化传播和活动场所的需求

一、本地农民集会场所

图书馆应该是村里主要或唯一的公益场所。它一般有一定的空间可以进行小型集会。农民对文化人充满着尊敬,如果能在这里经常进行集会的话,原来潜意识当中有自卑感的农民会有一种强烈的平等感觉,进而会感到轻松。如果集会的内容话题不沉重的话,农民就会喜欢上这里来。图书馆就慢慢成为农民喜欢来、经常来的地方了。

二、学生集中阅读的场所

学校与图书馆联手形成学生下午放学就到图书馆(室)的习惯,是一件很有意义的事,这种做法学校、家长和图书馆,甚至学生都欢迎,因为它同时解决了几方面的难题。解决了眼前的难题,比方学生空挡时间的正确使用;解决了长远的难题,比方青少年的图书馆意识的具备。每天孩子们的集中既有自由(他们可以选择自己想看的东西看,让他们有一种放飞的心情),但又有制约(对他们的自主阅读进行指导)。相信这种做法在农村是会受欢迎的。

三、农民活动中心

在村级图书馆,图书馆往往连带着文化室,目前要让两者彻底分开是不现实的。一些社会教育活动就应该在图书馆展开。活动与集会有同有不同,集会相对静态,而活动却不少是动态的,因为图书馆总的是需要安静的,动态的活动对于图书馆是不是一种反向运动呢? 笔者认为,要正确处理动静之间的辩证关系,不要任意排斥一方,应该合理安排不同时段,既要让图书馆充溢人气,又要使图书馆具备安静读书的氛围,只有这样,图书馆才真正起到了文化中心的作用。

四、农民自我教育中心

图书馆在农民心中有了地位以后,我们就应该推动它进一步扩展职能,成为村民的自我教育中心。要积极鼓励农民自发组织的社团来这里使用场地开展活动,使图书馆具备"文化磁力"。也可以鼓励村民将个人或家庭的有进步文化意义的活动放到图书馆(室)里来办,辐射它的文化影响。甚至村委会都可以将一些群众工作放到图书馆来做,让村民无意中感受文化的力量。在所有这些活动所造成的效应中,人们会自然的将集中的关注力投向图书馆,投向文化。

农村里的茶馆往往是一个村的"新闻中心",其影响的波及面很大。笔者一个大胆的设想是将"茶馆"搬到图书馆(室)来,因为这里有充足的内容让村民闲聊,有五花八门的新鲜事物供大家谈论,人手一张报纸就可以打嘴仗,一个话题就可以议论许久。实际上这就是自我教育,一种有着文化背景的闲聊。

第十章　农村读者人群初探

第一节　为什么要开展读者分析

一、为什么要开展农村读者人群分析

　　读者人群的分析和研究现在很多人都说重要,可是翻遍了我们很多学刊和书本,却"只听楼梯响,不见人下来"。读者领域的探索,对于我们是一件与图书馆建设同等重要的工作。推行图书馆事业的科学发展观,其拐点就在于对"人"的研究,包括对读者和对图书馆从业队伍的研究。在图书馆事业的天平上,对于"客体"的研究已经相当充分了,印刷载体的文献和数字媒介的信息所涉及的整序、流通、传输、保存、衍生、安全以至知识管理等方面的研究,无一不是反复咀嚼,积累丰富的,如同一座漂亮的大厦;但天平的另一端,对于主体——"人"的研究却只有粗线条的水泥、钢筋,连构架的图纸都没有。科学发展观的着眼点在人,图书馆事业的发展中如果确定了"人"的地位,它所展现的就别有一番天地了,因为读者和图书馆从业队伍主导着事业的发展。每一类读者群体都有他自己的生存环境和时段,这种"先天"因素常常主导了他们对于阅读的理解和信息的接受指向。我们的人际服务和信息提供如果偏离上述指向,读者就会集体隐身和噤声,而这种现象在当前的许多乡镇图书馆大量存在。从另一个角度说,国民阅读率的走低要求我们重视阅读主体,我们须千方百计,努力揭示和激发百姓大量的潜在阅读需求,不仅让这些需求在阳光下展现出来,而且要使它们活力充盈。笔者认为,实践探索是图书馆人的一个永恒的命题,这一章节的农村读者分析,就是希望以实践探索和概括来为理论的升华提供积累,尽管现象粗浅,笔触幼稚,总是咬下了螃蟹的一条

腿,不失为"初尝"吧。

二、农村读者人群分析的依据

人在阅读的整个过程中都有心理活动在指导,这些心理活动的产生也都有其主客观因素。在大致的区分中,我们可以把农村读者的阅读按其程度和状态分为4大类。即:被动阅读、目标阅读、兴趣阅读、文化阅读。被动阅读一看就知道,不是主观愿望的积极参与,阅读没有形成兴奋,"小和尚念经",效果不显。目标阅读有一定的压力,其明确指向是解决问题,这种阅读的启动有着强制因素,但是接受是从强制一步步转化为自觉的,因此阅读会产生兴奋,而且效果明显。兴趣阅读往往由目标阅读发展而来,有着进一步充实知识的强烈冲动,自始至终充满阅读兴奋,而且兴奋点逐步转移成阅读自觉,但阅读指向仍然比较单一。文化阅读也可以称为人生阅读,是一种完全的阅读自觉,其人生目标有着长期阅读浸润的印记,其阅读也会有系统性和全面性的特点,阅读状态由激情转为平静。农村中此4类阅读形态都存在,前两类是不自觉阅读,后两类是自觉阅读。从阅读推广的要求看,我们对于每一类阅读都要不断加强研究,寻找其可以进一步推进阅读程度的环节,尤其是尽快转化阅读形态的办法。

农村读者阅读形态的构成取决于个体成长和生活环境的主客观因素。客观因素是地位背景、文化基础、生存状态以及追求目标和人际因素两者所构成的压力和动力所在;主观因素系个体的性情特点、学习习惯、专注能力等。这些主客观因素所建构的阅读形态,随着它们自身的变化也会产生变化。我们图书馆人就必须知己知彼,以"变"求成,以针对性服务提高效益,以深邃的文化眼光引导读者提升阅读层次。

第二节　乡镇干部的阅读分析

一、群体分析

乡镇干部是农村文化程度最高的人群之一,阅读的接受能力应该比较强。他们的政治地位高,掌权执政,受人尊重,在老百姓的眼中是具备可以"呼风唤雨",主观意志得到充分张扬的"高官"阶层。他们属公务员和准公务员的地位,生存保障也最稳固。这两个优越的基础条件使他们缺少自觉阅读的动力,同时,他们中的大部分人事务多、应酬多,顾及眼前重于考虑将来,学习就不太有现成空间,进而使得大部分人对农村的图书馆设施也不够重视。乡镇图书馆这些年的艰难历程不能不说与乡镇干部滞后的思维是有关系的。但是,近年来社会文明的极大发展正在触动着干部们的神经。部分干部,尤其是经济发达和比较发达的地区,外来的和自生的社会发展要求大大加强,干部必须要重新适应形势来完成工作要求,学习的自觉程度大大提高,建设图书馆的积极性也高了不少,因此这些地区的基层图书馆面貌有了令人惊异的变化。笔者到过浙江平湖的黄姑镇,乡镇因工业的发展而全面的带动起来,干部们到乡镇图书馆找书看,一时间蔚为风气了。从归类看,乡镇干部中目标性阅读占大多数,但也有一部分进入兴趣阅读,以至文化阅读。

二、因应对策和喜好读物

在乡镇干部中阅读推广,我们的对策建议可以从4方面着手:(1)抓住对干部们攸关升降和生存的问题及时提供学习帮助。这个时机我们雪中送炭,干部们肯定影响深刻,而且关键时刻的阅读,会给他们以很深的启示,有助于他们形成阅读习惯。(2)根据个人爱好提供兴趣阅读的机会。有些人平时也偶尔读读书,我们要抓住他们的兴趣,不失时机地推荐一些书给他们,自然而然的促使他们的读书习惯的养成。(3)通过读者之间的传帮带带出学习风气。干部中确实存在相应自觉的读书人,他们一般比其他的读书人更具有阅读自觉,因此,我们可以通过他们去推动干部中的阅读风气,如果这些人中有主要领导,可能推广就更容易些了。(4)借助社会压力推动从领导到干部的阅读学习。现在干部所受的学习压力比过去大多了,否则他们无法适应现实工作的需要,我们可以借助这些社会压力提供他们需要的文献,为他们的提高做些基础工作。

乡镇干部一般喜好的读物为法规政策类读物、经济管理类读物、农业经济类读物、文史哲读物、专业指向性读物和休闲读物等,这是他们的工作使然,当然也不尽然都是从工作出发。从个性化需求来看,各种各类的内容就更丰富了。他们与教师一样是农村中的有较好文化底子的人群,一旦激发起阅读积极性,则他们所涉猎的文献种类将是很广泛的。

第三节　村级干部的阅读分析

一、群体分析

村级干部属村庄里文化较高、能力较强的"尖子"类人物,有一定阅读能力,他们的社会归属依然是农民,没有稳固的生存保障,因此他们肩负的一部分压力是自己的生存压力。他们的时间空间比乡镇干部充裕,但是必须处理最底层的大小矛盾。因为村庄没有国家作靠山,他们就必须解决大到村庄发展小到邻里不和的所有实际问题,压力大,不按常规出牌的"土办法"多,眼光务实。一般刚够温饱的情况下,你说破大天,他也不会对阅读、文化感兴趣,但一旦村级经济进入后温饱时期,他们很快会投入文化建设,因为他们从实际发展中看到了知识和文化教育所起的巨大作用。他们自身也会在某些契机下投入阅读。他们的阅读状态也基本上是目标性阅读。

二、因应对策和喜好读物

村干部当中推广阅读有这样 3 点建议：（1）以村庄确定的主要产业模式为抓手，推动村干部的目标性阅读。你抓住了村干部最关心的产业推进，而且以知识为前导，他当然是求之不得。这是一项最有效的方法。（2）在目标性阅读取得初步成果后，引导村干部结合自身领导和组织的实践，学会在书中和网上寻找解决问题的答案和办法。你的进一步引导必须让他发生兴趣，符合他的兴奋点，不能强扭。但是一般来讲同样会有效果。（3）把村干部阅读的劲头进一步引导到兴趣性阅读上来，开始形成阅读习惯。村干部基本上是初、高中毕业生，他们一旦有兴趣阅读了，一般不会有很多困难。

村干部喜好的读物基本类型有：农业经济类读物、法规政策类读物、经营管理类读物和专业指向性读物。

第四节　企业主的阅读分析

一、群体分析

人们心目中中小企业主地位在乡镇干部之下，与村干部相近。尽管性质还是农民，但衣食无忧，生存有保障，也受人尊敬。他们一般具有村干部的文化程度，但生活经历中的知识积累和能力较强，自信而自强。小打小闹开始创业时，他们对学习和阅读不屑一顾，而且在小小发家时最瞧不起"酸溜溜"的文化人，可是市场竞争使得产品、技术、营销每一环节压力加大，必须适应竞争，强化企业应变能力的时候，他们这才感觉到要提升自己的知识、管理、经营甚至技术水平。这个时候，从不自觉到自觉，他们会逐渐走向阅读和信息检索。当然，他们的这种从被动性学习到目标性学习的转变，还是初步的，他们的阅读还会逐渐提升。

二、因应对策和喜好读物

对企业主的阅读推广有 3 点建议:(1)积极协助他们使用各种信息检索手段,使他们在激烈的市场竞争中尝到甜头。我们用"对策应用"的方法使企业主从切身利益得失的角度靠近图书馆,与阅读和图书馆使用产生亲近感。(2)针对难处,提供有关参考读物。在企业碰到困难时,我们找准角度,主动帮助,提供资料和读物,让他对知识产生崇敬。(3)在解疑释惑的基础上,建议他们阅读关于企业长久发展之道的读物,提升理念,开拓视野。几个回合下来,他已经臣服了图书馆作用,眼光开始变化,习惯逐渐养成。

企业主喜好读物初期一般集中于经营管理类读物,在中后期就喜读市场营销类读物、宏观经济读物和舒缓压力的休闲读物,如小说、传记之类的读物和影像资料等。

第五节　教师的阅读分析

一、群体分析

教师在农村是颇受尊敬的文化人,职业稳定,基本衣食无忧。他们有相应的文化素养和师德,有一定的阅读自觉。他们现在的职业压力也越来越重,由升学教育到素质教育的转变要求教师提升综合素质,经济滞后师资不足要求教师增强执教能力,这就使得他们需要不断提高自己的知识素养,适应工作对他们提出的要求。他们有比一般人强烈的阅读要求,但不认为乡村图书馆能满足他们的愿望,而这些年乡镇图书馆的惨淡经营也确实无法应对教师们的需求。这是一个在农村中唯一能闻到书香的群体。他们的阅读基本是属于职业的目标阅读和兴趣阅读。

二、因应对策和喜好读物

教师的阅读推广可以遵循 4 个步骤进行:(1)针对素质教育要求

努力推广相应读物,让教师对乡村图书馆产生兴趣和信心。这是我们帮助学校开展的工作,满足了学校素质教育的图书资源,学校自然乐意为之。(2)尽力将学校的阅读资源与乡村图书馆的阅读资源共享使用,实现乡镇村庄的公共阅读资源最大化。乡村图书馆与乡村学校经费一般都捉襟见肘,能做到两者图书资源共享,利用效益就大了。(3)请教师参与公共图书馆的建设发展和各项工作活动,实现阅读推广中的人力资源最大化。我们让教师同样投入社会教育工作,请他们发挥自己的长处,教师们对乡村图书馆和阅读推广活动兴趣会越来越浓。(4)在教师骨干中推动兴趣阅读和文化阅读。在妥当安排上述三个步骤之后,教师中阅读推广的工作就能深化了。我们要积极提倡教师的"深阅读",同时重视推广他们"深阅读"所产生的成果,请他们担任乡村阅读推广工作的顾问,与我们一起出谋划策,提升阅读推广工作的层次。

教师的读物一般是文史类科普类综合读物、教育类文献和教学参考资料,但是其他各门各类的读物他们也需要,他们阅读的面比其他群体要博杂得多。

第六节　农村专业户的阅读分析

一、群体分析

农村专业户在农村中发展专门产业。他们是农民,但经济地位和社会地位高于一般纯粹务农的农民,不过他们没有脱离农业的圈子。他们个体发展的愿望比较强烈,对科技兴业十分认同,对知识和技术比较崇拜。随着全国经济的迅速发展,技术、产品、市场、成本等诸要素的压力越来越大,他们争取主动的愿望也越来越强,因此他们具有强烈的学习科学技术、学习信息检索的要求,只是怕乡村图书馆满足不了他们的特定要求。他们的阅读基本是目标性阅读,但是会向兴趣阅读逐步转化。

二、因应对策和喜好读物

对于专业户的阅读推广有3点建议:(1)置备本乡本村专业户所需技术、市场、产品等方面的专业资料。这方面专业对口很重要,而且不但要对口,还要先进和超前,能给他们以实际的指导。(2)与相关部门联手,建立专业户科技支持服务体系,做好分内工作。一般各地都有科技支持,乡村图书馆就要在这些方面补缺堵漏,使科技支持保障体系能够通畅顺利地发挥效应。(3)联系上级图书馆开展信息检索、科技咨询和市场动态快递等多种形式的个性化服务,拓展信息提供面,力争做到有求必应,全方位服务。

专业户喜欢的读物一般是种养业专业指向读物、农业技术资料和市场营销读物。其他方面涉猎不多。

第七节　中年农民的阅读分析

一、群体分析

中年农民是农村负担最重、生活来源最不稳定的人群。他们初中、小学文化水平占多数,"面朝黄土背朝天",一直从事农业生产,生存压力最大,基本靠天吃饭的状态使他们无所用心,文化生活距离他们最远。但是目前有一半左右的中年农民出外打工,离乡离土改变境遇和观念。打工的工作要求或在家务农面临的新型农业对知识和技能的要求已使他们逐步认识到改变自己的必要性,逐步了解学习的重要性,从而使他们不自觉地开始部分目标性阅读学习。

二、因应对策和喜好读物

中年农民的阅读推广比较难,我们可以尝试下列4方面的措施:(1)对于在乡或回乡人员推荐他们可适性强的文化读物,让家人帮助他开始学习,循序渐进。这些读物也应该是突出他们个人关心的主题的,这样才会产生他们阅读的愿望。(2)通过一些农业科技活动(参与式或互动式)激发他们自主学习的愿望。要让他们对这些活动发生兴趣。(3)结合他们自身的产业活动和个性化需求提供解决问题的资料。尤其是村级图书馆要主动去帮助解决一些他们迫切想解决地问题,同时不失时机地推荐给他针对问题的资料。(4)帮助中年农民阅读的工作要有充分的耐心,要持之以恒。

中年农民喜好的读物大致有通俗易懂的农业技术资料、农产品加工业资料、一些浅显易懂的文学作品和文化读物,另外地方曲艺戏曲类影像资源、一些图像资料和电影电视剧等也特别受欢迎。

第八节　青年农民的阅读分析

一、群体分析

青年农民是农村的一支生力军,应该是发展现代农业的实践主力。他们均具有初高中文化水平,比自己的父辈高了一个以上的文化层次。正因为这样,他们不安于农村现状,一心想改变命运,绝大多数已经弃农务工。而因种种原因留家的人承担着家庭的希望,但又无法安排自己的命运,处于对人生前景比较茫然的状态。他们靠农业收入只能维持生活,比父辈强烈十倍的物质生活的追求使他感到追求与现实之间落差太大。他们亲眼目睹社会这些年的巨大变化,逐步意识到用知识可以改变命运,因此学习的愿望迫切,动力强大,但希望有人指点,也希望走些捷径。青年农民的阅读状态一部分已经由目标阅读走向兴趣阅读,但是大部分基本上是目标阅读。

二、因应对策和喜好读物

青年农民中的阅读推广建议有4点:(1)了解当地农业现状和发展目标,指导青年读者在大规划之下制定个人小规划小对策,并提供资料帮助。也就是帮他们找出路,找到能够跟上时代发展,又适宜个人兴趣和条件的营生或产业。这也是他们希望的捷径。(2)在实现读者的家庭规划或产业规划的过程中,全程提供信息、技术资料的配套。这与对专业户的服务相同。(3)满足和培养青年读者在目标性阅读之外的兴趣性阅读,增强他们的生活信心。青年一旦对生活有了信心,他们就有无限的憧憬产生,我们要抓住机会,拓展他们的阅读面,让他们的阅读习惯逐渐养成。(4)努力让青年读者成为图书馆举办的各种文化活动中的主角。在帮助他们的同时,也要让他们逐渐成为这个村、镇的文化活动的主力,给他们搭好展现能力的舞台。

青年农民的目标阅读读物有农产品加工业资料、农业种养业技术资料和就业打工信息资料等。他们喜欢的消遣读物有武打言情小说和其他文学读物、时尚读物以及各类影像资料。

第九节　老年农民的阅读分析

一、群体分析

老年农民是农村里生活经历与生产经验最丰富的人群,有一定的发言权,比较受人尊敬。他们一般文化水平在小学和初中,但也有不少没有上过学,不过从日常生活实践中得到的隐性知识和文化养料也非常丰富,因此相当部分还能读报刊和一些简单的文字资料,由于与艰苦的自然条件和复杂的社会环境冲撞了一辈子,十分关心周围环境和社会的变化,经常甚至规律性地阅读。当然也有一部分真正伺候土地一辈子的老人处在文盲半文盲的状态,没有能力阅读。他们现实的生存压力比过去减轻了很多,一般已"退居二线",成了"闲老",但是"闲老"闲不住,希望弄懂新时代的枝枝脉脉,愿意聊天、活动、阅读。对于老人,图书馆应该视为重要的读者群体,因为他们中的部分人每天的生活都离不开图书馆,这里是他们的精神寄托。他们的阅读状态基本是兴趣阅读。

二、因应对策和喜好读物

给老年农民的阅读推广有 3 条建议: (1) 在图书馆设立"老人角"或"老人时间",给老人一方天地。老人喜欢自有天地,因此设定特定时间和场所是比较符合规律的。而且常常是老人成为到图书馆阅读的最忠实的读者。(2) 置备老人喜欢的读物,并需定时更新。老人的兴趣往往比较固定,图书馆应该掌握。(3) 开展活动,创造机会给老人"坐茶馆",谈天说地,传达感受,启示别人。老人有丰富的阅历,创造机会给老人们谈谈人生历练的感受,不是一件坏事。

老人的喜好读物有党报和晚报类报章杂志、传记历史类文学、医疗保健类读物以及地方曲艺戏曲类影像资源、休闲生活常识类读物、老人兴趣读物等。

第十节　少年儿童的阅读分析

一、群体分析

农村少年儿童是新时代里在田野和山坡上成长起来的,没有像城市孩子那样如同"小皇帝"似的得宠,接受的知识教育训练也没有像城市孩子那样规范。农村经济在发展,孩子失学的情况已基本不再延续,在比城市孩子来得淳朴和健康的成长氛围中,在现代生存的各式思想的影响下,农村孩子的求知欲越来越旺盛,家庭希望迅速改变生活状态的这种压力早早就让孩子们在承受,所以大部分人学习刻苦,目标明确,尤其是经济落后地区。大部分孩子愿意阅读,但缺乏外部条件,缺少阅读资源和阅读环境,迫切希望有真诚的引导帮助。少年儿童的阅读,在乡村图书馆应该成为重中之重,因为事关国家下一代的成长,事关孩子少年时期的文化烙印,非同小可。本书第七章所提及的农村留守儿童问题,更是需要我们竭尽所能要去解决的问题。这些孩子自小就缺少亲情的温暖,他们的成长过程肯定要比其他儿童群体来得艰难。当由于各种外在因素的制约,使得留守儿童的文化需求得不到正常满足时,他们就会通过一些不正当渠道获取一些他们自认为属于自己所需求的文化。因此,我们要留出充分的空间关注他们这一个群体。总体上说,由于处于懵懂开智的状态,所以少年儿童的阅读形态可以认为是从被动阅读到目标阅读的过程。

二、因应对策和喜好读物

少年儿童的阅读推广我们在前面已经讲得很多,概括起来有如下5点:(1)明确所有的乡村图书馆都必须具备一定量的少年儿童阅读资源以及阅读场所。要使这一条成为"铁律",让所有面向农村的图书馆遵循执行。(2)所有的乡村图书馆工作人员承担起"花一半的工作精力在少儿身上"的神圣责任,不能推诿。(3)与学校合作,用适当的方式在适当的时间段将少儿阅读活动推向深入。(4)要与学校配合,将方方面面的知识点和人文因素化为兴趣活动(包括培训班),寓教于乐应成为阅读的重要辅助手段。(5)开始农村婴幼儿教育的试行。农村婴幼儿教育是一片未开垦的处女地,我们需要在一些有条件的家庭(能购买婴幼儿教育的读物,家长有余暇空间)进行试点。要向村民宣传学前教育的重要性,要给家长提出做好婴幼儿教育的基本条件,要推行婴幼儿教育的具体方法,要增加图书馆对于婴幼儿教育的文献储备。

少年儿童喜好读物的种类繁多,笔者要絮叨一番。在少儿文学读物中,要有低幼阅读的插画故事、儿歌和诗歌、文学故事、短篇小说、科幻故事和科幻小说、适合少儿的名人传记等。在少儿科普读物中,要有与少儿生活阅历相适应的科普书籍、新的和老的《十万个为什么》、少儿科普刊物等。在少儿艺术读物中,要有楷书字帖、画册和画刊、艺术视听读物、适宜的电影电视剧等。在少儿游戏资料中,要让孩子开展棋类活动和学习,要提供游戏资料供他们模仿。在高年级阅读的浅显的成人读物中,要有游记类和叙述类散文、幽默小品、励志类读物和初级工具书。其他还有教育部门支持的正规的教辅资料等。

第十一节　中学生的阅读分析

一、群体分析

中学生青春期生理心理变化和家庭对于读书供养的状况使农村中学生的学习逐渐分化,当然这一点对初中生来说也许在 2008 年以后就不存在了,因为国家已经取消了义务教育制度下的全部费用的缴纳。部分人逐步转化为青年农民,但中学阶段的学生在农村备受重视,被视为希望所在,在总体艰难的条件下他们比较"受宠"。他们中的大部分坚持着一种朴素的学习作风,勤奋努力地接受文化知识的洗礼。父辈的希望和自己改变命运的意志促使他们埋头苦学,媒体的喧嚣及逐步打开的视野又让他们非常愿意了解世界,因此他们愿意阅读,但缺乏外在条件,迫切希望有真诚的引导帮助和丰富的阅读资源。他们的阅读状态是在目标性阅读与兴趣性阅读两者之间。

二、因应对策和喜好读物

中学生的阅读引导有 4 点建议:(1)与学校的图书资源联手,开发学生在繁忙的学习任务中的阅读空间。不要认为学生在校就没有时间阅读,实际上,农村中学生走读的占少数,学生住校的业余生活应该由阅读占据起码一半的时间。(2)置备丰富多彩的中学生的适宜读物。(3)对中学生开展的阅读推广必须围绕着"阅读习惯的养成"这个中心。这是从长远出发的一种战略措施,而不是统计学生阅读的读物数量或者搞的活动的次数。图书馆开展阅读推广应该与"作秀"绝缘。(4)对中小学生阅读激励手段的运用。对学生激励很重要,在他们的是非分辨中一旦得到激励,就是他的行为价值的肯定,这条路他就会一直走下去。

中学生喜好读物的类型我们也要很好地分析一下。在文学书刊中,小说、散文、传记类文学与诗歌等受欢迎,当然,还有网络文学作品。在科普读物中,受欢迎的有初中时期的通俗科普读物、高中时期分科的专业科普读物等。在青年修养读物中,有励志类读物、伦理类读物和人际交往类读物等。另外,网络信息检索也是中学生的最爱,要让学生学会网络信息检索的各种方法,要让学生在认真投入学业的同时养成使用网络的习惯。图书馆也应该配合学校引导学生使用网络。在艺术读物中,受欢迎有书法读物、音乐美术的书画刊和视听读物以及电影电视剧等。在中学教辅资料上,还是坚持使用教育部门支持的正规的教辅资料,我们不要自搞一套。除了上述类型的读物之外,兴趣爱好所及的相关读物、学习、家庭、产业、个人就业等需求的相关读物都可以是中学生的阅读适应范围。还要说明一点,对于合适的网络游戏,引导胜于防堵,毕竟网络游戏对启迪智力和反应力还是有很多好处的,只要引导与措施相结合,就可以建立良好的网络游戏空间。

第十二节　外来务工人员的阅读分析

一、群体分析

外来务工人员群体是现有农村青壮年中不可小视的部分,他们本应该是发展现代农业的实践主力,但由于急于改善生活,改变命运,因此绝大多数弃农务工,他乡谋生。他们均具有初高中文化水平,在相对艰难的打工条件下只有"挣钱养家"这一个目标动力。通过打工开阔视野,改变观念的同时,他们也承受工资低,担子重,要求高的社会压力,现有文化技能基础很难对自己的生活前景增添希望。在这种情况下,越来越多的人看到社会发展的良好态势,认识自己的不足,学习愿望日益迫切,学习动力逐渐增强。另一个要关注他们的因素,是由于工作地点不是家乡,没有家庭、家族和人际关系网络,也没有土地、产业的牵累,除了打工挣钱,缺乏业余生活。他们对于排遣思绪,充实自己的业余生活非常需要。广东佛山市南海区的许多镇集聚了大量的外来务工人员,形成了"员工村"。这些乡镇就在"员工村"里设立了图书馆,比较好的员工村图书馆就有桂城、大沥、金沙等村,它们已成为外来务工人员学习、休闲和娱乐的好去处。

二、因应对策和喜好读物

外来务工人员目前是发达地区乡村图书馆内最大的读者群体,对他们的阅读推广提出5点建议:(1)对外来务工人员必须予以高度重视,一定程度上是"得外来工人者得天下",如果他们能够成为乡村图书馆的读者主体,则图书馆的实际社会效应可谓大矣。(2)给外来工人以充分的享受图书馆服务的平等权利,不但不能歧视,反而要高看一筹。要尽量满足他们的合理要求。对他们的服务要与本地村民一视同仁。(3)逐渐引导外来工人的阅读倾向,做好细致工作。要积极介绍优秀书刊,特别是介绍务工技术学习资料和人文读物经典名著等,给他们的阅读增添新意,增加深度。(4)多组织阅读活动和文化活动,让外来工人平等参与。要让他们经常成为主角,要在他们中间组织读书会等一些主题组合,开展对于阅读的探讨。(5)将阅读服务深入到工人身边。可以开展送书上门活动等。

外来务工人员喜好的读物大多是文艺类书刊,有长篇小说(言情、武打、警匪、历史等类)、文学杂志(中篇、写实散文、诗歌等)、画册等。有的也喜欢修养知识类书刊、通俗直白讲"做人道理"的伦理类书刊、科普性质的知识类书刊、文艺兴趣和休闲兴趣的读物、与成家择业和一技之长有关的兴趣读物等。就业的技术支持文献在他们当中比较受欢迎,比方当地产业的工人技能培训资料、当地产业的产业技术、产品设计、市场营销等方面的资料等。相当部分外来务工人员热衷于上网浏览,他们中有学习知识了解形势的,有发表主见凸显个性的,有通讯联络寄托乡思的,也有沉迷网络不良信息的,图书馆需要专门进行网络阅读引导和上网监察,促使网络阅览形成良性循环。

第十三节　中青年妇女的阅读分析

一、群体分析

中青年妇女是维系农村家庭甚至产业的中坚力量,但在农村社会中依然处在从属地位。她们一般具备初高中学历,承担农副业的主要劳作和家庭生活的料理,劳动压力最大,但精神状态最好,她们所承受的压力主要来自家庭内部,但对于改变现状的诉求与家庭成员是一致的,因此同样有改变生活的压力和动力。她们只要一遇空闲,就会群聚在一起,议长论短,宣泄压力。由于是里里外外的一把手,因此少有工夫学习,包括少有工夫关注外面世界,但她们愿意学习,尤其是她们性别心理中天生具有的敏感使得她们很容易模仿同伴,也使得她们的学习兴趣局限在一个不大的空间里。其学习的特点比较突出,往往流行某一个主题的"风"。她们的这种学习状态实际也属于目标性阅读的类型里。

二、因应对策和喜好读物

农村中青年妇女现在是农村生活的主力军,对于她们的阅读推广有4点建议:(1)农村中青年妇女流动较少,可以选出有威望的人带动,相应地形成松散的读书组织。只要人选对,这个组织一动起来,就会有声有色。(2)要吸引她们到图书馆坐坐闲聊,从推荐她们喜欢看的读物着手,鼓励她们聊天时一起阅读,激发起她们的兴趣。(3)激励那些有个性有追求的人寻找资料拓展事业。这种做法也可以从个别到普遍,充分利用女性中间的从众效应来扩展队伍。(4)组织她们积极参加乡里村里的文化活动,让她们在活动中起作用,当骨干,从而反过来推进阅读。

农村中青年妇女喜好的读物类型特点很明显,有女性文学读物、女性实用生活和时尚读物、子女教育读物、婴幼儿养护读物,也有农业种养业资料、农产品加工业资料,还有电影电视剧、地方曲艺戏曲类影像资源等。

第十四节　中老年妇女的阅读分析

一、群体分析

中老年妇女是终身呵护家庭,辅佐丈夫的家庭配角,默默无闻、包容承受的贤妻良母,农村中地位最低,最没有发言权的人群。她们文化程度很低,文盲和小学学历占绝大多数,以操持家务、养育儿女为己任,生活中很少与识字读书发生联系。她们长年在低水平生活中过日子,不管天灾人祸还是岁月蹉跎的大小压力,总是心态平和,一以贯之。对学文化没有兴趣,也无动力。

二、因应对策和喜好读物

中老年妇女人群是农村阅读推广的最大难点。笔者有3点建议:(1)将让老人识字的任务交给有老人的各家小学生,与学校配合,要求学生让自家老人识文断字,并将此工作持之以恒地进行下去。(2)推荐小人书和图册,激发老人的文化感觉,让她们开始具有完整阅读的念想。(3)让老人们集聚起来,给她们讲时事新闻和各种知识,不断增强她们对于外界事物的兴趣。

中老年妇女喜好的读物有浅显易懂的图画类读物,有地方曲艺戏曲类影像资源,还有电影电视剧。

第十一章　基层图书馆农村服务工作的发展趋势

第一节　公共文化服务体系建设日益强化

一、政策的明确和力度的加强

中共十七大对于文化建设的政策非常鲜明,文化建设的地位从来没有在党和国家的议程中提得这样高过。而且现在并不是单纯就文化讲文化,而是以科学发展观为主导来发展文化,这就赋予文化发展以丰富的人文科学内涵,把"人的发展"作为文化发展的出发点和落脚点。在这样的大目标下,各地的系列政策措施有序出台,"文化大省"、"文化强市"等目标成为各省市的战略追求。我们发现,对文化建设的热情,是各级政府官员们近年来关注的新热点。发展规划和措施一批批出台,场馆建设热潮迭起,尤其是公共文化建设,各地都在尽其所能地建设图书馆、博物馆、文化馆、纪念馆等公共文化设施,基层的图书、文化馆(站)网点扩展迅速,内涵加强,各地民众的文化生存状态有了迅速改善。这样的发展态势使界内的同仁们深信,只要科学发展的理念进一步深入人心,中国新文化的春天就一定到来。

二、公共文化服务体系的实践建设

"俏也不争春,只把春来报",图书馆人由于长期处于困难自守的境地,对于公共文化建设的兴起是非常敏感的。在脸上有了笑容以后,大家都争先恐后地探索尝试公共文化服务的新举措新办法,东莞、嘉兴等地的"总分馆制"以及佛山禅城、长春、哈尔滨、嘉定等各地"就地取材"的新思路使得我们眼前出现了"赤橙黄绿青蓝紫"的新光景,他们又同时带动了许多中小馆的自主探索,浙江萧山就在实践一个

"基层图书馆连锁经营"的新举措。不管这些实践有多少可以被人吸收的地方,它们的本身就是一种自我否定的发展。图书馆人的实践也得到了政府的理解,财政措施进一步向公共文化服务倾斜,除省馆之外,浙江省2007年全省公共图书馆文献购置总费用达5500余万,比上年增加42%,光全省县级公共图书馆平均文献资源购置费为31.3万元,比上一年增长20%。在公共文化服务体系不断向基层延伸的过程中,它的构架也越来越清楚,从市、县(区)到镇(街道)、村(社区)这4级文化服务的设施和举措,各级政府已经或正在梳理和规划,将以一个全面覆盖的固定的社会文化架构的形式出现在公众面前。有了开端就要有持续发展。公共文化服务的可持续发展正在提到日程上,浙江海宁市对村级文化中心的巩固和发展作了一连串的精心筹划,把2004年设定为"农村文化阵地建设年",2005年设定为"农村文化活动年",2006年设定为"农村文化阵地管理年",市、镇领导深入基层指导各项工作的开展,一系列的组合拳打下去,三年时间建成并巩固了228个村级文化阵地,建成率达125.3%,182个行政村每村配备1名文化阵地专职管理员,并兼文体辅导员。可以预见,公共文化建设将成为今后一个时期的社会主流,覆盖到全社会的角角落落。

第二节　基层图书馆办馆理念的转型势在必行

一、近年图书馆事业走过的路程

近年来图书馆界跟着社会的发展走过了许多难走的路。尽管我们没有一次是主动出击,但不管怎样,总还是跟上来了。仔细分辨那些脚印,我们可以看到国内图书馆学术和图书馆实践的几个发展态势:从我们研究和实践的主要对象来说,知识超越了文献,这是一种本质的表达,接近了客观事物的规律性揭示;从我们实践的范围来说,技术超越了馆界,因为技术,世界成了一个大图书馆,一个无所不能、无所不在的图书馆就将在每个人的身边出现;从我们的核心工作内容来说,服务超越了管理,过去的管理带服务变成了现在的服务带管理、以服务为核心的工作流程。三个"超越"之外,我们承担了很多的社会教育职能,图书馆正尝试把步子迈向社会。

中国图书馆界正不断的向国外的先进经验学习,也正在使自己发生更多的变化。前面我们已说到东西方文化的交融,如果我们的变化中既有西方先进理念的表达,又有"中国元素"、东方文化人文道义的传承,那将是一大幸事。期待着我们共同的探索。

二、公共图书馆办馆理念变化的三大走向

无论是大馆,还是基层馆,都面临着一个考验,那就是办馆理念的急剧转型。中国社会进步很快,民众对政府"公器"的要求也提升得比较高。从这几年各馆对读者意见的征求中我们已经强烈的感觉到了这一点。公共图书馆办馆理念面临着三大走向:一是以人为本,服务至上。这是公共图书馆核心价值的体现,是"公器"的生存之本。那么究竟应该如何衡量这个转型呢?其实,检验这一点也不是不可能。它是一种理念的体现与贯穿,树立这种理念的地方,你处处感受的是对人的尊重,与人的方便和让人的需求得到满足,而且图书馆的进取和变化随时都在发生。二是融入社会,资源整合。这里有两层意思,首先是上下左右的图书馆要形成从资源到服务、全方位互通有无的图书馆联盟(例如总分馆制形式等),形成遍及全社会的立体服务。其次是图书馆要与社会的各种资源结合起来,互动起来,围绕"人的发展"这个主题,逐步形成一种渗透和维系全社会各个层面的改造社会、建设社会的文化知识力量。三是细化职能,延伸服务。现代社会的物质和精神生活越来越富足,它们的体现形式也大大的丰富了起来,这就使得人对于生活的需求、对于情感和精神层面的追求越来越细致,越来越多向,于是,人们对于社会服务的要求大大的丰富了起来,复杂了起来,社会分工变得越来越细,正因为这样,原有反映社会分工的比较简单和粗糙的社会架构已经无法适应新的社会分工形势,比如教育部门只能覆盖学校学历教育,档案部门也只能覆盖政府档案管理,许多新

的社会分工找不到相应的社会机构来承担职能,比如非特定人群的科学普及和社会教育工作,又比如记载社会发展踪迹的社会档案体系的建设等等。在这样的情况下,图书馆作为政府设置的公益文化机构就应该义无反顾地主动承担起一些社会重要职能,在一些与信息情报、教育、档案、群众文化、文物、文化传媒、信息技术、科学社团等系统和部门单位职能交叉的情况下,主动作为,积极作为,以对人民和历史负责的使命感延展图书馆职能,同时也提升图书馆的社会地位。

第三节 农村服务工作将完全以"人"为出发点和落脚点

一、以人为本的农村服务实践

"以人为本"的理念对于基层图书馆的农村服务工作来说,也是一种生存标准的检验。我们要将人本理念贯穿于服务工作,则有4个方面需要我们认真实践的。将阅读文化服务与农民的生存、生活和生产实践紧密结合起来,是为其一。我们的服务要服务在"根"上,生存和更好的生存,始终是人们最基本的追求目标,只有这些方面卓有成效的服务,才能让农民意识到"阅读能解决问题",从而可以更进一步贴近他们的心,用文化清除蒙昧,从根本上提升他们生存质量。换一句话说,服务伊始,就要在"根"上浇水,千万不要不着边际地乱下功夫。在做好整体服务的同时,强化个体服务和个性化服务,是为其二。"人"都是由个体构成的,我们强调平等、强调人本真正的具体体现,就是对每一个人的服务。不能忽略任何一个人,即便他是有口无心的"需求",或是不咸不淡的刁难。服务的过程,就是让人了解图书馆和你的过程。再说每个个体又都有自己的个性性格,你的应对考验着你的真诚和你解决问题的能力,但同时也是你赢得信任的极好机会。以提升农民综合素质为根本目标,推进目标阅读、兴趣阅读到文化阅读的阶梯式上升,是为其三。我们把"人的发展"作为图书馆的核心价值,把精力花在逐步提升农民的阅读层次、强化农民的阅读心理上,这就是在他个体往前发展的动力点上注油加力。当人的阅读进入自觉境界时,"阅读自觉"会转化成"文化自觉",会形成强大的精神力量。更深入的开展农民感兴趣的各种文化活动,使乡村图书馆成为农民心目中的"第二起居室",是为其四。文化活动这个载体,农民是十分喜欢的,在调动情绪的同时,也让他们融入了精神熏陶。如果我们不断的加大力度,适时把握调整教育内容和方向,就会促进农民群众的自主意识的生长,他们自身力量会不断被认识和挖掘,精神素养和人格力量会得到健全强化,而这也是"人的发展"目标的实现过程。

二、开展农村以人为本服务的有利条件

农村图书馆开展"以人为本"的服务具有比城市图书馆有利得多的条件。因为都在一个地方生活多年,天生就有亲和力,不容易引起误会和不必要的矛盾,一说话已经平添了三分自然和亲切。我们也容易调动或配合社会力量做好工作,因为地方小,社会单位的互相依存度就大,只要社会看到了我们的作用,有了口碑,我们的服务既能有当地政府的充分信任,又会得到其他社会力量的协作,何愁解决不了问题?再则运用乡情,结合乡俗、乡音,这种服务方式就非常适合农民的口味,比较贴心,农民会感到是"自己人的服务",完全没有"衙门"味道。同样,亲带亲,故连故的人际关系,使本乡本土的工作人员对本乡本土的乡亲们负有精神道义上的深度责任,服务上不敢轻慢也不能对付。这些有利条件的进一步深化,将能成为开展"以人为本"农村服务的良好基础。

第四节　基层图书馆将融入社会进行资源整合

一、图书馆融入社会的必要性

图书馆是社会的"公器",这一点谁也不能否认。正因为是公器,它的本质决定它没有自己的利益。认识这个很重要,图书馆之间,图

书馆与社会之间应该没有利益的疆界,"你的"、"我的"、"他的"最后应该是"大家的"、"民众的",这个最简单的道理,在我们界内都还是一个需要解决的认识问题。而这种认识问题的产生,就因为图书馆长期各自为政的结果。经济的全球化、世界的平面化、社会细胞间越来越繁杂的交互和依存关系使得社会系统里的单体不得不和周围建立密切而复杂的联系,从而真正确定自己的社会定位。这种定位还必须是效益最大化下面自己的恰当定位,因为社会的科学发展要求社会运作的整体效益最大化,每个细胞都应当找到这方面自己的切合点。而图书馆与社会的进一步融合,就是实现政府"公器"效益最大化的唯一途径。

二、图书馆如何融入社会

前面笔者曾说到图书馆人有"自恋"倾向。它的解释就是图书馆人坐在图书馆里看自己,纵向比较觉得自己很不错了,其实它真的与社会发展步伐距离比较远,因为无论是网络信息基础技术,还是数字图书馆,没有一个是图书馆自身的发展结果。今天中国的文化发展,应该跳出图书馆单体的物理概念,树立大局观、整体观下的图书馆功能的认识,学会自觉认识自己,客观定位自己。要走出图书馆,在图书馆外看图书馆,我们才会意识到自己是多么的惭愧!曾有一位专家讲过一个笑话。有人到某一城市去,在街上打听图书馆怎么走,被问的人回答:"喔,新华书店吧,往左拐弯走××米就到了。"人们干脆没有听说过图书馆。这个笑话让我们笑不出来,让我们无言以对。可见图书馆融入社会是何等重要。我们的主体工作——读者阅读及其推广和信息检索咨询必须面向百姓的需求和选择,通过多种社会渠道推展出去,形成广泛的社会效应,促使越来越多的人认识图书馆,使用图书馆,从而热爱图书馆。

图书馆要放下身段,轻装上阵,主动积极配合其他单位参与大文化层面上的先进文化传播工作,努力扮演好自己应该扮演的角色,哪怕是一个微不足道的小角色。图书馆的工作人员要有相当的精力投入到馆外的图书馆服务上去,请进来,走出去,将图书馆服务送到读者身边。

三、台湾图书馆同行经验的借鉴

台湾诚品书店在海内外颇有名气。大陆去过台湾的人很多都知道这个书店的名字。诚品书店 24 小时开门,许多人晚上睡不着觉就到那里去看书,它就逐渐成了"书虫"的聚居地。书店 24 小时不关门是亘古未有的新鲜事,而这种创意立即引起了社会的高度兴趣,一时间名声大噪,诚品书店抓住这个契机,开始推广"行销阅读"。首先要求推广的人要具备 4 要素:梦想、热情、服务、活力。这完全是一个现代人的形象。行销阅读的物化状态又有 3 要素:空间、商品、活动。设计有着生活美感的空间环境,就让人产生阅读的欲望;丰富多元的商品和讲究质量品味的书,兼顾了小众和大众,创造了"阅读 + 生活"的氛围;开办各种应时的书展,举办小型的有文化品位的活动,引导读者与你一起创造活动品质和互动的心灵感应。所谓行销,就是让你对商品的购买变成一种心灵愉悦享受的过程,这一过程的构建,就是行销。而行销与宣传的最大区别,拿台湾诚品书店中区督导陈富珍的话说:"行销最重要的是实质在做事"。图书馆与书店没有很大区别,唯一区别是图书馆追求的是社会效益,"行销阅读"对于图书馆来说无疑是追求效益最大化的一个现代做法,诚品书店给图书馆开出的药方是"改造空间、丰富藏书、优质展演、热情服务"。陈富珍富有感情的叙述道:"当你与读者分享书时,那份喜悦让两人有共同点和交集,你推荐好书让他读完后,很多读者还会向我们道谢:'你上次讲的那本书真棒!我又买几本送给朋友。'这种互动会让你觉得有成就感,同时你也在书里得到启发、乐趣和生命的感动,这样的感动是彼此热情的绽放,这种感染力会扩散的,这就是图书馆这份工作带来的满足。"

台湾基层图书馆的社会化理念非常先进。高雄县大社乡立图书馆馆长黄素霞说:"乡镇图书馆需先确认角色扮演和经营方向,再依此需求开发或寻找社区资源,方能做最有效的运用与结合。"对于社区资源的界定,她认为:"科技发达、急速缩短时空距离,营造了地球村。相对在社区资源的界定,也不应受地域限制,凡可提供资源或与图书馆形成互动进而服务读者,发挥图书馆功能的任何资源,都可视为社区资源。"她对于图书馆的各项社区资源的列举,很值得我们借鉴和思考:①图书馆员工。馆员是图书馆的精髓和支柱,一个视野观念开放、工作投入、积极主动的敬业馆员,胜过数个墨守陈规的专业人员。②乡公所各课室主管及同仁。乡镇公所的人力是须以"养兵千日,用于一役"的方式长期经营的。③乡民代表、村长及其办公服务处。村长、代表为地方士绅,分处乡内各据点,且有其影响力,不论其人或服务处均可成为图书馆行销及功能发挥的分布站。④地方商家。结合商家力量,可拓展行销渠道提升乡民整体参与感。⑤社团、宗教公益团体。社团和宗教公益团体拥有多元人才,且组织行动力强,是非常优质的社区资源。⑥学校、幼稚园及安亲才艺班的社教机构。阅读、查访资料、艺术欣赏等习惯及能力养成需寻求学校等社教机构支持,与教育体系相结合。⑦读者。广大的读者群中藏龙卧虎,是最大的人力资料库,与读者建立良好的互动关系,他们就能成为图书馆最佳的行销管道。须用心经营读者群,他们的支持与口碑,将是图书馆存在与营运的最有力后盾。⑧传媒。善用报纸、地方电视台、乡刊拓展行销机会,突破闭门造车及单打独斗的困境,建立图书馆社教、文化的多元角色及功能。⑨图书馆周边住户。馆员管理馆内的安全维护,馆外则无法兼顾,敦亲睦邻有助于馆外安全防护网的建立。⑩馆际互助。各乡镇图书馆因同质同理念,可经由互动分享业务、活动、心得、经验及资源。

第五节　农村基层图书馆将健康履行各项社会职能

一、社会职能的新发展

前面我们多处讲到,社会生产力的高速发展,社会形态的多层次的变化,人与社会互动所产生的自身更广泛更深入的需求,出现了一些新形式的社会分工的要求,给公共图书馆提出了许多新的课题。图书馆立足于它的核心价值,秉承其知识传播的社会基本职能,应该自觉承担新形式的社会分工,尤其是农村图书馆,其所在地域的社会形态不是十分健全,社会机构分工简单,但社会需求却增长很快,它就必须在文化知识领域里,承担起对社会需求的回应,充分发挥其作用。

二、社会教育职能的完整履行

图书馆履行社会教育职能,在 20 世纪 30 年代就开始了。浙江省立图书馆的陈训慈馆长大力提倡图书馆的社会教育,广请名家来杭为民众讲学,在杭州引起了不小的轰动。社会教育与学校教育有很大的区别,它所展现的层面是社会生活的层面,零散而充满了实践真知,而不是学校教育从知识体系着眼,系统而严谨。图书馆组织和推进社会教育,是因为它的馆藏所呈现的整个知识架构各个部分的配备与社会教育所包含的内容高度一致,有基础条件和相应环境保证社会教育的完整性。农村图书馆的社会教育,最要把握的是两个问题。一是无论内容还是形式,以至师资、场合,都要从实际出发,从百姓可接受的程度出发,不要应付也不要超越。开展教育前要做好调查研究工作。二是注重"快乐教育"和"兴趣教育",农民不会装假,没有快乐的教育他第二次就不会来了。两个关键问题之外,从筹划、动员到教育结束,在许多细节上我们也要下足功夫,时时关注农民的反映,不断改进工作。

三、当地文化中心职能

在文化行业的这一个大类里,只有图书馆最全面最广泛地涵盖了全人类的文化积累,而且它的文化传播方式自主、自由和理性,更贴近人类生理心理上对于文化的自然接受方式。正因为具有这些特点,千百年来图书馆的使用还是被人类所高度重视。人的发展离不开图书馆,图书馆也理应成为地域的文化中心。图书馆作为文化中心应该发挥三大功能:传播知识、保存积累和助人发展。传播知识是它的传统强项,它应置备各种途径让人们获得知识。保存积累也是它驾轻就熟的本领,它应该将当地社会生态用各种可记录的形式进行历史性的积累和保存。助人发展就是它对于每一个人的人文关怀,它的环境、馆藏和服务手段、途径都在潜移默化之中强化着人们的文化生存,充实着人们的人格力量,提升人们对于世界的驾驭能力和对于自然的适应能力。

在所有服务为先导的农村社会机构中,图书馆应该可以超越其他任何机构,显示出与农民最强烈的亲和力。因为不论识不识字,只要你走进图书馆,看图识字观影剧听音乐都可以各择一端。"人无远虑,必有近忧",当你皱着眉头踏进图书馆,你总能得到智慧的启示,从而笑靥迎人。图书馆开怀为世人纾难解困,调整心情,增添力量,开发潜力,如同荷兰鹿特丹市图书馆馆长所描述的一样,它就是农民的"第二起居室"。

四、当地信息中心职能

社会的快速发展使得人们对信息的重要性越来越重视,设置一个地方的信息中心就成为了重要的话题。图书馆本来就是进行文献信息服务的,况且它所具备的设施也基本上是为了信息检索而存在的。因此让它发挥信息中心的职能是顺理成章的。政府现在已经有了《政府信息公开条例》,它规定是把图书馆作为信息发布的窗口。因此,乡村图书馆应该成为当地政务信息、社会信息、产业经济信息和生活信息发布的综合信息中心。政务信息是乡镇政府要把这里当作它的信息窗口;社会信息包罗万象,包括时事政治、法治、经济、社会,文化等重大事件和社会生态等方面的信息;产业信息则需要综合本地和外来的信息,图书馆要建立固定渠道让关涉本地产业的信息源源而来,同时强化对外地相关产业信息的搜索和汇总,让社会综合使用,当然产业信息的内容还包括广告、技术服务、市场信息等;生活信息包含就业、房地产、社会福利、保险、股市行情、商品介绍、市场预测、天气预报、旅游市场、车船时刻等。广西玉林市名山镇名山村图书馆早在2003年就建立了"经济信息服务中心",利用电脑查询网上信息,在中心创建的广告栏上发布农副产品市场信息、科技种养信息,深受农民欢迎。作为欠发达地区的乡村图书馆,名山村图书馆已经远远地走在前面了。信息中心的职能需要图书馆对与百姓生活攸关的社会机构单位的各种信息进行实时、准确和全面的收集,向社会发布,信息越详细,百姓越欢迎。至于文献信息,那就是图书馆的"拿手好戏"了,更应该全面详尽的公开查阅。

五、当地网络中心职能

这里所指的,是乡镇以下的图书馆可以起到当地的网络中心的职能。网络传播的内容(公开的)与图书馆应该或者可以服务的内容是基本一致的,而且正因为图书馆所要求的强大的网络检索功能必须有相应的计算机硬件配置,乡镇以下的图书馆就可以在这样的配置上稍加改动和增加,从而形成全区域的网管中心了,如果不是这样共建共享,资金的浪费就大了。网管中心一旦建立,它的职能就是保证全区域的网络畅通和逐步升级,但是对于图书馆来说,不能只是这样被动地对网络进行例行公事式的管理,图书馆就应摸清本地计算机网络分布情况,取得领导部门的支持,从"人的发展"这个根本目的出发制定推动本地乡村网络化的计划(这是与电信部门、IT 产业的出发点和做法不一样的)。要对普及网络的步骤进行实事求是的规划,实事求是的推进,同时不失时机的在群众中进行网络知识和网络操作的培训,让人们从实际出发,看到网络对自己的益处,从而萌动加入网民队伍的念头。图书馆还应与政府密切互动,用好用足政府关于社会信息化网络化的政策,以加快普及网络的速度。

六、地方文献中心的保存和传承职能

现在,每一个地域都非常重视自身的文化积累。这些积累的存世形式大都是文字形象纪录,近年也有大量的音像记录。因为图书馆有保存人类文化遗产的职能,所以保存地方文化的各种记录也是农村图书馆的应有之义。要保存首先就要熟悉它,调查研究是一条必经之

路。通过调查摸清各种表现形式的文化种类后，要着重研究如何记录，因为只有选择正确的记录方式，才能完整地保持这种文化形式的内涵。我们要重视和设计好记录过程，把文化形式的筋筋脉脉都实录下来，不要漏掉一些细节，尽我们的力量做成完整的文化档案。在完成记录工作后，就要配合当地有关部门，筹划地方文化的传承。前面的记录是为了保存，而后面的传承工作才更能体现作为地方文化中心的职能。要让各个年龄段的人们熟悉了解本地的文化，用适合相应各年龄人们接受的内容进行教育和灌输。让孩子从小就有家乡文化的烙印，让年轻人了解家乡的"根底"，让老年人恢复最亲密的乡土回忆。

附录：中德农村图书馆比较

一、东西方文化的碰撞

笔者曾在 2007 年 6 月参加中国图书馆学会赴德国考察团前往德国巴伐利亚州下法兰肯地区的基层农村图书馆进行考察。8 天时间的行程仿佛走了若干年，在我们了解西方图书馆事业的现状和对比东西方图书馆理念方面一下子明白了许多。

观照世界对比自己非常重要。中国图书馆事业从起步到今天年头不少了，尽管国情、文化传统等客观因素可以罗列一大堆，但是重形式轻实际的图书馆事业发展方针、现行体制下人员无压力的工作状态、图书馆人当中始终存在的"自恋"情结都是极大阻碍中国图书馆事业整体有质量发展的根本性问题。这些问题不亲身感受另一种文化状态下的图书馆生态，是无法深刻洞悉它们的危害的。中国图书馆事业呼唤科学发展的理念。

德国之行让我们对西方文化的价值有所了解。正如人们批评东方文化重道义不务实一样，西方文化是求实而不论道，他们在人类历史上有许多杰出的建树，但也同样与我们一样面临着许多继续发展的困惑。我们在反省自己的同时，也真实的体察认识了一回东西方文化殊途同归、相汇相融的前景。在图书馆事业的发展问题上，东西方之间确实存在着许多可以互补的地方。建立更透明的国际交流机制，互相借鉴成熟经验扬长避短，是我们殷切的期许。

二、图书馆职能之不同

德国公共图书馆的三大任务非常明确：(1)宣传国家法律，让公众无障碍地了解公民应充分享有的权利，其中也包括了解图书馆保障全社会在文化和信息传播方面的权利。(2)让百姓自由获取社会、文化等方面的信息。（3）与学校配合，对学生开展阅读教育，服务学生。这三个任务作为社会分工，由图书馆组织履行。解读这三大任务，每一项都与社会紧密联系在一起：宣传法律的工作不分馆内馆外；提供信息涉及网络和社会，须与家庭和社会密切联系；服务学生的前提还必须"配合学校"。总之，认真完整履行三个任务的前提是必须将图书馆放在大社会平台上运行，加上德国人理解图书馆是一个向公众提供特定公共空间的聚会场所，因此德国图书馆从理念到行为完全开放，图书馆与社会的互动来往的频率非常高。

相比之下，中国公共图书馆从业人员的理念很不清晰。对于公共图书馆，国家只在很早以前提到过两大职能，也就是保存文化遗产和向公众提供文献信息。由于中国的文献保存与提供自古以来基本依靠藏书楼，因此人们很自然的延伸这种习惯思维，承袭传统，在图书馆范围内履行两大职能，也就是让人们"进"图书馆来解决问题。因此长期来中国的公共图书馆缺少与社会接触的动力。近年来，由于经济社会的高速发展和计算机网络技术的覆盖，公共图书馆不由自主地改变了沿袭传统的思路，踏上社会与现实交流。但是，由于社会职能的模糊，法制规范的缺失，公共图书馆的开放性只能处在"自在"的和局部的状态，而不像德国那样明确规定通过图书馆的努力，组织社会力量去完成"三大任务"。例如近年来的国内的全民阅读月活动公共图书馆均积极投入，但是推动全民阅读的具体社会职能是否明确由公共图书馆为主来承担，政府没有结论。德国基层图书馆的一个主要任务是深入推广儿童阅读，其中包含的战略意义极其深刻。中国的这份职能能否明确由基层图书馆来主导？这些问题目前没有人回答。实际上，中国公共图书馆的社会定位就从来没有被明确过。

开放的态度明确与否，实质上表明了对图书馆这项公益事业本质的理解不同。更进一步的说，就是图书馆的核心价值是在人的身上，还是在知识的身上？是围绕人做文章，还是围绕知识做文章？德国人看重前者，中国人看重后者。我们现在的口号全部是"以人为本"的一个调子，与德国人似乎没有区别，但真正做起来，把事情筹划出来，却是"老方一帖"。因为我们没有清理过自己的思维和文化,没有对我们界内一直遵循和沿袭的理念进行批判和扬弃,贴上去的东西就不是真的东西了。这难道不值得我们深刻反思吗?

三、农村图书馆网构建之不同

历史决定了德国的国家制度。德意志民族强烈的自主意识使他们在 1871 年建立统一的德意志帝国的同时,也造就了各州自治的双轨制局面。各州的法律、政策到机构和管理方式以至发展模式,都由州议会完全决定,加上"自由、平等"是资本主义世界的基本价值观,"个人权利不容侵犯"是最基本的法律要求,因此德国的国情在基层图书馆发展层面上就有如下的表达:(1)在没有统一的法律强制的条件下,图书馆建设处于自在状态。巴伐利亚州法律对社区建设规定的条件是一个社区的生活水准如果要达到法定的标准,必须在包括图书馆在内的十种社区基础设施中选择具备不少于五种的设施。由此而决定了基层图书馆建设一直处在可选而非必选的状态。下法兰肯地区的 308 个市镇至今只有 111 个市镇有图书馆,为市镇总数的 1/3 强。即便如此,巴州的 2000 多个图书馆还是占了德国 16 个州图书馆总量的 20% 以上。因此,从基层图书馆普及的标准来衡量,德国无法与北欧、美国、日本相提并论。(2)同样在缺乏统一法规要求的前提下,德国基层图书馆的财力支持主要来自所属地区,其构成分为市镇支持和自行创收两部分。如维尔茨堡市图书馆,除了当地市财政的基本支撑外,他们在网吧收入、领证费用、出售饮料、出租场地、复印资料、捐款赞助等方面年总收入有 45.4 万欧元,足可抵他们年总支出的 26%。州财政预算(代表国家)也有基层图书馆的列支,但原则是以项目定资助,额度不超项目总经费的 30%。巴伐利亚是德国 16 个州中州法律明确扶持图书馆的 4 个州之一,2006 年以项目形式支持的图书馆经费达 1026 万欧元,其中下法兰肯地区为 134 万元。因此结论是德国除了主办一些大型图书馆(包括大学图书馆)外,其国家行为在基层公共图书馆网络建设上的体现就是"适当支持,项目补贴"。(3)由于图书馆的设立来自自主选择性,其内在动力就成为发展主因,因此决策一旦作出,包括可持续发展筹划在内的一系列计划以至细节方案都会完整的呈现,而又因为决策意味着在项目选择上对图书馆作用的公众肯定,主事者就必须让图书馆的职能全面而充分地展现,让图书馆遵循规律有序的发展以满足公众的愿望。所以,这种直线的短距离管理就产生了高效率。哈斯福特县中心图书馆所在的镇只有1.3万人,2006年的借阅量有148 500册件(包括多媒体资料),一年中举行各种各样活动达83次,而他们的馆藏量只有58 000册件。鉴于他们的效益,9个馆中,唯独他们的经费来源是地方政府全额拨款。他们的县长对图书馆理解特别深刻:"阅读是每个人生活品质的一部分,书应该随身带,因为书是放在口袋里的花园,是生活的必需品。我非常喜欢阅读,阅读和有能力阅读是很幸福的事情。"因此,德国的地方自治其最大的有利因素是激发起内在动力自主发展,而这对于基层图书馆这样的公益事业,犹如人的呼吸那样重要。如同中国人常讲的"无为而治",由"自为"变"自觉",这种"治"的架构就是最稳定的。

中国与德国的国家管理方式有很大不同。中国千百年来一直是中央集权管理的方式。1949年中国开始实行社会主义制度的举国体制,发展到改革开放后,尽管放开了地方的自主发展,但是"全国一盘棋"的基本理念和框架没有改变。举国体制给世界带来了中国近三十年惊人的发展,仰视中国的人愈来愈多。而中国图书馆事业的发展也因循了这种管理方式,建立公共文化服务体系、兴办"文化大省"等都是中国加快发展的战略部署,这种优势其他制度无法具备。与德国巴伐利亚州下法兰肯地区经济实力相当的浙江省宁波市,图书馆建设覆盖了全市所有149个乡镇;在全市2527个村子中,34%的村庄还建有村级图书馆。造成这个势头的一个因素是部分决策者的意识的变化,如同德国哈斯福特县长所说"阅读是人们生活品质的一部分"一样,他们越来越清醒的意识到,现阶段决定经济、社会的可持续深层次发展和人民生活的质量提高,其要素就是文化。第二个因素是中国的文化教育中一直有"高台教化"、文化引导的传统,通俗的讲,就是"准备好房子和书,让人们在这里受教育"。这一个因果关系,与德国自治体制下图书馆建设中"因为人们喜欢到图书馆去,我们就得准备好房子和书"的因果关系正好相反,说明了两国的价值观和文化理念的不同。随着中西文化交流的发展,"殊途"应能逐渐"同归"。

有差异才意味着未来的进步。中国轰轰烈烈的基层图书馆建设热潮,蕴含着巨大的政策力量和地方政府推进文化建设的决心,但同时也夹杂着攀比和树立政绩的冲动,两者的结合,形成了当前的速度和局面。这个局面利弊各异,它具有很强的造势作用,不失为政府管理和推行政策的一种有效手段,对于公众关注程度的提升和读者量的变化起着巨大的促进作用,但它同时也蕴含着冲动的风险。如何落实基层图书馆可持续发展的人、财、物配套措施和建立长效机制,破解"运动式"的从建立到消失的怪圈,恰恰更是决策者身上的重任。关键的是,我们如何在现行体制下培养基层图书馆持续发展的内在动力,这是一个综合工程,它关系到文化建设的地位持续上升,群众需求的迅速增长,内容条件的逐步改善,职员意识的不断提高等"软"硬措施,它需要领导者们花工夫去熟悉和研究图书馆的科学发展规律,它更需要领导者们具有热爱图书馆的感情,不具备这样的"情商"无法破题。德国决策者们对阅读的深刻理解和对图书馆的热情需要成为我们的参照坐标。当然,要使中国基层图书馆网络的发展得到最根本的保障,在于图书馆法治环境的改善,而这是我们的国家体制应该具备的优势,需要时间来证明一切。

自治制度给德国人选择设立图书馆点的自由,他们的图书馆网因此由下而上地建立起来。中国举国体制下的图书馆网的发展,又给世界带来了由上而下建立的现实。这两种体制下发展起来的图书馆,都显示出它们先天带来的大量印记,会在发育生长的过程中出现一些起伏跌宕、微波细浪。但是不管这些印记的优劣,它们的健康成长最终都是依靠社会的发达健全和百姓的文化自觉。我们相信,两种体制下的图书馆应该殊途同归,发展壮大。

四、图书馆服务重点之不同

德国一行最深刻的印象和体会就是未成年人阅读教育在公共图书馆里的崇高地位。这种地位的深远意义在于德国要取胜于国际"软实力"竞争，从而延续日耳曼民族的强盛力量。德国人的思维非常清晰，按照儿童的年龄思维特点，进行循序渐进的阅读教育，将会对他的一生产生决定性的影响。这个工作在中国，是由儿童的家人意识到而进行的，是一种家庭或个人行为，而在德国就上升为国家行为，成为每个公共图书馆必须履行的社会职能，包含在其三大任务之中。非常明显，少年儿童是德国基层图书馆的重点服务对象。因应这一点，德国中小图书馆文献配置中一半须是青少年读物，德国没有少儿图书馆，但是少儿读物却无处不在。这个任务的承担，对于德国基层图书馆来说有三大好处。第一，未成年的公民可以从小培养"图书馆意识"。大量吸引儿童读者，也就是培养明天的读者群，为未来创造了先机。第二，少年儿童可塑性大，使得阅读普及工作的计划性得到加强，从而取得比较明显的效果。第三，给小孩子阅读的书，与"功课"、"作业"没关系，而是人类本身成长的精神食粮。那些具备真善美情怀的童话和神话的代代相传，是图书馆人文价值的本质体现。

环顾四周，我们没有重点服务群体。乡镇和社区图书馆基本上是老年人看报看杂志的地方；成年人的阅读率很低；而所有这些人群中少年儿童所受到的阅读关怀从平均程度看最是少得可怜，与德国相比反差鲜明。因为对比情况有三，我们基层图书馆的基本服务对象定位是成年人，青少年读物比例很小，这是一；小学生的作业负担完全侵吞了他们应该有的课外阅读时间，这是二；对学校的评价以升学率和分数为标准，课外阅读学校不重视，这是三。德国同行还想方设法激励儿童阅读，策林根镇图书馆尝试一个小学生阅读推广项目，让年级不同的小学生分头阅读指定的书后出 15 个题让他们分别作答，用计算机打分，累积到学期结束，向学校汇报成绩，评出优劣。这个项目蕴含竞争机制，很受小读者欢迎，巴伐利亚州正在逐步推广这个项目，加入项目的学校和学生对阅读的兴趣及其产生作用越来越大。这个问题启示我们。我们近年来也贯彻"以人为本"的图书馆服务宗旨，但是真正在实施意图时，却没有以效益为判断标准，认真分析国家的战略需求和自身的条件以及不同人群在阅读教育上的定位，从而确定我们的重点服务人群和工作方法。任何事情都有轻重缓急，贯彻"以人为本"的图书馆服务宗旨，同样需要寻找大前提下自己的效益重点，寻找能够发挥自己优势的地方。事实上形势迫使我们必须回答，社区乡镇图书馆为什么读者不多？我们今后的读者还在哪里？当然，我国图书馆工作者也在积极探索。浙江省这几年举办未成年人读书节，对于营造未成年人的阅读氛围起了很好的作用。但这仅仅是"节"，要建立长效机制，工作又何其多，路又何其长也。

比较两国的基层图书馆的服务重点，我们必须意识到，重形式轻内容的长期做法使我们的工作缺少效益。必须改变这种做法，必须让形式和内容有机的结合起来，让乡村图书馆重新恢复生机。敦促中国图书馆界领导机构，认真梳理和规范中国农村图书馆的发展路径，重新定位乡村图书馆的社会职能，明确乡村图书馆的重点服务群体，提供乡村图书馆健全有力的法制和财力保障，让乡村图书馆具备有目标、有方向的自主发展空间。

五、用人制度之不同

德国图书馆的用工制度非常实用，他们使用志愿者也极其普遍。巴伐利亚州的2000多个图书馆中只有222个图书馆是由专职人员管理的。就我们接触的这几个图书馆来说，所聘管理员的用工方式都是按照当地政府的实际，并与本人意愿达成一致的实事求是之举。这当中不乏一分钱不拿的志愿者，还有的是"零工"，有的拿补贴，有的是"实习生"（学徒性质）。他们不会去等待"统一政策"，但是他们能够迅速有效地解决问题。策林根镇图书馆的7个志愿者管理着全部业务，她们中有人孩子还很小，我们看到她们身边安置着熟睡的婴儿时，真正感到了一种平和中的震撼和感动。德国人具有强烈的社会责任感,因此德国基层图书馆基本上以志愿者为主体,但即使是志愿者,也须通过竞争才能上岗。

德国的志愿者制度对我们具有很大的启迪。在我国,志愿者动员才刚刚兴起,它可以解决中国乡村图书馆用人机制的大问题。乡村里有志于文化事业的人不在少数。一旦政府出面,把志愿者制度法定下来,中国的图书馆事业就会得到社会的强力支持,困惑已久的问题会迎刃而解。汶川大地震和北京奥运会的志愿者实践已经给世界留下了深刻印象,我们不妨可以从现在开始就进行志愿者制度的局部试行,让志愿者制度逐步常态化。

六、图书馆服务理念之不同

德国的基层图书馆基于他们对个人享受文化权利的无限尊重,在"读者第一"的基础上,更是用行动阐释了"需求第一"的命题。当今世界的全球化背景使得大量青年缺乏读书的心境,视听媒体这些"快餐文化"成为他们的最爱。这次我们到过的所有图书馆中,视听资料位置最显著,连奔驰大巴上的流动图书馆也一样。所有人都表明他们的宗旨:"读者需要的就是我们必须提供的。"维尔茨堡市图书馆馆长福格特博士的一段话通俗而深刻:"我们所要做的,就是让读者没有不高兴的感觉。满意的读者会向 2—3 人宣传自己愉快的经历与感受;不满意的读者会向 10—12 个人诉说自己不愉快的经历和感受。"他们对于"读者需求"的理解,直指人们的自由选择,是人们"图书馆生存"的任何需求,无份内份外之分和高尚低俗之分,当然,底线是必须遵守社会公德。他们认为,这才是对于图书馆职业本质的诠释。我们参观了一个独立建制的流动图书馆——一辆漂亮的奔驰大巴。它属于诺丹斯达特县里的三个图书馆之一,其他两个馆都是在大的城镇里,而它就专门跑不设图书馆的地方。他们一周要工作 40—45 小时,每个地方或学校每三周循环一次。一周共服务 15 个学校和 15 个村镇,一年只有一两天时间养护车,其余时间,5 个工作人员轮流开车和服务。大巴内可容 4000—5000 册书,借书者 80% 是小孩和年轻人,一年下来借阅量是9万册次,三分之二是学生借的,余下三分之一是村民借的。对小学新生他们尤其重视。学年开始时,他们带上乐器,备好适合一年级新生阅读的书籍,去学校搞宣传活动,立刻吸引了大批新生,许多小孩就加入读者行列了,而且在这里办的借书证也可以到县内其他公共馆去借,还可以预约借书,因此学生非常欢迎。德国的小学一般不设图书馆,而公共图书馆的设置中也没有专门的少儿图书馆,因此基层的乡镇图书馆就承担了学校图书馆的角色。前面说过,巴伐利亚州图书馆有基本规定,在乡镇图书馆中,青少年读物不能低于一半份额,如我们走过的图根、策林根和罗廷根这些图书馆,他们都划出相当面积给少年儿童阅览,为少儿服务的工作是无微不至的。其无微不至的图景之一如下:在图根和策林根图书馆,除了让儿童和小学生领借书证来借书之外,他们还要经常举行儿童书籍朗读会。就是与家长讲好,把一些孩子留在图书馆过夜(尽管图书馆离家不远),面对着窗外满天的星星,在静谧的夜色中,管理员柔声细语地朗读着童话故事的精彩片断,让孩子们都进入了这些故事的规定情景,这是多么好的学前阅读教育呀。

我们的差距在哪里?差距还在核心价值那里。尽管我们也有许多图书馆在努力地为读者服务,但是我们的脑海深处总是把自己的图书馆当作"知识的殿堂",制约因素会不自觉的产生。观念上的"失之毫厘",就是行动上的"差之千里"。我们乡镇图书馆门可罗雀,而且大家对此习以为常,就足以说明我们的观念存在问题。杭州图书馆馆长褚树青把"知识的殿堂"改做了"百姓的大书房",以通俗的比喻把图书馆"降"了"格",得到了一片赞同声,我们图书馆人必须振奋精神,反省自己,重树目标,追赶先进。

七、文化和思维的差异

德国对于公共图书馆的管理有两条线,一是由州图书馆派出人员在各个地区设立咨询委员会。这是一个专设机构,代表国家对市级图书馆之外的所有基层公共图书馆实行专门化管理;二是州图书馆协会。在巴州我们没有听到对图书馆协会的详细介绍,但是从侧面了解到巴州图书馆协会的工作重点在图书馆业务的激励促进方面。而我们却被明确告知,咨询委员会职能是"负责全州的图书馆建设与拓展",目的是"保障全州居民有同等享受的文化权利,实现图书馆的合理布局"。它具有行业管理职能,关注对象为基层图书馆网络,工作任务为管理图书馆建设,指导图书馆工作,受理申请、审查和实施图书馆项目,确定项目资助,统计图书馆数据,同时为基层图书馆和部分读者提供专业咨询以及培训专业人员等,工作效果良好。因此咨询委员会和图书馆协会按照他们代表的不同背景分别有重点地管理公共图书馆,形成了德国图书馆良好的行业管理局面。这种做法与美国不同,与中国更不同。对比中国,图书、文物、民间文化、艺术等行业合在一起由政府派出机构统筹,尽管也设立了行业性处室,但是这些处室实施的基本上是非专业性质的行政性管理。用一个类别的管理替代多个行业的专门化管理,而行业的代表者(如各个省图书馆)在这个管理系统中却只扮演一个具体单位的角色,这就使得行业的专门化管理流于空白,行业自身的发展规律被漠视,行业松散而自为,造成自身发展差距不断扩大,这与科学发展观是格格不入的。社会事业的发展形势呼唤真正的行业管理。

德国基层图书馆的建筑大多因陋就简,很不张扬。我们没有看到一座房子是专门为图书馆兴建的,8 个图书馆全部用旧房改造,就连名闻遐迩的维尔茨堡市图书馆的馆舍也是数百年前当地著名的法尔肯豪斯饭店。德国人与中国人相反,他们"喜"旧"厌"新,只要有条件,就将图书馆设在有历史回声的地方,因为他们认为,这才是图书馆的文化底蕴所在。

基层图书馆图书配置的规定比例,除了 50% 须是青少年读物之外,25% 须为小说(文学作品),另有 15% 是非文学书籍,剩下 10% 是多媒体。从文献的组成看,说明两点:①他们的读者重点是青少年;②基层图书馆以培养读者尤其是青少年的高尚情操和思维、语言能力为宗旨,不直接辅助教育,更不会替代学校教育。笔者认为,他们坚持的古老传统,恰恰是立意高远的举措,缺乏"细雨润无声"的人文浸润,就培养不出高素质的人才。

在法定要求之外,德国人讲究因地制宜,从实际出发。在图书馆计算机应用方面德国人没有大手笔,基层图书馆除书目数据外的其他数字资源还是空白。因地制宜的意识还表现在开放时间和书的剔旧上,8个馆开放的时间各不相同,少者一周只开6个小时。旧书可以折价卖给读者,读者的书也可进图书馆,两便即行。

德国图书馆的家具很有特色。书架、刊架、书车、桌椅无论是样式还是材质都极具个性,有"情理之中,意料之外"的巧和美。图书馆要成为每个人的"第二起居室",舒适与实用美是必备之元素。中、德之间此处的最大差别,就是我们对图书馆的理解偏于"程式化",图书馆家具了无新意和活力,而德国同行的理念却是以"人的生活环境"贯穿始终,走过8家图书馆,基本没有雷同。

中德基层图书馆的差别,并不代表两者之间横亘着一条无法逾越的鸿沟。我们也根本用不着妄自菲薄。在这些对比中,我们需要的是吸收新鲜空气,打破传统思维,客观看待差异,丰富充实自己。

参考文献

[1]佚名.云南省腾冲县和顺图书馆[EB/OL].（2006－02－19）[2009－03－18]
  http://www.chnlib.com/Ggtsg/yunn/200602/1661.html.
[2]王效良主编.浙江图书馆志[M].北京:中华书局,2000:114
[3]严文郁.中国图书馆发展史[M].台湾新竹:枫城出版社,1983:133
[4]南汇史志.第一座文化馆——县民众教育馆[EB/OL].（2007－06－20）
  [2009－03－18]http://www.nhsz.gov.cn/Article/ArticleShow.asp? ArticleID
  ＝226.
[5]严文郁.中国图书馆发展史[M].台湾新竹:枫城出版社,1983:134
[6]王效良主编.浙江图书馆志[M].北京:中华书局,2000:115
[7]王学熙,黄兴港.中国农村图书馆事业发展战略研究[R].文化部1998年重点
  课题(98bza03)
[8]中国图书馆学会社区乡镇图书馆专业委员会等.发展中的社区乡镇图书馆
  [M].深圳:海天出版社,2004:128
[9]中国图书馆学会社区乡镇图书馆专业委员会等.图书馆服务均等化与资源共
  享[M].武汉:湖北科学技术出版社,2008:99
[10]中国图书馆学会社区乡镇图书馆专业委员会等.新环境下图书馆建设与发
  展[M].武汉:武汉出版社,2007:98
[11]王维平.贫困地区农村图书馆三级服务体系建设的可行性分析.(该文获中
  图学会2008年年会征文二等奖,由于没有正式出版,经征得本人同意,采撷使
  用了文章中部分数据。)
[12]金波,王纲.兴起文化大省建设新高潮 推动浙江社会主义文化大发展大繁荣
  [N].浙江日报,2008－06－28(1)
[13]章明丽.解读嘉兴模式[N].中国文化报,2008－05－10(3)
[14]李东来,等.城市图书馆集群化管理研究与实践[M].北京:北京图书馆出版
  社,2005:245
[15]http://www.people.com.cn/GB/125298/125390/8287997.html
[16]中国图书馆学会.中国图书馆学会年会论文集(2008卷)[M].北京:国家图

书馆出版社,2008:328

[17]王效良.中德基层图书馆比较.图书情报工作,2008,52(1):140

[18]根据全国文化信息资源共享工程中心浙江省分中心提供的《全省文化共享工程建设情况汇报(2009－11－07)》。

[19]我国图书馆总分馆制的实践与思考——来自"构建公共图书馆服务体系嘉兴论坛"的声音[N].中国文化报,2008－05－10

[20]刘慧娟.从理念走向现实的探索[N].中国文化报,2008－05－10

[21]金燕.因地制宜 探寻基层服务新模式[N].中国文化报,2008－05－10

[22]廖腾芳.县域图书馆的规划研究[J].国家图书馆学刊,2005,54(4):62

[23]王效良,苏尔启主编.陈训慈百年诞辰纪念文集[M].北京:北京图书馆出版社,2007:345－346

[24]石羊岗,等.创造力[EB/OL].(2009－03－13)[2009－3－18]http://baike.baidu.com/view/115802.htm#1.

[25]公共图书馆建设标准[J].中国图书馆学报,2009,35(1):36－41

[26]刘先波.往日情怀[M].北京:中国文联出版社,2007

[27]王效良主编.浙江图书馆志[M].北京:中华书局,2000:117

[28]摘自《湖北省图书馆通讯》2008年1期发表的《发展中的当阳市汽车图书馆》。

[29]李东来等.城市图书馆集群化管理研究与实践[M].北京:北京图书馆出版社,2005:201－202

[30]摘自《湖北省图书馆通讯》2008年1期发表的《发展中的当阳市汽车图书馆》。

[31]摘自《湖北省图书馆通讯》2008年1期发表的《发展中的当阳市汽车图书馆》。

后　记

本书从开始筹划到改定搁笔,大约近一年时间,其间忙于工作交班大约3个多月,因此花在书上的时间是整8个月。个人写就一本书,过去想都不敢想,胆大包天的我,居然也被汤更生、卓连营等领导兼朋友拽上了写字台,完成了尝试。这也给我的退休生活打开了一扇门,在此深表感谢。

本书比较感性,理论不多,这是因为:(1)它是"基层图书馆实务丛书"中的一本,面向基层的同仁,又是谈论实际工作,因此主要的一个目的是基层同志尤其是刚刚入门的同仁能够接受,与他们能产生共鸣。(2)本人没有经过系统科班学习,短的是理论素养,长的是实践积累和思考,这种"模子"里出来的文字,少了严谨缜密,多了实证分析,只能是见仁见智,各取所需了。(3)界内对于基层图书馆的关注和研究,实在是少得可怜。而大量基层同仁所撰写的总结和研究的文字又入不了图书馆学界专家们的"法眼",因此中国基层图书馆研究成了中国图书馆学研究里面的空白点,现象很多,提炼很少。本人寻找不到这方面厚实的理论依据,只能是自打腹稿念"野"经了。

本书的各个章节、各个部分内容看似各有阐述,其实它们的联系非常紧密,常常是你中有我,我中有你,但为了既突出重点又平衡章节的叙述,因此根据内容与客观需要之间结合的紧密度进行了安排,各有侧重。由此提请读者注意两点:(1)为了结构完整,不排除差不多的内容在叙述中一定的重复,敬请读者见谅。(2)由于内容的互通性,笔者对于某种图书馆类型所推介的一些工作模式和做法,其实在其他类型的图书馆中同样可以因地制宜的借鉴应用。希望读者把书读"活"它。

本书初稿形成之后,曾以部分内容分别在2008年浙江上虞市的乡镇文化站负责人培训和在广西南宁市召开的第七届中国社区和乡镇图书馆发展战略研讨会暨全国中小型图书馆联合会 2008 年年会上做了试讲，得到了听众们的基本认同，总算平息了作者的忐忑不安。

　　本书的写作得到了来自各方面的帮助和支持。已退休的江苏省图书馆学会前秘书长、我国乡镇图书馆工作和研究的先驱者之一王学熙同志提供了他的著作和课题内容，并对本书写作提纲做了指导；湖北省图书馆副馆长胡银仿、甘肃省图书馆学会秘书长董隽和深圳市图书馆学会秘书长胡明超分别提供了大批资料；安徽省图书馆副馆长张海政和江苏省图书馆学会秘书长吴林亲自安排作者到安徽太湖和江苏无锡调研；太湖县图书馆曾玉琴、周盛华、凌波三位馆长与无锡市图书馆浦昭主任、惠山区图书馆徐敏亚副馆长、洛社镇图书馆沈飚馆长热情接待了作者；浙江海宁市图书馆王丽霞馆长、褚晓琼副馆长，周王庙镇、马桥镇、斜桥镇文化站的领导，温岭市图书馆林君荣馆长，温岭市石桥头镇文化站叶菊芬站长，温岭市横峰镇文化站林江华站长，桐庐县图书馆程建宇馆长、王燕青副馆长，桐庐县政协文史委周保尔主任，临安市图书馆吴萍馆长、倪庆云书记，临安市玲珑街道文化站张亚平站长陪同作者考察；杭州图书馆、宁波图书馆、嘉兴市图书馆、衢州市图书馆提供了有力的支持；北京大学信息管理系王子舟教授、福建省图书馆郑一仙馆长、厦门大学图书馆崔晓西教授审阅了书的初稿，提出了很多宝贵意见。所有这些，都凝聚了他们与作者对于当代基层图书馆农村服务工作的建设和发展的共识，在本书的写作中起到了关键作用，作者满怀感激之情向他们表示深深的敬意。

　　那些在艰苦条件下为农业、农村、农民辛勤传播文明的基层图书馆工作者都是中国图书馆事业的真英雄，是为至理！

作者

2009 年 3 月 18 日

国家图书馆出版社已出相关书目

书名	编著者	出版时间	定价
国家数字图书馆工程标准规范成果			
古籍用字(包括生僻字、避讳字)属性字典规范和应用指南	张力伟,翟喜奎主编	2010 – 10	35.00
国家图书馆管理元数据规范和应用指南	郑巧英,王绍平,汪东波主编	2010 – 10	58.00
国家图书馆数字资源唯一标识符规范和应用指南	孙坦,宋文,贺燕主编	2010 – 10	35.00
汉字属性字典规范和应用指南	张力伟,翟喜奎主编	2010 – 10	35.00
图书馆数字资源统计标准和应用指南	吕淑萍,罗云川主编	2010 – 08	58.00
中文文献全文版式还原与全文输入 XML 规范和应用指南	蒋贤春,翟喜奎主编	2010 – 10	58.00
中国图书馆年鉴 2007	中国图书馆学会,国家图书馆编	2009 – 02	280.00
中国图书馆年鉴 2008	中国图书馆学会,国家图书馆编	2009 – 08	280.00
中国图书馆年鉴 2009	中国图书馆学会,国家图书馆编	2009 – 12	290.00
中国图书馆事业发展报告 2007	中国图书馆学会,国家图书馆编	2008 – 05	30.00
中国图书馆事业发展报告 2008	中国图书馆学会,国家图书馆编	2009 – 10	20.00
中国图书馆事业发展报告 2009	中国图书馆学会,国家图书馆编	2010 – 07	25.00
图书馆职业英语阅读	肖燕编著	2009 – 07	36.00
图书馆实用英语会话·公共服务篇	潘俊林,李国庆著	2009 – 07	36.00
农家书屋实用手册	方允璋著	2010 – 05	32.00
编目的未来	编目精灵著	2010 – 05	38.00
普通高等教育"十一五"国家级规划教材			
图书馆学概论(修订二版)	吴慰慈,董焱编著	2008 – 07	35.00
信息检索教程	马文峰著	2009 – 03	36.00
文献分类法主题法导论(修订版)	马张华,侯汉清等编著	2009 – 12	38.00